11일에 완성하는
서경석의
다이어트
한국사
능력검정시험
심화(1·2·3급)

KB236077

11일에 완성하는
서경석의 다이어트 한국사능력검정시험 심화

지은이 서경석
감수 김유선
펴낸이 정규도
펴낸곳 (주)다락원

1판 1쇄 발행 2026년 1월 5일
1판 2쇄 발행 2026년 1월 20일

기획 권혁주, 배상혁
편집장 이후춘
편집 김효은, 전수민

디자인 김희림

영상기획 홍범석, 오아렴
영상촬영·편집 전광욱, 이채연, 김은지

일러스트 박대진

다락원 경기도 파주시 문발로 211
내용문의: (02)736-2031 내선 291~296
구입문의: (02)736-2031 내선 250~252
Fax: (02)732-2037
출판등록 1977년 9월 16일 제406-2008-000007호

ISBN 978-89-277-7568-3 13910

● 다락원 원큐패스 카페(http://cafe.naver.com/1qpass)를 방문하시면 각종 시험에 관한 최신 정보와 자료를 얻을 수 있습니다.

서경석 지음 | 김유선 감수

다락원

"다이어트 한국사능력검정시험을 출간하며"

'다이어트'와 '한국사', 어찌 보면 어울릴 것 같지 않은 두 단어이기도 하지만 제가 이 책을 쓰면서 가장 중점을 두고 싶었던 점은 바로 시험공부 과정의 군더더기를 줄여 보자는 것이었습니다. 즉 다이어트를 하자는 것이죠. 사실 한국사는 너무 방대한 분량이기도 하고 흐름을 제대로 이해하지 않으면 공부하는 데 꽤나 어렵고 복잡하게 느껴질 수 있는 영역입니다. 그래서 한국사 책을 펼쳐 본 분들은 '조금 가볍게 한국사를 공부할 수 없을까?'라는 생각을 하게 됩니다. 저 역시 한국사능력검정시험을 처음 준비하며 그런 생각을 했었죠.

한국사능력검정시험을 준비하는 분들은 저마다의 이유로 공부를 시작할 것입니다. 대학 입시나 취업을 위해 공부하는 수험생, 커리어 확장을 위해 일과 공부를 병행하는 직장인들, 자기계발을 목적으로 새로운 도전을 하는 분들이나 오랫동안 마음속에 간직해 온 목표를 이제야 펼쳐 보려는 인생 선배분들까지. 서로 다른 자리에서 같은 부담과 기대를 품은 채 많은 분들이 한국사능력검정시험을 준비하고 있습니다.

한국사능력검정시험을 준비하는 것은 쉽지 않은 도전입니다. 저 또한 네 차례의 시험을 준비하며 여러분과 크게 다르지 않은 시간을 보냈습니다. 바쁘게 보내는 일상에서 짬을 내어 한국사를 공부하는 것은 버겁기도 하고 막막하기도 했습니다. 그 과정에서 '조금 더 효율적으로 한국사 시험을 준비할 방법이 무엇일까?' 하는 생각이 들었습니다. 이 책은 제가 가지고 있던 고민에서 출발한 것입니다. 한국사능력검정시험을 집중적으로 파고들어 터득한 시험 만점 노하우를 많은 분들과 나누고 싶었습니다. 이 책은 한국사를 공부하는 데 부담은 줄이고 효율적으로 학습할 수 있도록 구성한 책입니다.

　이 책은 한국사능력검정시험의 출제 경향을 파악해서 꼭 알아야 할 핵심 내용과 주요 역사적 흐름을 선명하게 익힐 수 있도록 하였고, 실전에서 도움이 될 암기코드를 곳곳에 배치했습니다. 한국사를 처음 접하는 분들에게는 막막함 대신 '한국사 공부를 시작할 수 있다'라는 용기를, 여러 번 도전해 온 분들에게는 필요할 때 자연스럽게 떠오르는 기억의 단서를 드리려고 합니다.

　저의 이야기도 다이어트 차원에서 이제 멈추려 합니다. 본격적으로 책 속에서 더 깊이, 더 가까이 여러분과 만날게요. 이 책이 한국사능력검정시험을 향한 여러분의 걸음을 조금 더 편안하게 만들어 드리기를 바랍니다. 시험을 마친 후에는 우리 역사의 탄수화물·지방 같은 풍성한 이야기들도 마음껏 맛보는 '한국사 치팅 데이'를 즐기시기를 바랍니다.

서경석 드림

한국사능력검정시험 소개

한국사 전반에 걸친 역사적 사고력을 평가하는 시험이에요. 한국사능력검정시험 심화 단계는 한국사에 대한 체계적인 이해를 바탕으로 한국사의 주요 사건과 개념을 종합적으로 이해하고, 역사 자료를 분석·해석하는 능력, 시대적 상황 및 쟁점을 파악할 줄 아는 능력을 평가해요.

한국사능력검정시험은 한국사에 관심 있는 전 세계인 누구나 응시할 수 있어요.

제시된 자료를 통해 역사적 사실을 파악할 수 있는지, 정보를 해석할 수 있는지 묻는 객관식 50문항이 출제돼요. 문항의 난이도에 따라 1~3점으로 배점이 다르며 100점 만점이에요. 시험 문항과 인정 등급은 다음과 같습니다.

심화	100점 만점 기준
1급	80점 이상
2급	70~79점
3급	60~69점

한국사능력검정시험 홈페이지에서 해당 시험 원서 접수 기간에만 신청할 수 있어요. 보통 시험 시행 한 달 전에 응시 접수를 시작하니까 원서 접수 기간을 놓치지 않도록 잘 체크해 두세요! 시험을 응시할 시험장은 선착순으로 마감되니 이 점도 유의하세요.

수험표, 신분증, 컴퓨터용 수성사인펜, 수정테이프(수정액)를 준비하세요. 수험표는 한국사능력검정시험 홈페이지에서 출력하면 됩니다. 수험표를 이면지에 출력하면 안 됩니다. 또한 시험 당일 신분증을 가져오지 않으면 시험에 응시할 수 없고 바로 퇴실 조치되므로 준비물을 잘 챙겨야 해요.

오리엔테이션이 시작되는 시간 전까지 시험장에 입실해야 해요. 시험 시간을 잘 체크하고 지각하지 않도록 주의하세요. 시험 시작 전까지 지정된 자리에 앉아야 하고 신분증 및 수험표 확인이 끝나면 시험이 시작돼요.

시험 보는 80분 안에 OMR카드에 답안 체크를 끝내야 하고 답안 작성할 때는 컴퓨터용 사인펜만 사용해야 합니다. 잘못 표기했을 경우 수정테이프로 지우고 다시 표기할 수 있어요. 답안 표기 잘못으로 인한 불이익은 응시자의 책임이니 답안 작성에 꼭 신경 쓰세요!

바른 방법	바르지 못한 방법
●	① ⊙ ◖ ⊘ ⊗

입시나 취업 등에 활용할 수 있으며 특히 다음 기관에서 인정받을 수 있습니다.
- 2급 이상 합격자에 한해 인사혁신처에서 시행하는 5급 공무원 공개경쟁채용시험 및 외교관 후보자 선발시험에 응시 자격 부여
- 3급 이상 합격자에 한해 교원임용시험 응시 자격 부여
- 국비유학생, 해외파견 공무원 선발 시 국사 시험을 한국사능력검정시험(3급 이상 합격)으로 대체
- 2급 이상 합격자에 한해 인사혁신처에서 시행하는 지역인재 7급 견습직원 선발시험에 추천자격 요건 부여
- 공무원 경력경쟁채용시험에 가산점 부여
- 군무원 공개경쟁채용시험에서 국사 과목을 대체
- 7급 국가(지방)공무원 공개경쟁채용시험에서 한국사 과목을 대체
- 순경공채, 경찰간부후보생 등 경찰채용 필기시험 한국사 과목을 대체
- 소방공무원, 소방간부후보생 공개채용 필기시험 한국사 과목을 대체
- 우정9급(계리) 공개채용 필기시험 한국사 과목을 대체
- 국회8급 공개채용 필기기험 한국사 과목을 대체
- 일부 공기업 및 민간기업의 직원 채용이나 승진시 반영
- 일부 대학의 수시 모집 및 육군·해군·공군·국군간호사관학교 입시 가산점 부여

POINT 1

저자 직강 들으면서
한국사능력검정시험 완벽 이해하기!

'청계고비벼반~'
'동순이가 왕이지라 우우'
'무오~ 우리 증조부를!'

시험장에서 무조건 기억이 나는 저자의
암기코드로 더 재미있게 한국사 개념 완성!
동영상 강의를 통해 암기코드를 풀어 보세요.

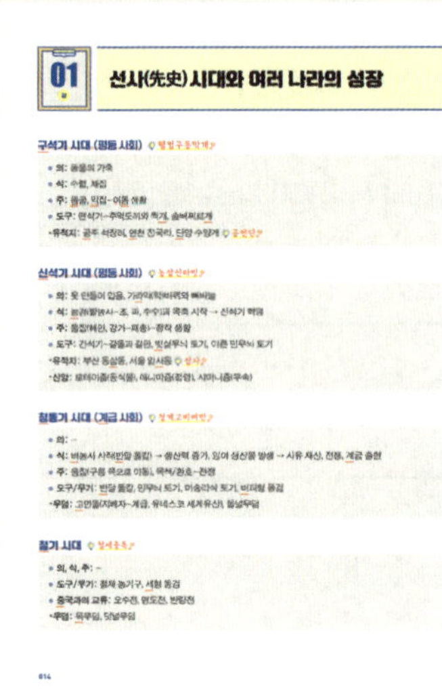

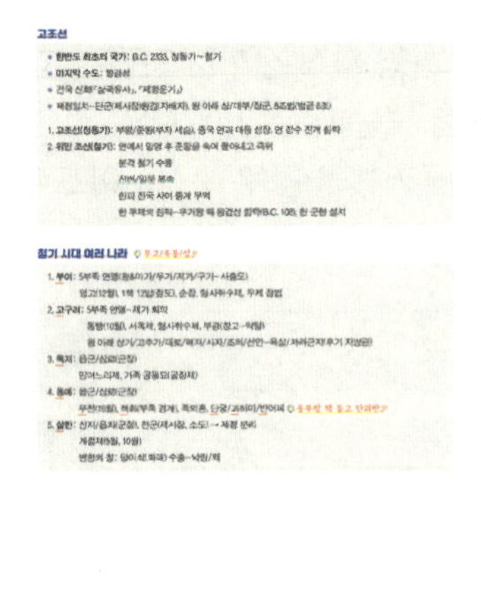

POINT 2

강의로 학습한 내용을
복습하면서 다시 한번 정리하기!

한국사능력검정시험 공부를 할 때 꼭 알아야
할 내용을 체계적으로 정리한 이론으로 효율
적으로 학습하고 한국사 내용 완전 정복!

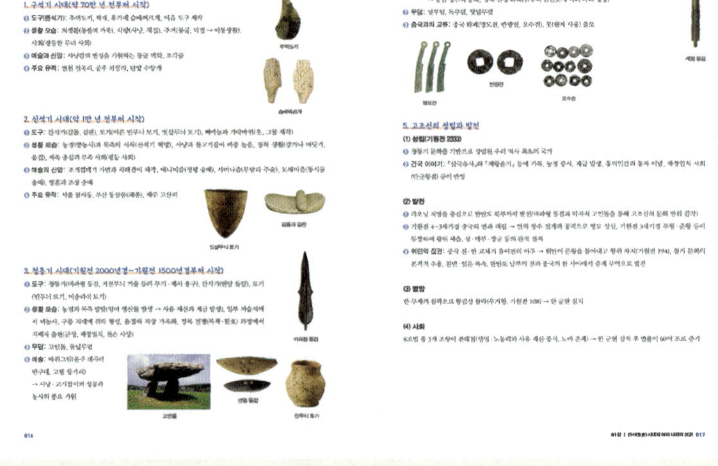

11일 만에 한국사능력검정시험 완벽 대비 노하우!
서경석 저자가 알려 주는 학습 POINT!

POINT 3

학습한 내용을 잘 이해했는지
확인문제로 확인하기!

이론을 잘 이해했는지 확인해 볼 수 있는
'확인문제'를 통해 꼭 알아야 할 키워드와
내용을 복습하고 한국사 실력 UP!

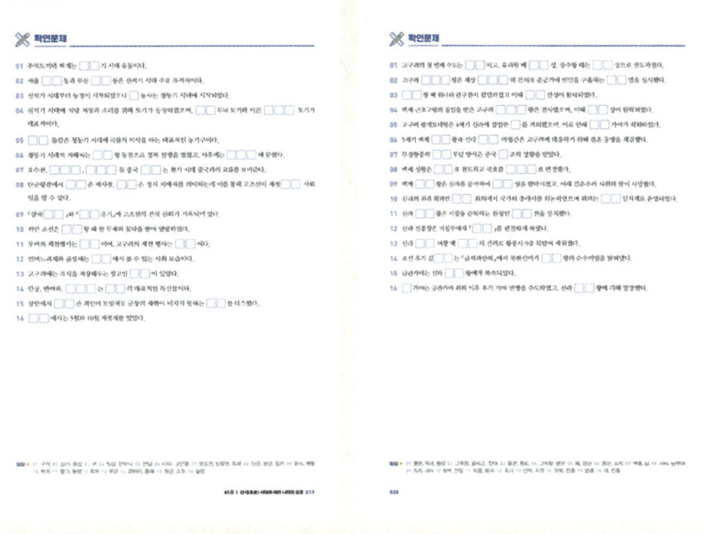

POINT 4

강의별 기출문제를 풀어 보면서
스스로 실력 점검하기!

실전 감각을 익힐 수 있도록 엄선한 기출문
제를 풀어 보면서 한국사능력검정시험 완
벽하게 준비 가능!

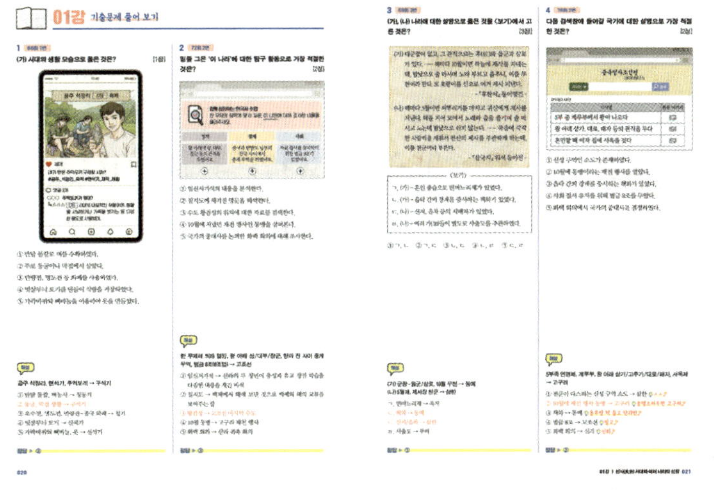

 **목차**

DAY 1

동영상 강의
보러가기

- 🔍 선사 시대의 전개(구석기·신석기·청동기·철기)
- 🔍 고조선과 여러 나라의 성장
- 🔍 고구려의 성립과 발전
- 🔍 백제의 성립과 발전
- 🔍 신라의 성립과 발전

기원전 57 신라 건국
기원전 37 고구려 건국
기원전 18 백제 건국
371 근초고왕, 고구려 평양성 공격
427 장수왕, 평양 천도(남진 정책)
554 진흥왕, 관산성 전투 승리
(백제 성왕 전사, 한강 유역 확보)

선사(先史) 시대와 여러 나라의 성장

구석기 시대 (평등 사회) 웰컴구동막개

- 의: 동물의 가죽
- 식: 수렵, 채집
- 주: 동굴, 막집–이동 생활
- 도구: 뗀석기–주먹도끼와 찍개, 슴베찌르개
- *유적지: 공주 석장리, 연천 전곡리, 단양 수양개 공연단

신석기 시대 (평등 사회) 농삼신라빗

- 의: 옷 만들어 입음, 가라악(락)바퀴와 뼈바늘
- 식: 농경(밭농사–조, 피, 수수)과 목축 시작 → 신석기 혁명
- 주: 움집(해안, 강가–패총)–정착 생활
- 도구: 간석기–갈돌과 갈판, 빗살무늬 토기, 이른 민무늬 토기
- *유적지: 부산 동삼동, 서울 암사동 삼사
- *신앙: 토테미즘(동식물), 애니미즘(정령), 샤머니즘(무속)

청동기 시대 (계급 사회) 청계고비벼반

- 의: –
- 식: 벼농사 시작(반달 돌칼) → 생산력 증가, 잉여 생산물 발생 → 사유 재산, 전쟁, 계급 출현
- 주: 움집(구릉 쪽으로 이동), 목책/환호–전쟁
- 도구/무기: 반달 돌칼, 민무늬 토기, 미송리식 토기, 비파형 동검
- *무덤: 고인돌(지배자–계급, 유네스코 세계유산), 돌널무덤

철기 시대 철세중독

- 의, 식, 주: –
- 도구/무기: 철제 농기구, 세형 동검
- 중국과의 교류: 오수전, 명도전, 반량전
- *무덤: 독무덤, 덧널무덤

고조선

- **한반도 최초의 국가**: B.C. 2333, 청동기~철기
- **마지막 수도**: 왕검성
- 건국 신화(『삼국유사』, 『제왕운기』)
- 제정일치-단군(제사장)왕검(지배자), 왕 아래 상/대부/장군, 8조법(범금 8조)

1. **고조선(청동기)**: 부왕/준왕(부자 세습), 중국 연과 대등 성장, 연 장수 진개 침략
2. **위만 조선(철기)**: 연에서 망명 후 준왕을 속여 몰아내고 즉위

   본격 철기 수용

   진번/임둔 복속

   한과 진국 사이 중계 무역

   한 무제의 침략-우거왕 때 왕검성 함락(B.C. 108), 한 군현 설치

철기 시대 여러 나라 부고/옥동/삼

1. **부여**: 5부족 연맹(왕&마가/우가/저가/구가-사출도)

   영고(12월), 1책 12법(절도), 순장, 형사취수제, 우제 점법
2. **고구려**: 5부족 연맹-제가 회의

   동맹(10월), 서옥제, 형사취수제, 부경(창고-약탈)

   왕 아래 상가/고추가/대로/패자/사자/조의/선인-욕살/처려근지(후기 지방관)
3. **옥저**: 읍군/삼로(군장)

   민며느리제, 가족 공동묘(골장제)
4. **동예**: 읍군/삼로(군장)

   무천(10월), 책화(부족 경계), 족외혼, 단궁/과하마/반어피 동무랑 책 들고 단과반
5. **삼한**: 신지/읍차(군장), 천군(제사장, 소도) → 제정 분리

   계절제(5월, 10월)

   변한의 철: 덩이쇠(화폐) 수출-낙랑/왜

1. 구석기 시대(약 70만 년 전부터 시작)

❶ **도구(뗀석기):** 주먹도끼, 찍개, 후기에 슴베찌르개, 이음 도구 제작

❷ **생활 모습:** 의생활(동물의 가죽), 식량(사냥, 채집), 주거(동굴, 막집 → 이동생활),
사회(평등한 무리 사회)

❸ **예술과 신앙:** 사냥감의 번성을 기원하는 동굴 벽화, 조각품

❹ **주요 유적:** 연천 전곡리, 공주 석장리, 단양 수양개

주먹도끼

슴베찌르개

2. 신석기 시대(약 1만 년 전부터 시작)

❶ **도구:** 간석기(갈돌, 갈판), 토기(이른 민무늬 토기, 빗살무늬 토기), 뼈바늘과 가락바퀴(옷, 그물 제작)

❷ **생활 모습:** 농경(밭농사)과 목축의 시작(신석기 혁명), 사냥과 물고기잡이 비중 높음, 정착 생활(강가나 바닷가,
움집), 씨족 중심의 부족 사회(평등 사회)

❸ **예술과 신앙:** 조개껍데기 가면과 치레걸이 제작, 애니미즘(정령 숭배), 샤머니즘(무당과 주술), 토테미즘(동식물
숭배), 영혼과 조상 숭배

❹ **주요 유적:** 서울 암사동, 부산 동삼동(패총), 제주 고산리

빗살무늬 토기

갈돌과 갈판

3. 청동기 시대(기원전 2000년경~기원전 1500년경부터 시작)

❶ **도구:** 청동기(비파형 동검, 거친무늬 거울 등의 무기·제사 용구), 간석기(반달 돌칼), 토기
(민무늬 토기, 미송리식 토기)

❷ **생활 모습:** 농경과 목축 발달(잉여 생산물 발생 → 사유 재산과 계급 발생), 일부 저습지에
서 벼농사, 구릉 지대에 취락 형성, 움집의 지상 가옥화, 정복 전쟁(목책·환호) 과정에서
지배자 출현(군장, 제정일치, 천손 사상)

❸ **무덤:** 고인돌, 돌널무덤

❹ **예술:** 바위그림(울주 대곡리
반구대, 고령 장기리)
→ 사냥·고기잡이의 성공과
농사의 풍요 기원

비파형 동검

고인돌

반달 돌칼

민무늬 토기

4. 철기 시대(기원전 5세기경부터 시작)

❶ **도구**: 한반도의 독자적 청동기 문화 발달(세형 동검, 잔무늬 거울, 거푸집), 철제 농기구와 무기의 사용
  → 농업 생산력 증대, 정복 전쟁 확대(만주와 한반도에 여러 나라 성장)

❷ **무덤**: 널무덤, 독무덤, 덧널무덤

❸ **중국과의 교류**: 중국 화폐(명도전, 반량전, 오수전), 붓(한자 사용) 출토

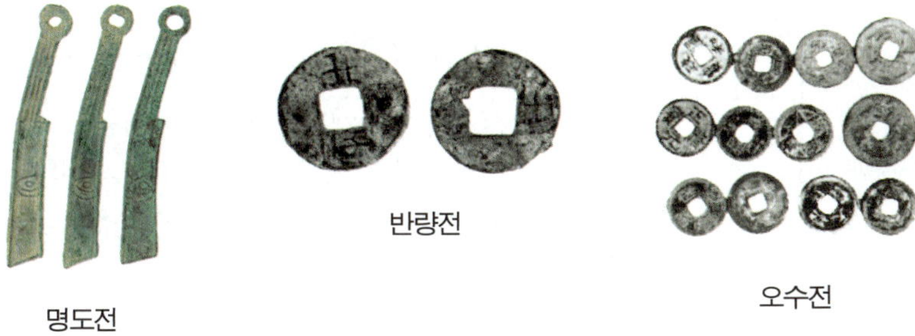

명도전

반량전

오수전

세형 동검

5. 고조선의 성립과 발전

(1) 성립(기원전 2333)

❶ 청동기 문화를 기반으로 성립된 우리 역사 최초의 국가

❷ 건국 이야기: 『삼국유사』와 『제왕운기』 등에 기록, 농경 중시, 계급 발생, 홍익인간의 통치 이념, 제정일치 사회
  (단군왕검) 등이 반영

(2) 발전

❶ 랴오닝 지방을 중심으로 한반도 북부까지 발전(비파형 동검과 탁자식 고인돌을 통해 고조선의 문화 범위 짐작)

❷ 기원전 4~3세기경 중국의 연과 대립 → 연의 장수 진개의 공격으로 영토 상실, 기원전 3세기경 부왕·준왕 등이
  등장하여 왕위 세습, 상·대부·장군 등의 관직 설치

❸ 위만의 집권: 중국 진·한 교체기 유이민의 이주 → 위만이 준왕을 몰아내고 왕위 차지(기원전 194), 철기 문화의
  본격적 수용, 진번·임둔 복속, 한반도 남부의 진과 중국의 한 사이에서 중계 무역으로 발전

(3) 멸망

한 무제의 침략으로 왕검성 함락(우거왕, 기원전 108) → 한 군현 설치

(4) 사회

8조법 중 3개 조항이 전해짐(생명·노동력과 사유 재산 중시, 노비 존재) → 한 군현 설치 후 법률이 60여 조로 증가

6. 여러 나라의 성장

❶ **부여**: 만주 쑹화강 유역의 평야 지대를 중심으로 성장

정치	5부족 연맹체(왕과 마가·우가·구가·저가의 사출도) → 왕권 미약
사회	순장, 형사취수제, 1책 12법, 영고(12월), 우제점법

❷ **고구려**: 졸본에서 건국(기원전 37) → 국내성으로 천도

정치	5부족 연맹체(왕 아래 상가, 고추가 등이 사자, 조의, 선인 등을 거느림), 제가 회의
사회	서옥제, 형사취수제, 동맹(10월), 부경(약탈 경제, 창고)

❸ **옥저와 동예**: 함경도 지역(옥저), 강원도 동해안 지역(동예)에 위치

정치	고구려의 압박, 왕이 없고 군장(읍군, 삼로)이 지배
옥저	민며느리제, 가족 공동 무덤(골장제)
동예	특산물(단궁, 과하마, 반어피), 족외혼, 책화(다른 부족의 영역을 침범하면 노비나 소, 말로 배상), 무천(10월)

❹ **삼한**: 고조선 유이민과 한반도 남부 토착 세력의 결합 → 마한, 진한, 변한의 성립

정치	마한의 목지국 지배자가 삼한 전체 주도, 군장(신지, 읍차)의 지배, 천군(제사장)과 소도(군장의 세력이 미치지 못함) → 제정 분리
경제	벼농사 발달(두레), 계절제(5월, 10월), 변한 지역의 철 생산(덩이쇠를 낙랑과 왜 등에 수출)

 **확인문제**

01 주먹도끼와 찍개는 ☐☐기 시대 유물이다.

02 서울 ☐☐동과 부산 ☐☐동은 신석기 시대 주요 유적지이다.

03 신석기 시대부터 농경이 시작되었으나 ☐농사는 청동기 시대에 시작되었다.

04 신석기 시대에 식량 저장과 조리를 위해 토기가 등장하였으며, ☐☐무늬 토기와 이른 ☐☐☐ 토기가 대표적이다.

05 ☐☐ 돌칼은 청동기 시대에 곡물의 이삭을 따는 대표적인 농기구이다.

06 청동기 시대의 지배자는 ☐☐형 동검으로 정복 전쟁을 벌였고, 사후에는 ☐☐☐에 묻혔다.

07 오수전, ☐☐☐, ☐☐☐ 등 중국 ☐☐는 철기 시대 중국과의 교류를 보여준다.

08 단군왕검에서 ☐☐은 제사장, ☐☐은 정치 지배자를 의미하는데 이를 통해 고조선이 제정 ☐☐ 사회임을 알 수 있다.

09 『삼국 ☐☐ 』와 『 ☐☐ 운기』에 고조선의 건국 신화가 기록되어 있다.

10 위만 조선은 ☐☐왕 때 한 무제의 침략을 받아 멸망하였다.

11 부여의 제천행사는 ☐☐이며, 고구려의 제천 행사는 ☐☐이다.

12 민며느리제와 골장제는 ☐☐에서 볼 수 있는 사회 모습이다.

13 고구려에는 곡식을 저장해두는 창고인 ☐☐이 있었다.

14 단궁, 빈이피, ☐☐☐는 ☐☐의 대표적인 특산물이다.

15 삼한에서 ☐☐은 죄인이 도망쳐도 군장의 세력이 미치지 못하는 ☐☐를 다스렸다.

16 ☐☐에서는 5월과 10월 계절제를 열었다.

1   66회 1번

(가) 시대의 생활 모습으로 옳은 것은?   [1점]

① 반달 돌칼로 벼를 수확하였다.
② 주로 동굴이나 막집에서 살았다.
③ 반량전, 명도전 등 화폐를 사용하였다.
④ 빗살무늬 토기를 만들어 식량을 저장하였다.
⑤ 가락바퀴와 뼈바늘을 이용하여 옷을 만들었다.

공주 석장리, 뗀석기, 주먹도끼 → 구석기
① 반달 돌칼, 벼농사 → 청동기
② 동굴, 막집 생활 → 구석기
③ 오수전, 명도전, 반량전–중국 화폐 → 철기
④ 빗살무늬 토기 → 신석기
⑤ 가락바퀴와 뼈바늘, 옷 → 신석기

정답 ▶ ②

2   72회 2번

밑줄 그은 '이 나라'에 대한 탐구 활동으로 가장 적절한 것은?   [2점]

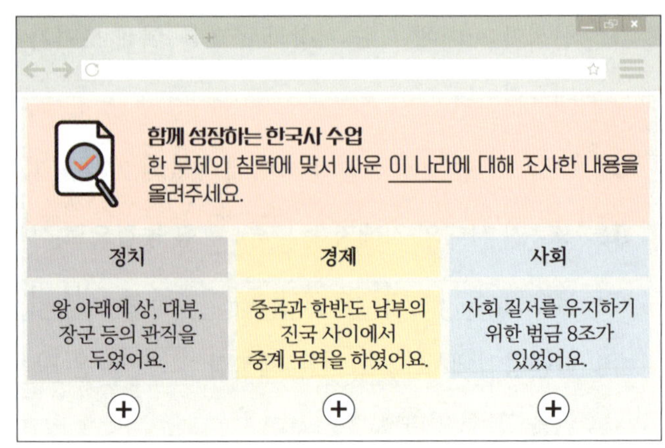

① 임신서기석의 내용을 분석한다.
② 칠지도에 새겨진 명문을 해석한다.
③ 수도 왕검성의 위치에 대한 자료를 검색한다.
④ 10월에 지냈던 제천 행사인 동맹을 살펴본다.
⑤ 국가의 중대사를 논의한 화백 회의에 대해 조사한다.

한 무제에 의해 멸망, 왕 아래 상/대부/장군, 한과 진 사이 중계 무역, 범금 8조(8조법) → 고조선
① 임신서기석 → 신라의 두 청년이 충성과 유교 경전 학습을 다짐한 내용을 새긴 비석
② 칠지도 → 백제에서 왜에 보낸 것으로 백제와 왜의 교류를 보여주는 칼
③ 왕검성 → 고조선 마지막 수도
④ 10월 동맹 → 고구려 제천 행사
⑤ 화백 회의 → 신라 귀족 회의

정답 ▶ ③

3   69회 3번

(가), (나) 나라에 대한 설명으로 옳은 것을 〈보기〉에서 고른 것은? [3점]

> (가) 대군장이 없고, 그 관직으로는 후(候)와 읍군과 삼로가 있다. …… 해마다 10월이면 하늘에 제사를 지내는데, 밤낮으로 술 마시며 노래 부르고 춤추니, 이를 무천이라 한다. 또 호랑이를 신으로 여겨 제사 지낸다.
> — 『후한서』 동이열전 -
>
> (나) 해마다 5월이면 씨뿌리기를 마치고 귀신에게 제사를 지낸다. 떼를 지어 모여서 노래와 춤을 즐기며 술 마시고 노는데 밤낮으로 쉬지 않는다. …… 국읍에 각각 한 사람씩을 세워서 천신의 제사를 주관하게 하는데, 이를 천군이라 부른다.
> — 『삼국지』 위서 동이전 -

〈보기〉

ㄱ. (가) – 혼인 풍습으로 민며느리제가 있었다.

ㄴ. (가) – 읍락 간의 경계를 중시하는 책화가 있었다.

ㄷ. (나) – 신지, 읍차 등의 지배자가 있었다.

ㄹ. (나) – 여러 가(加)들이 별도로 사출도를 주관하였다.

---

① ㄱ, ㄴ   ② ㄱ, ㄷ   ③ ㄴ, ㄷ   ④ ㄴ, ㄹ   ⑤ ㄷ, ㄹ

해설

(가) 군장-읍군/삼로, 10월 무천 → 동예
(나) 5월제, 제사장 천군 → 삼한

ㄱ. 민며느리제 → 옥저
ㄴ. 책화 → 동예
ㄷ. 신지/읍차 → 삼한
ㄹ. 사출도 → 부여

정답 ▶ ③

4   76회 2번

다음 검색창에 들어갈 국가에 대한 설명으로 가장 적절한 것은? [2점]

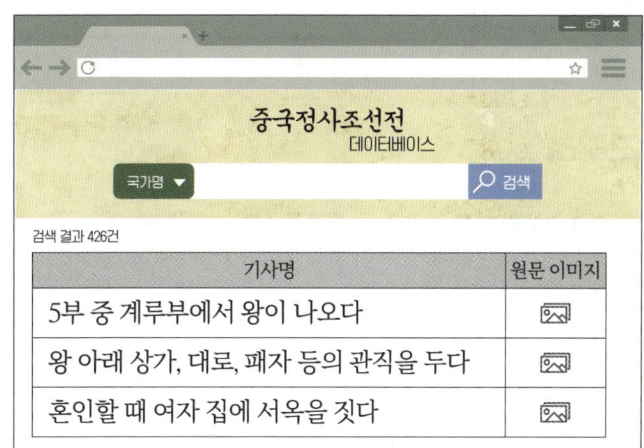

기사명	원문 이미지
5부 중 계루부에서 왕이 나오다	🖼
왕 아래 상가, 대로, 패자 등의 관직을 두다	🖼
혼인할 때 여자 집에 서옥을 짓다	🖼

① 신성 구역인 소도가 존재하였다.

② 10월에 동맹이라는 제천 행사를 열었다.

③ 읍락 간의 경계를 중시하는 책화가 있었다.

④ 사회 질서 유지를 위해 범금 8조를 두었다.

⑤ 화백 회의에서 국가의 중대사를 결정하였다.

해설

5부족 연맹체, 계루부, 왕 아래 상가/고추가/대로/패자, 서옥제 → 고구려

① 천군이 다스리는 신성 구역 소도 → 삼한 💡ㅅㅅ
② 10월에 제천 행사 동맹 → 고구려 💡용맹스러우면 고구려
③ 책화 → 동예 💡동무랑 책 들고 단과반
④ 범금 8조 → 고조선 💡팔고
⑤ 화백 회의 → 신라 💡신화

정답 ▶ ②

고대
(고구려, 백제, 신라, 가야)

고구려

(제가 회의, 졸본 → 국내성 → 평양)
🔆 재고 ☆

🔆 (주유태) 천동미원 소광장 양류보 ☆
- **동명(성)왕**: 주몽(부여), 졸본 도읍
- **유리왕**: 국내성 천도
- **태조왕**: 옥저 복속

- **고국천왕(2C)**: 진대법 by 을파소 🔆 천대 ☆
- **동천왕(3C)**: 위의 관구검 침입 → 환도성 함락
- **미천왕(4C 초)**: 대방군/낙랑군 축출, 서안평 점령 🔆 미대낙서 ☆
- **고국원왕(4C 중)**: 근초고왕(백제) 침입, 평양성 함락

- **소수림왕(4C 후)**: 불교 수용(전진, 순도 🔆 고전순 ☆), 태학(국립대학) 설치, 율령 반포 🔆 불태율 ☆
- **광개토대왕(4~5C)**: 영락(연호), 후연/거란 격파 → 요동/만주 장악

  신라(내물 마립간) 침입 왜 격퇴(400) → 금관가야 쇠퇴(*멸망 아님)/대가야 부각

  *호우명 그릇
- **장수왕(5C)**: 남진 정책, 평양 천도 → 비·눌(나제) 동맹 → 개로왕(북위 국서), 한성 함락(사망) → 문주왕 웅

  진 천도 → 광개토대왕릉비/충주고구려비 건립(5C 중후반) *동(성), 소지 동맹(결혼)

- **영양왕(6~7C)**: 수 침략 → 살수 대첩(612, 을지문덕), 온달 아단성 아래에서 전사, 이문진 (『신집』 5권)
- **영류왕(7C)**: 당 침략 대비 천리장성 축조(보장왕 때 완성), 연개소문 정변 → 영류왕 X, 보장왕 즉위
- **보장왕(7C)**: 당의 침략 → 안시성 전투(645) 승, 연(천)개소문 사후 지배층(남생, 남건, 남산) 분열

  → 나당 연합군 침략–평양성 함락, 멸망(668)

*고구려 부흥 운동: 검모잠, 고연무, 안승(신라 투항–보덕국/금마저 왕으로 임명) 🔆 잠연승 ☆

백제

(정사암/천정대 회의, 위례성/한성 → 웅진/공주 → 사비/부여)
☀️백정☆   ☀️한공부☆

☀️고근침 비개문동 무성무의☆
- 온조(주몽 아들): 한강 유역 건국, 서울 석촌동 고분군

- 고이왕(3C): 6좌평/16관등제 정비, 공복 제정
- 근초고왕(4C): 고구려 공격 평양성 함락/고국원왕 전사, 마한 정복
    동진과 교류, 규슈 진출(칠지도−4C 백제와 왜의 교류)
    『서기』(고흥) ☀️근고기☆
- 침류왕(4C): 불교 수용(동진, 마라난타) ☀️동백마☆

- 비유왕(5C 초): 나제 동맹(with 신라 눌지 마립간) ☀️비눌☆ ← 장수왕 평양 천도
- 개로왕(5C 중): 북위에 국서, 역효과 → 장수왕 침략, 사망
- 문주왕(5C 후): 웅진(공주) 천도
- 동성왕(5C 후): 결혼 동맹(with 신라 소지 마립간) ☀️동소지☆

- 무령왕(6C 초): 22담로에 왕족 파견, 중국 남조 양나라(벽돌무덤)/일본(나무관)과 교류
    *무령왕릉: 피장자/축조 연대 확인, 매지서 출토(도교)
- 성왕(6C 중): 사비(부여) 천도, 국호 남부여
    진흥왕과 함께 고구려의 한강 유역 일시 회복
    → 진흥왕의 배신, 관산성(구천/옥천)에서 전사
- 무왕(7C): 서동 설화(선화공주), 익산(금마저) 미륵사지 석탑(현존 최고 석탑) ☀️백해무익, 무미건조☆
- 의자왕: 대야성 함락(642, 김춘추 사위 & 딸 X)
    나당 연합군의 공격−황산벌 전투(계백) 패배, 사비성 함락, 멸망(660)

*백제 부흥 운동: 흑치상지(임존성), 도침/복신(주류성)이 부여풍을 왕으로 추대 ☀️흑도복풍☆
    나당 연합군 VS (백제 부흥군＋왜 지원군): 백강 전투 패배

신라

(화백 회의–상대등/만장일치, 금성/경주)

- **박혁거세**: 진한의 사로국, 박/석/김 교대 왕위 계승, 거서간–차차웅–이사금–마립간

- **내물 마립간(4~5C)**: 마립간 칭호 사용, 김씨 왕위 세습

  왜의 침입 → 광개토대왕에게 구원 요청(400) *호우명 그릇
- **눌지 마립간(5C 초)**: 비유왕과 나제 동맹 ← 장수왕 평양 천도 후
- **소지 마립간(5C 후)**: 동성왕과 결혼 동맹 ← 문주왕 웅진 천도 후

- **지증왕(6C)**: 동시전 설치, 순장 폐지, 왕 칭호, 신라 국호, 우경 시행, 우산국(이사부) 복속

- **법흥왕(6C)**: 연호(건원), 율령 반포, 17관등제 정비, 불교 공인(이차돈 순교)

   병부/상대등 설치

  금관가야 병합
- **진흥왕(6C)**: 한강 독차지(성왕 X)–당항성/중국 직접 교역, 화랑도 국가 조직 개편

  『국사』(거칠부)

  대가야 정복(이사부)

  단양적성비와 순수비(북한산비, 황초령비, 창녕 척경비, 마운령비)

  └→ 김정희 『금석과안록』

- **선덕 여왕(7C)**: 첨성대, 분황사 모전 석탑, 황룡사(진흥왕) 9층 목탑(by 자장)

  *비담/염종 난–김유신의 진압 (*금관가야 왕족 출신, 흥무대왕 시호)

  *김춘추의 고구려 동맹 실패(642, 보장왕/연개소문), 나당 동맹 성공(648, 진덕 여왕)
- **태종 무열왕(7C)**: 최초 진골 출신 왕, 사정부(감찰) 설치, 백제 멸망(660)
- **문무왕(7C)**: 고구려 멸망(668) 후 삼국 통일 완성(676) ← 매소성, 기벌포 전투 승리

  외사정(지방 감찰관) 파견

- ***당의 야욕**: 백제 멸망 후 웅진도독부/계림도독부(금성), 고구려 멸망 후 안동도호부(평양) 설치

가야

- **금관가야**: 김수로(건국 신화–「구지가」), 전기 가야 연맹 맹주, 김해 대성동 고분(유네스코 세계유산)

  풍부한 철(낙랑–왜 중계 무역)

  광개토대왕(5C) 때 쇠퇴, 법흥왕(6C) 때 병합
- **대가야**: 이진아시왕, 후기 가야 연맹 맹주, 고령 지산동 고분(유네스코 세계유산)

  진흥왕 때 멸망

1. 고대 국가의 특징

❶ 왕권 강화(왕위 세습)

❷ 중앙 집권 체제 정비(율령 반포, 관복과 관등 제정, 중앙 관제 정비)

❸ 불교 수용

❹ 활발한 정복 활동

2. 고구려

(1) 고구려의 성립과 발전

❶ 건국(기원전 37): 부여 계통의 주몽(동명성왕)이 졸본에 도읍 → 1세기 초 유리왕 때 국내성 천도

❷ 태조왕(1세기 후반~2세기 중반): 옥저 복속, 계루부 고씨의 왕위 독점 세습

❸ 고국천왕(2세기 후반): 부족적 성격의 5부를 행정적 5부로 개편, 진대법 실시(을파소)

❹ 동천왕(3세기): 관구검(위)의 공격으로 환도성 함락

❺ 미천왕(4세기 전반): 서안평 점령, 낙랑군과 대방군 축출

❻ 고국원왕(4세기 중반): 전연의 침입, 근초고왕(백제)의 공격으로 전사(평양성 함락)

❼ 소수림왕(4세기 후반): 율령 반포, 불교 수용(전진, 순도), 태학 설립

❽ 광개토대왕(4세기 말~5세기 초): 한강 이북 점령, 신라에 침입한 왜 격퇴(금관가야 쇠퇴 → 대가야가 연맹 주도), 거란과 후연 격파(요동과 만주 지역 장악), '영락' 연호 사용

❾ 장수왕(5세기): 중국 남북조와 균형 외교, 평양 천도(427, 남진 정책 추진) → 나제 동맹 결성, 한성 함락(475, 개로왕 전사) → 한강 유역 확보, 백제의 웅진(공주) 천도, 광개토대왕릉비·충주고구려비(국내에 유일하게 남아 있는 고구려의 비석, 고구려가 신라에 영향력 행사, 5세기 중후반 건립 추정)

(2) 고구려와 수·당의 전쟁

수	남북조 통일(589) 후 고구려에 복속 요구 → 고구려의 요서 지방 선제 공격 → 수 문제의 침입 실패 → 수 양제의 113만 대군 침입 → 을지문덕이 살수(청천강)에서 격퇴(살수 대첩, 612, 영양왕)
당	건국 초기 고구려와 친선 관계 → 당 태종의 팽창 정책 → 고구려의 천리장성 축조(영류왕~보장왕), 연개소문이 정변(642, 보장왕 즉위)을 통해 권력 장악(당과 신라에 대한 강경책 추진) → 당 태종의 침입 → 고구려의 당군 격퇴(안시성 전투, 645)

(3) 고구려의 멸망

❶ 연개소문 사후 지배층의 분열 → 나당 연합군의 공격으로 평양성 함락(668)

❷ 부흥 운동: 고연무, 검모잠이 안승을 왕으로 추대 → 안승이 검모잠을 죽이고 신라에 투항(보덕국 왕에 임명)

3. 백제

(1) 백제의 성립과 발전

❶ 건국(기원전 18): 온조가 위례성에서 건국, 고구려 유이민 세력과 한강 유역의 토착 세력의 결합(서울 석촌동 고분)

❷ 고이왕(3세기): 한강 유역 장악, 관등제 정비(6좌평, 16관등제), 공복 제정

❸ 근초고왕(4세기 중반): 마한 정복, 고구려의 평양성 공격, 왕위 부자 상속, 중국의 동진·가야·왜 등과 교류

❹ 침류왕(4세기 후반): 불교 수용(동진, 마라난타)

❺ 비유왕(5세기 전반): 고구려 장수왕의 남진 정책 → 나제 동맹(신라 눌지 마립간)

❻ 개로왕(5세기 중반): 북위에 국서 보냄(고구려 견제), 장수왕의 공격으로 한성 함락(개로왕 사망) → 웅진 천도 (475, 문주왕)

(2) 백제의 중흥

❶ 동성왕(5세기 후반): 신라와 결혼 동맹(신라 소지 마립간)

❷ 무령왕(6세기 전반): 22담로에 왕족 파견(지방 통제 강화), 중국 남조 및 왜와의 교류(무령왕릉)

❸ 성왕(6세기 중반): 사비(부여) 천도, 국호 '남부여'로 변경, 신라 진흥왕과 연합하여 한강 하류 지역 일시 회복, 신라에 빼앗김 → 관산성(옥천) 전투에서 전사

❹ 무왕(7세기 전반): 금마저(익산)에 미륵사 창건

❺ 의자왕(7세기 중반): 신라를 공격하여 대야성 함락(642, 김춘추의 딸과 사위 사망)

(3) 백제의 멸망

❶ 나당 연합군의 공격 → 황산벌 전투(계백) 패배 → 사비성 함락(660)

❷ 부흥 운동: 복신·도침(주류성)이 부여풍을 왕으로 추대, 흑치상지(임존성), 백제 부흥군과 왜의 지원군이 백강 (금강) 전투에서 나당 연합군에게 패배

4. 신라

(1) 신라의 성립과 발전

❶ 건국(기원전 57): 진한의 사로국에서 출발, 박혁거세의 건국, 박·석·김의 3성이 돌아가며 왕위 차지

❷ 내물 마립간(4세기 후반): 김씨의 왕위 세습 확립, 왕호를 '이사금(연장자)'에서 '마립간(대수장)'으로 변경, 광개토대왕의 도움으로 왜 격퇴(신라의 호우총에서 호우명 그릇 출토)

❸ 눌지 마립간(5세기 전반): 나제 동맹 결성

❹ 소지 마립간(5세기 후반): 백제와 결혼 동맹 결성

❺ 지증왕(6세기 초): 국호(신라)·왕호(왕) 사용, 우산국 복속(이사부), 우경 시행, 순장 금지, 동시전 설치

호우명 그릇

❻ 법흥왕(6세기 전반): 연호(건원), 율령 반포(17관등제), 골품제 정비, 공복 제정, 상대등·병부 설치, 불교 공인(이차돈의 순교), 금관가야 병합

❼ 진흥왕(6세기 중반): 화랑도를 국가적 조직으로 개편, 불교 교단 정비(황룡사 건립), 『국사』 편찬(거칠부), 한강

유역 차지(당항성을 통해 중국과 직접 교류), 대가야 정복, 함경도 지역으로 진출, 단양 신라 적성비와 4개의 순수비(북한산 순수비, 창녕 척경비, 황초령 순수비, 마운령 순수비) 건립

(2) 신라의 삼국 통일

❶ 김춘추의 외교 활동(고구려와의 동맹 실패)으로 나당 동맹의 결성(648) → 나당 연합군의 공격으로 백제와 고구려 멸망

❷ 나당 전쟁: 당의 한반도 지배 야욕 → 웅진도독부(백제), 계림도독부(신라 금성), 안동도호부(고구려 평양) 설치 → 신라의 고구려 부흥 운동 지원, 매소성 전투(675)와 기벌포 전투(676)에서 당군 격퇴 → 삼국 통일 완성(문무왕, 676)

❸ 평가: 고구려·백제 유민과 함께 당군 축출, 민족 문화 발전의 기틀 마련, 외세(당) 이용, 대동강 이북의 고구려 영토 상실

북한산 순수비

5. 가야 연맹의 성립과 쇠퇴

전기 가야 연맹	• 중심 세력: 김해의 금관가야(수로왕의 건국 신화, 「구지가」) • 경제: 농경 문화 발달, 풍부한 철 생산, 낙랑과 왜를 연결하는 중계 무역 발달 • 광개토대왕이 보낸 고구려군의 공격으로 금관가야 쇠퇴
후기 가야 연맹	• 중심 세력: 5세기 후반 이후 고령의 대가야 • 멸망: 금관가야 투항(법흥왕, 532), 대가야 멸망(진흥왕, 562)

01 ☐☐은 고구려의 첫 도읍지이고, 유리왕 때 ☐☐성, 장수왕 때는 ☐☐성으로 천도하였다.

02 고구려 ☐☐☐왕은 재상 ☐☐☐의 건의로 춘궁기에 빈민을 구휼하는 ☐☐법을 실시했다.

03 ☐☐왕 때 위나라 관구검이 침입하였고 이때 ☐☐산성이 함락되었다.

04 백제 근초고왕의 침입을 받은 고구려 ☐☐☐왕은 전사했으며, 이때 ☐☐성이 함락되었다.

05 고구려 광개토대왕은 4세기 신라에 침입한 ☐를 격퇴했으며, 이로 인해 ☐☐가야가 쇠퇴하였다.

06 5세기 백제 ☐☐왕과 신라 ☐☐ 마립간은 고구려에 대응하기 위해 결혼 동맹을 체결했다.

07 무령왕릉의 ☐☐무덤 양식은 중국 ☐조의 영향을 받았다.

08 백제 성왕은 ☐☐로 천도하고 국호를 ☐☐☐로 변경했다.

09 백제 ☐☐왕은 신라를 공격하여 ☐☐성을 함락시켰고, 이때 김춘추의 사위와 딸이 사망했다.

10 신라의 귀족 회의인 ☐☐ 회의에서 국가의 중대사를 의논하였으며 회의는 ☐☐일치제로 운영되었다.

11 신라 ☐☐왕은 시장을 감독하는 관청인 ☐☐전을 설치했다.

12 신라 진흥왕은 거칠부에게 『☐☐』를 편찬하게 하였다.

13 신라 ☐☐ 여왕 때 ☐☐의 건의로 황룡사 9층 목탑이 세워졌다.

14 조선 후기 김☐☐는 『금석과안록』에서 북한산비가 ☐☐왕의 순수비임을 밝혀냈다.

15 금관가야는 신라 ☐☐왕에게 복속되었다.

16 ☐가야는 금관가야 쇠퇴 이후 후기 가야 연맹을 주도하였고, 신라 ☐☐왕에 의해 멸망했다.

02강 기출문제 풀어 보기

1 [71회 5번]

(가)~(다) 학생이 발표한 내용을 일어난 순서대로 옳게 나열한 것은? [2점]

① (가)-(나)-(다)
② (가)-(다)-(나)
③ (나)-(가)-(다)
④ (나)-(다)-(가)
⑤ (다)-(나)-(가)

2 [69회 2번]

밑줄 그은 '이 왕'의 업적으로 옳은 것은? [2점]

① 관료전을 지급하고 녹읍을 폐지하였다.
② 인재 등용을 위해 독서삼품과를 실시하였다.
③ 이차돈의 순교를 계기로 불교를 공인하였다.
④ 지방관을 감찰하기 위해 외사정을 파견하였다.
⑤ 대아찬 거칠부에게 명하여 국사를 편찬하였다.

 **해설**

백제 왕 순서 💡고근침 비개문동 무성무의⭐

(가) 사비 천도, 국호 남부여 → 성왕(6C)
(나) 동진 마라난타 불교 수용 → 침류왕(4C) 💡고전순/동백마⭐
(다) 고구려 평양성 공격, 고국원왕 전사 → 근초고왕(4C)

(다) → (나) → (가)

해설

북한산비 → 진흥왕 순수비 by 조선 김정희(『금석과안록』)

① 관료전 지급, 녹읍 폐지 → 통일 신라 신문왕
② 독서삼품과 → 신라 말 원성왕
③ 이차돈 순교, 불교 공인 → 법흥왕 💡ㅂㅂ⭐
④ 외사정 파견 → 문무왕(*사정부 설치–태종 무열왕)
⑤ 『국사』 편찬 by 거칠부 → 진흥왕 💡진거사⭐

정답 ▶ ⑤

정답 ▶ ⑤

(가) 나라에 대한 설명으로 옳은 것은? [2점]

① 신라 진흥왕에 의해 복속되었다.

② 광평성 등의 정치 기구를 마련하였다.

③ 화백 회의를 통해 국정을 운영하였다.

④ 대가들이 사자, 조의, 선인을 거느렸다.

⑤ 박, 석, 김의 3성이 교대로 왕위를 계승하였다.

해설

경북 고령, 지산동 고분군 → 대가야 ☀고대하다, 고지가 저긴데☆

① 신라 진흥왕 → 대가야 복속 ☀진대법☆

② 광평성 → 후고구려를 건국한 궁예가 설치
☀궁예의 빛(광)나는 머리☆

③ 화백 회의 → 신라 귀족 회의 ☀신화☆

④ 상가, 고추가, 대로, 패자, 사자, 조의, 선인/욕살, 처려근지
☀거친 이름은 고구려☆

⑤ 박, 석, 김 3성이 교대로 왕위 계승 → 신라

정답 ▶ ①

(가)~(다)를 일어난 순서대로 옳게 나열한 것은? [2점]

> (가) 고구려왕 거련이 직접 군사를 거느리고 백제를 공격하였다. 백제왕 경이 문주를 신라에 보내 도움을 요청하였다. …… 신라군이 도착하기 전에 백제가 고구려에 함락되었고 경 또한 살해되었다.
>
> (나) 백제왕이 태자와 함께 정예군 3만 명을 거느리고 고구려에 침입하여 평양성을 공격하였다. 고구려왕 사유가 힘을 다해 싸워 이를 막았으나 날아오는 화살에 맞아 죽었다.
>
> (다) 백제왕 명농이 가야와 함께 와서 관산성을 공격하였다. …… 신라군이 맞서 싸웠는데 삼년산군의 고간 도도가 급습하여 백제왕을 죽였다.

① (가) – (나) – (다)　　② (가) – (다) – (나)

③ (나) – (가) – (다)　　④ (나) – (다) – (가)

⑤ (다) – (가) – (나)

해설

(가) 백제 개로왕이 고구려 장수왕의 침략으로 사망 → 5C

(나) 백제 근초고왕이 고구려 평양성을 함락하고 고국원왕을 전사시킴 → 4C

(다) 백제 성왕의 관산성 전투 → 6C

(나) → (가) → (다)

정답 ▶ ③

(가), (나) 사이의 시기에 있었던 사실로 옳은 것은? [3점]

> (가) 연개소문은 왕의 조카인 장을 왕으로 세우고 스스로 막리지가 되었다. 그 관직은 당의 병부상서 겸 중서령의 직임과 같다.
>
> (나) 검모잠은 남은 백성을 모아 궁모성에서 패강 남쪽으로 내려와 당나라 관인 및 승려 법안 등을 죽이고 신라로 향하였다. 사야도에 이르러 고구려 대신 연정토의 아들 안승을 알현하고, 한성으로 모셔와 임금으로 받들었다.

① 을지문덕이 살수에서 대승을 거두었다.

② 사찬 시득이 기벌포에서 당군을 격파하였다.

③ 관구검이 이끄는 군대가 환도성을 함락하였다.

④ 김춘추가 당으로 건너가 군사 동맹을 체결하였다.

⑤ 장문휴가 자사 위준이 관할하는 당의 등주를 공격하였다.

밑줄 그은 '이 왕'에 대한 설명으로 옳은 것은? [3점]

① 이사부를 보내 우산국을 복속하였다.

② 건원이라는 독자적 연호를 사용하였다.

③ 관료전을 지급하고 녹읍을 폐지하였다.

④ 거칠부에게 명하여 국사를 편찬하였다.

⑤ 지방관을 감찰하고자 외사정을 파견하였다.

 **해설**

(가) 연개소문 정변(642)
(나) 검모잠, 안승 → 고구려 멸망(668) 후 고구려 부흥 운동

① 을지문덕 살수 대첩 → 612년 💡살수있니☆

② 기벌포 전투 → 676년 💡매기☆

③ 관구검 환도성 함락 → 3C 동천왕

④ 나당 동맹 → 648년 💡이판사판 육사판☆

⑤ 장문휴, 당의 등주 공격 → 8C

정답 ▶ ④

해설

삼국 통일, 아들 신문왕, 감은사 → 문무왕

① 이사부의 우산국 복속 → 지증왕 💡동순이가 왕이지라 우우☆

② 건원 → 법흥왕 💡법건원☆

③ 관료전 지급, 녹읍 폐지 → 신문왕
　💡흠 감만에 신문을 보니 구구국☆

④ 거칠부, 『국사』 편찬 → 진흥왕 💡진거사☆

⑤ 외사정 파견 → 문무왕

정답 ▶ ⑤

DAY 2

동영상 강의
보러가기

🔍 신라의 삼국 통일 과정
🔍 신라 하대의 혼란과 변화
🔍 통일 신라의 경제와 사회
🔍 발해의 경제와 사회

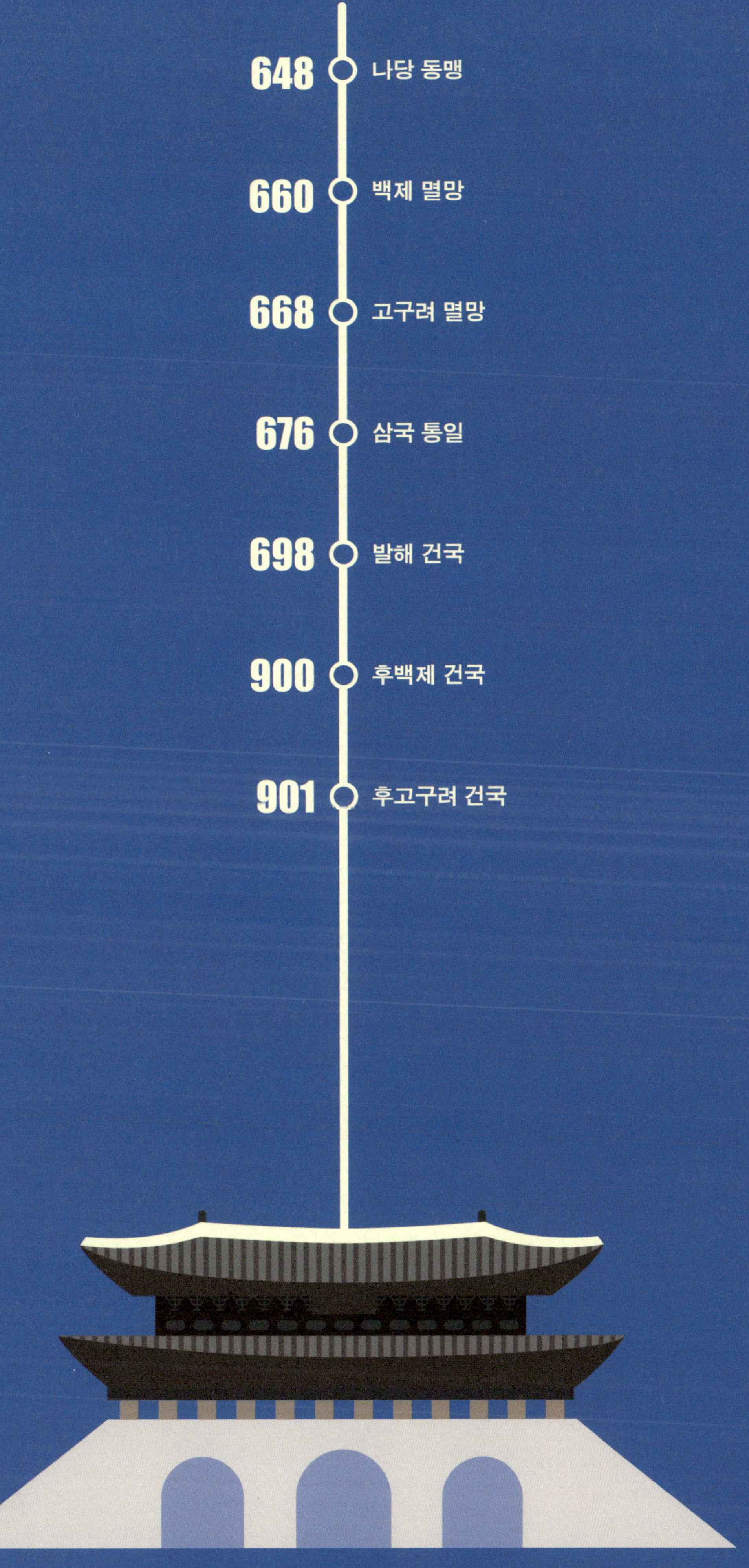

648 나당 동맹
660 백제 멸망
668 고구려 멸망
676 삼국 통일
698 발해 건국
900 후백제 건국
901 후고구려 건국

남북국 시대
(통일 신라와 발해)

통일 과정 중의 삼국 주요 사건 총정리

- 백제 의자왕의 대야성 함락(642, 윤충, 김춘추 사위 내외 김품석/고타소 X)
  - → 김춘추의 고구려 동맹 제의 실패(연개소문 정변으로 영류왕 X, 보장왕 O, 죽령 땅 요구, 642)
  - → 안시성 전투(고구려 승, 당 태종 패, 645)
  - → 나당 동맹 체결(김춘추, 648)
  - → 백제 멸망(660, 황산벌 전투, 계백 vs 김유신, 사비성 함락)
  - → 웅진도독부(660)
  - → 태종 무열왕 사망(661)
  - → 계림도독부(663)
  - → 백제 부흥 운동(💡흑도복풍☆/백강 전투)
  - → 연개소문 사망(666, 지배층 분열)
  - → 고구려 멸망(668, 평양성 함락, 안동도호부)
  - → 고구려 부흥 운동(💡잠연승☆/안승의 신라 투항 – 보덕국 왕 임명 by 신라)
  - → 매기 전투(매소성, 675/기벌포, 676)로 **삼국 통일 완성**

왕권의 강화

- **태종 무열왕**: 삼국 통일의 출발, 사정부(중앙 감찰) 설치
- **문무왕**: 삼국 통일 완성(676), 외사정(지방 감찰관) 파견
- **신문왕**: 왕권 강화 아이콘(관료전 지급/녹읍 폐지, 설총의 「화왕계」– 모란/장미/할미꽃)

  김흠돌의 난 진압, 감은사 건립, 만파식적 설화, 구서당 십정(군사), 구주 오소경(지방 행정), 국학(대학) 설치

  💡흠 감만에 신문을 보니 구구국☆

서원경(청주): 민정(촌락) 문서

청주 흥덕사 – 현존 최고 금속활자본,『직지심체요절』

- **성덕왕**: 백성에게 정전 지급
- **경덕왕**: 녹읍 부활 → 왕권 서서히 약화

왕권 강화기의 특징: 상대등 권력 약화/집사부 시중(중시) 강화

   지방 세력 견제 – 상수리 제도(*기인 제도 – 고려) 💡ㅅㅅ ㄱㄱ☆ *(신라 – 상수리, 고려 – 기인)*

신라 하대 혼란기(왕권 약화)

- **혜공왕 피살**(진골 귀족 왕위 쟁탈)
  - → **김헌창**(웅천주/공주 도독)**의 난**(아버지 김주원이 아닌 김경신(원성왕)이 왕이 됨에 반발)
  - → **장보고**(법화원/청해진)**의 난**(딸이 왕비 안 됨에 반발)
  - → **원종, 애노/적고적의 난**(진성 여왕–각간 위홍/대구화상의 『삼대목』, 시무 10여 조–최치원)
  - 🔆 혜이 창고가 진상이 되었네 원적외선 나와서☆
  - *최치원: 6두품 출신, 빈공과, 『계원필경』–「토황소격문(격황소서)」, 해인사 묘길상탑기
  - *호족의 성장: 선종(9산선문), 풍수지리설
  - *원성왕: 독서삼품과

후삼국의 성립

- **후백제(900):** 견훤, 완산주, 후당/오월에 사신 파견 🔆 훤후☆
- **후고구려(901):** 궁예(양길의 부하), 송악 → 국호 마진(연호 무태) → 광평성(중앙 정치 기구) → 철원 천도 →
  국호 태봉(연호 수덕만세) → 왕건의 고려 건국(918) → 송악 천도
- **신라:** 국력 쇠퇴

발해(대조영/동모산 기슭, 698 ➡ 거란에 멸망, 926)

- **무왕:** 연호 인안, 장문휴–산둥반도 등주 공격, 대문예–흑수 말갈 공격
- **문왕:** 연호 대흥, 3성 6부–독자적 이름, 정당성(대내상)/중대성/선조성&충인의지예신
  - 숭경→ 상경 → 동경
- **선왕:** 연호 건흥, 해동성국, 5경 15부 62주
- *특산물: 솔빈부의 말 🔆 발솔말☆
- *교역로: 영주도/조공도(당), 거란도, 신라도, 일본도
- *감찰기구: 중정대 🔆 발정☆, 교육기관: 주자감 🔆 발주☆, 서적 관리: 문적원 🔆 문발☆
- *고구려 계승: 대일 국서에 고려 왕, 온돌, 이불병좌상, 정혜 공주 묘의 모줄임천장·돌사자상, 석등, 연꽃무늬
  수막새, 대형 치미
- *조선 후기 유득공의 『발해고』

1. 통일 신라의 발전

(1) 왕권의 강화

❶ 태종 무열왕(김춘추): 진골 출신(이후 혜공왕 대까지 직계 후손이 왕위 계승), 나당 동맹 결성(진덕 여왕, 648) → 통일 전쟁 과정에서 왕권 강화

❷ 문무왕: 나당 전쟁 승리를 통해 삼국 통일 완성(676)

❸ 신문왕: 김흠돌의 난(귀족 세력 숙청), 지방 행정 조직(9주 5소경) 및 군사 조직(9서당 10정) 정비, 국학 설립, 6두품 중용(왕의 정치적 조언자·행정 실무), 관료전 지급과 녹읍 폐지, 감은사 건립(만파식적 설화)

(2) 통치 체제의 정비

중앙 정치 조직	집사부 시중(중시)의 권한 강화 → 상대등의 권한 약화, 사정부 설치(태종 무열왕, 관리 감찰)
지방 행정 조직	• 9주 5소경 체제 완비(신문왕): 5소경(군사·행정상의 요충지에 설치, 수도의 치우침 보완) • 주 아래 군현 설치(지방관 파견), 군현 아래 촌은 토착 세력인 촌주가 관리 • 지방 세력 견제: 상수리 제도, 외사정 파견(문무왕)
군사 조직	9서당(중앙군), 10정(지방군, 주마다 1정씩 배치하고 한주에만 2정 배치)

(3) 신라 말의 동요

❶ 중앙 정치 문란: 진골 귀족의 왕위 쟁탈전(혜공왕 피살 이후 150여 년 동안 20여 명의 왕 교체), 왕권 약화(상대등의 권한 강화), 지방 통제력 약화(김헌창의 난*, 장보고의 난)

  *아버지 김주원의 왕위 계승 실패에 불만을 품은 웅천주 도독 김헌창이 국호를 장안이라 하고 대규모 반란을 일으킴(822)

❷ 농민 봉기 발생: 지배층의 강압적인 수취에 반발 → 진성 여왕 때 원종과 애노의 난(889), 적고적의 난(896)

❸ 새로운 세력의 성장: 호족(성주·장군 자처, 지방의 행정권과 군사권 장악), 6두품(골품제 비판, 지방 호족과 연계, 새로운 사회 건설 모색)

(4) 후삼국의 성립

❶ 후백제: 견훤이 완산주(전주)에 도읍하여 건국(900), 후당·오월에 사신 파견

❷ 후고구려: 궁예가 송악(개성)에 도읍하여 건국(901) → 국호를 마진으로 변경(904), 연호(무태), 중앙 정치 조직 정비(광평성 설치) → 철원 천도(905) → 국호를 태봉으로 변경(911), 연호(수덕만세) → 궁예의 폭정으로 왕건이 왕으로 추대, 고려 건국(918)

2. 발해의 성립과 발전

(1) 건국

❶ 대조영(고왕)이 고구려 유민과 말갈인을 이끌고 동모산에서 건국(698) → 신라와 함께 남북국의 형세

❷ 의미: 고구려 계승 의식(옛 고구려의 영토 회복, 일본에 보낸 국서에 고려국왕이라 칭함), 고구려 문화와의 유사성(온돌, 이불병좌상, 정혜 공주 묘 모줄임천장·돌사자상, 석등, 연꽃무늬 수막새, 대형 치미, 고분의 모줄임천장 구조)

이불병좌상

모줄임천장

돌사자상

(2) 발전

❶ 무왕: 흑수 말갈 공격(대문예), 당의 산둥 지방 등주 공격(장문휴), 돌궐·일본과 연결하여 당·신라 견제, 연호(인안)

❷ 문왕: 당과 친선 관계 수립 → 당의 문물 수용하여 통치 체제 정비(3성 6부), 상경성(당의 장안성 모방), 신라와 상설 교통로(신라도)를 통해 교류, 천도(중경 → 상경 → 동경), 연호(대흥)

❸ 서왕: 대부분의 말갈족 복속, 요동 진출 → 해동성국이라 불림, 연호(건흥)

(3) 통치 체제

중앙	• 3성 6부: 당의 제도 수용, 명칭과 운영의 독자성, 정당성의 장관인 대내상이 국정 총괄, 6부의 이원적 운영(좌사정−충·인·의부, 우사정−지·예·신부), 6부 명칭에 유교 이념 반영 • 중정대(관리 감찰), 문적원(서적 관리), 주자감(유교 교육 담당)
지방	5경 15부 62주(선왕 때 완비), 지방관 파견, 말단 촌락은 토착 세력이 관리
군사	10위(중앙군)

(4) 멸망

거란의 침입으로 멸망(926) → 부흥 운동(후발해국, 정안국) 실패, 발해 유민의 고려 유입

01 ☐☐☐☐은 642년 정변을 통해 ☐☐왕을 폐위시키고 ☐☐왕을 즉위시켰다.

02 백제 멸망 후 ☐은 백제 웅진에 ☐☐☐☐☐를 설치하고, 신라의 금성에는 ☐☐☐☐☐를 설치하였다.

03 태종 무열왕은 중앙 감찰기구인 ☐☐부를 설치했고, 문무왕은 지방 감찰을 위해 ☐☐☐을 파견했다.

04 신라에는 지방 세력을 견제하기 위한 인질 제도 성격의 ☐☐☐ 제도가 있었다.

05 통일 신라의 국립대학은 ☐학이고, 고구려의 국립대학은 ☐학이다.

06 신라 하대의 혼란은 ☐☐왕의 피살과 ☐☐ 귀족들의 권력 다툼으로 본격화되었다.

07 헌덕왕 때 웅천주 도독 ☐☐☐은 그의 아버지 김주원이 왕이 되지 못하고 김경신(☐☐왕)이 즉위한 데 반발하여 난을 일으켰다.

08 신라 말 지배층의 강압적인 수취에 반발하여 ☐☐ 여왕 때 ☐☐과 애노의 난, ☐☐적의 난 등 농민 봉기가 발생했다.

09 신라 하대 혼란기에 지방에서 성장한 ☐☐ 세력은 고려 초기의 지배 세력이 되었다. ☐☐은 선종 불교와 ☐☐지리설을 후원하였다.

10 신라 ☐☐왕 때 관인 선발 제도인 독서 ☐☐☐를 실시했다.

11 발해 무왕 때 연호는 ☐☐, 문왕 때는 ☐☐이고, 선왕 때는 ☐☐이었다.

12 ☐왕 때 5경 15부 62주의 지방 행정 제도가 완비되었고 이때 당에서는 발해를 '해동☐☐'이라 불렀다.

13 발해의 감찰기구는 ☐☐대, 국립대학은 ☐☐감, 서적 관리 기구는 ☐☐원이었다.

1 70회 7번

(가) 국가에 대한 설명으로 옳은 것은? [1점]

> 『신라고기(新羅古記)』에 이르기를 "고(구)려의 옛 장수 조영의 성은 대씨(大氏)니 남은 군사를 모아 태백산 남쪽에서 나라를 세우고 나라 이름을 (가) (이)라고 하였다." …… 『지장도(指掌圖)』에 보면 " (가) 은/는 만리장성 동북쪽 모서리 밖에 있다."라고 하였다.

① 군사 조직으로 9서당 10정을 편성하였다.

② 정사암에 모여 국가 중대사를 논의하였다.

③ 광평성을 비롯한 각종 정치 기구를 갖추었다.

④ 5경 15부 62주의 지방 행정 제도를 마련하였다.

⑤ 상수리 제도를 시행하여 지방 세력을 견제하였다.

해설

조영, 대씨 → 발해

① 9서당 10정−신문왕 → 통일 신라

② 정사암 회의 → 백제 귀족 회의 💡백정💡

③ 광평성 → 후고구려를 건국한 궁예가 설치

④ 5경 15부 62주 → 발해 선왕, 해동성국

⑤ 상수리 제도 → 신라 💡ㅅㅅ💡, 기인 제도 → 고려 💡ㄱㄱ💡

---

2 73회 7번

밑줄 그은 '시기'에 있었던 사실로 옳은 것은? [3점]

① 김흠돌 등 진골 세력이 숙청되었다.

② 김헌창이 웅천주에서 반란을 일으켰다.

③ 거칠부가 왕명에 의해 국사를 편찬하였다.

④ 복신과 도침이 부여풍을 왕으로 추대하였다.

⑤ 자장의 건의로 황룡사 구층 목탑이 건립되었다.

해설

진성 여왕, 최치원, 혜공왕 피살, 9산선문 → 신라 하대 혼란기

① 김흠돌의 난 → 신문왕

② 웅천주 도독 김헌창의 난 → 신라 하대

　💡혜이 창고가 진상이 됐네 원적외선 나와서💡

③ 거칠부, 『국사』 → 진흥왕 💡진거사💡

④ 복신, 도침, 부여풍 → 백제 부흥 운동 💡흑도복풍💡

⑤ 자장 건의, 황룡사 9층 목탑 → 선덕 여왕

(가), (나) 사이의 시기에 있었던 사실로 옳은 것은? [3점]

> (가) 백제왕 명농이 가야와 함께 와서 관산성을 공격하였다. [신라의] 군주(軍主)인 각간 우덕과 이찬 탐지 등이 맞서 싸웠으나 불리하였다. …… 고간 도도가 급히 쳐서 백제왕을 죽였다.
>
> (나) 8월에 [백제왕이] 장군 윤충을 보내 군사 1만을 거느리고 신라 대야성을 공격하였다. 성주 품석이 처자와 함께 나와 항복하자 윤충이 모두 죽이고 그 머리를 베어 왕도로 보냈다.

① 백제가 국호를 남부여로 고쳤다.

② 진흥왕이 대가야를 공격하여 복속시켰다.

③ 계백이 이끈 결사대가 황산벌에서 패배하였다.

④ 김춘추가 당으로 건너가 군사 동맹을 체결하였다.

⑤ 신라가 한강 하류를 차지하여 신주를 설치하였다.

해설

(가) 백제 성왕의 관산성 전투 사망(6C)
(나) 의자왕의 대야성 함락 by 윤충 – 김품석/고타소 사망(642)

① 국호 남부여 → 성왕
② 진흥왕의 대가야 복속(6C) 💡진대법☆
③ 계백의 황산벌 전투 → 백제 멸망(660)
④ 김춘추의 나당 동맹 체결(648)
⑤ 신라의 한강 하류 차지 → 진흥왕의 성왕 배신 → 성왕의 관산성 전투: (가) 이전

정답 ▶ ②

다음 대화에 나타난 왕에 대한 설명으로 옳은 것은? [2점]

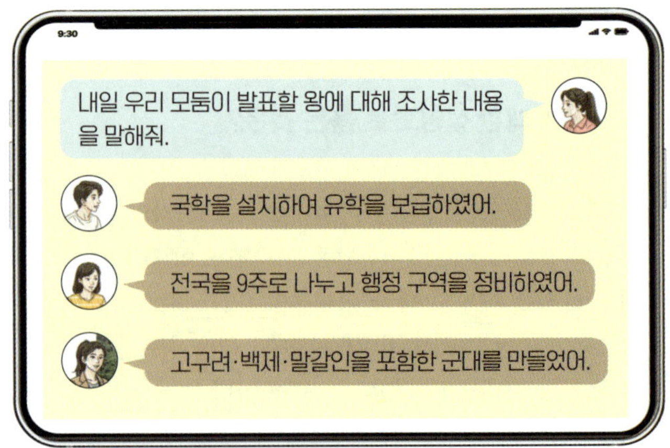

① 병부를 설치하고 율령을 반포하였다.

② 관료전을 지급하고 녹읍을 폐지하였다.

③ 화랑도를 국가적인 조직으로 개편하였다.

④ 관리 선발을 위해 녹서삼품과를 시행하였다.

⑤ 국호를 마진으로 바꾸고 도읍을 철원으로 옮겼다.

해설

국학 설립, 9주 5소경 정비, 9서당 10정 → 신문왕
💡흠 감만에 신문을 보니 구구국☆

① 병부와 상대등 설치, 율령 반포 → 법흥왕 💡ㅂㅂ☆
② 관료전 지급, 녹읍 폐지, 설총의 「화왕계」 → 신문왕
③ 화랑도 국가 조직 개편, 순수비, 대가야 복속 → 진흥왕
　💡진흥왕은 순수해서 대화가 안 돼☆
④ 독서삼품과 → 원성왕
⑤ 국호 마진, 도읍 철원으로 천도 → 후고구려를 건국한 궁예

정답 ▶ ②

고대의 경제/사회/문화

삼국 시대의 경제와 사회

- 우경 시행/동시 개설 및 동시전 설치(신라 지증왕) 💡지동시☆ 💡동순이가 왕이지라 우우☆
- 진대법(고구려 빈민 구휼 제도, 고국천왕) 💡천대☆, 고구려 창고─부경(약탈)
- 귀족 회의: 고구려─제가 회의, 백제─정사암 회의(천정대), 신라─화백 회의(만장일치)
  💡재고☆ 💡백정☆ 💡신화☆
- 골품제: 신라의 폐쇄적 신분제(최초 여왕─선덕 여왕, 최초 진골 왕─태종 무열왕, 혜공왕 피살 이후─무열계 진골 X)
- 화랑도: 청소년 집단 → 국가 조직으로 개편(진흥왕), 세속 오계(원광─「걸사표」, 진평왕) 💡원더걸세☆
- 대외 교류: 당항성(신라 진흥왕, 중국과 직접), 백제 벽돌무덤 무령왕릉(중국 남조 양나라)/칠지도(왜)

남북국 시대의 경제와 사회

- 통일 신라 시장: 동시(지증왕)에 이어 서시/남시 설치
- 통일 신라 토지 제도: 관료전 O, 녹읍 X(신문왕), 백성에게 정전 지급(성덕왕), 녹읍 O(경덕왕)
- 통일 신라의 민정(촌락) 문서: 일본 발견, 서원경 부근 촌락 기록
  촌주가 3년마다 작성, 토지 종류/면적, 인구, 말/소의 수, 특산물 등
- 통일 신라 국제 무역항: 울산항, 영암, 청해진(완도, 군진, 해상왕 장보고)
- 당에 신라 유학생(빈공과─최치원) 파견: 신라방(거처), 신라소(관청), 신라원(절, *법화원─장보고) 설치
- 발해 특산물: 솔빈부의 말 💡발솔말☆
- 발해 교역로: 영주도/조공도(당), 거란도, 신라도, 일본도

유학(교)

- 고구려: 태학(소수림왕) 💡소태☆ 💡불태율☆, 경당(지방, 유학+무술)
- 백제: 오경박사, 의박사, 역박사
  사택지적비(+도교─인생무상, +불교 귀의)
  *사택적덕─미륵사지 석탑, 금제 사리 봉안기(봉영기)
- 신라: 임신서기석
- 통일 신라: 국학(신문왕), 「청방인문표」(강수), 독서삼품과(원성왕/김경신),
  최치원(6두품, 빈공과, 『계원필경』─「토황소격문(격황소서)」, 시무 10여 조)
- 발해: 주자감 💡발주☆

역사 (현존 X)

- 백제(근초고왕): 고흥『서기』💡 근고기☆
- 신라(진흥왕): 거칠부『국사』💡 진거사☆
- 고구려(영양왕): 이문진『신집』5권(←『유기』100권)

삼국 시대의 불교

- 고구려: 소수림왕/전진/순도 💡 고전순☆
- 백제: 침류왕/동진/마라난타 💡 동백마☆
- 신라: 법흥왕 때 이차돈 순교로 공인

  원광: 세속오계,「걸사표」(진평왕) 💡 원더걸세☆

  선덕 여왕 때 자장의 건의로 황룡사 9층 목탑 축조(*황룡사 건립은 진흥왕)

통일 신라의 불교

- 원효: 설총 부(父), 아미타(정토) 신앙, 일심/화쟁 사상, ~론/소, 무애가
- 의상: 진골, 관음 신앙, 화엄 사상(일즉다 다즉일),「화엄일승법계도」, 부석사 창건
- 혜초:『왕오천축국전』💡 ㅊㅊㅊ☆
- 통일 신라 말: 선종 유행(참선, 체징의 가지 산문 등 9산선문) + 풍수지리설(도선)

불상과 불탑

- 삼국 공통 금동 미륵보살 반가 사유상 → 일본 고류사 목조 미륵보살 반가 사유상
- 고구려: 금동 연가 7년명 여래 입상
- 백제: 서산 용현리 마애 여래 삼존상(백제의 미소), 부여 정림사지 5층 석탑(소정방, 평제탑),

  익산 미륵사지 석탑(현존 최고/최대, 금제 사리 봉안기, 축조 연도 O, 사택적덕) 💡 무미☆ 💡 백해무익☆

  *익산 왕궁리 5층 석탑 – 통일 신라~고려(?), 지역만 정확히^^
- 신라: 경주 배동 석조 여래 삼존 입상, 분황사 모전 석탑/황룡사 9층 목탑(선덕 여왕 *첨성대)
- 통일 신라: 석굴암 본존불

  불국사 다보탑

  불국사 3층 석탑(석가탑/무영탑, 무구정광대다라니경, 현존 최고 목판 인쇄물)

  감은사지 3층 석탑(신문왕 for 문무왕)

  화순 쌍봉사 철감선사탑(승탑)
- 발해: 이불병좌상, 영광탑(전탑)

도교(신선, 자연)

- **고구려**: 연개소문이 당에 도사 파견 요청, 사신도(청룡/백호/주작/현무)
- **백제**: 산수무늬 벽돌, 금동 대향로(부여)
- **신라**: 화랑도(→ *낭가사상, 신채호*)

무덤

- **고구려**: 돌무지무덤(장군총) → 굴식 돌방무덤(모줄임천장이 대표적, 벽화, 도굴 O, 평양 강서대묘)
- **백제**: 돌무지무덤(고구려 영향, 석촌동 고분), 무령왕릉(벽돌무덤, 중국 남조 양, 피장자/축조 연대)
- **신라**: 돌무지덧널무덤(입구, 벽화, 도굴 X, 천마총−천마도, 황남대총, 껴묻거리 많음)
- **가야**: 김해 대성동 고분(금관가야) 금김대성, 고령 지산동 고분(대가야) 고지/고대
- **통일 신라**: 굴식 돌방무덤(김유신 묘, 12지 신상 호석, 흥무대왕)
- **발해**: 굴식 돌방무덤(정혜 공주 묘−돌사자상, 모줄임천장−고구려 영향)

  벽돌무덤(정효 공주 묘−당 영향 *고구려 양식의 천장구조*)

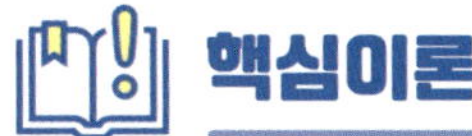 **핵심이론**

1. 삼국의 경제와 사회

(1) 삼국의 경제

❶ **조세 제도**: 조세(곡물·포), 공물(특산물), 역(15세 이상의 남자)

❷ **농업**: 농업 생산력 증대 노력(철제 농기구 보급, 우경 장려), 백성 생활 안정(고구려의 진대법)

❸ **수공업·상업**: 관청에서 필요한 물품 생산, 신라 지증왕 때 동시(시장) 개설, 동시전(감독관청) 설치

(2) 삼국의 사회

❶ **신분 제도의 확립**: 고대 국가로 성장하는 과정에서 엄격한 위계 질서 확립(귀족·평민·노비)

❷ **귀족 회의**: 제가 회의(고구려), 정사암 회의(백제, 천정대), 화백 회의(신라, 만장일치제)

❸ **신라**: 골품제(엄격한 폐쇄적 신분제 → 골품에 따른 관직 진출 상한선, 가옥 규모·수레 크기 등 일상생활도 규제), 화랑도(원시 사회의 청소년 집단에서 기원, 진흥왕 때 국가 조직으로 개편, 세속 오계(원광) 실천)

2. 남북국 시대의 경제와 사회

(1) 남북국 시대의 경제

통일 신라	• 토지 제도: 신문왕(관료전 지급·녹읍 폐지), 성덕왕(백성에게 정전 지급), 경덕왕(녹읍 부활) • 조세 제도: 조세(생산량의 1/10 수취), 공물(토산물 징수), 역(노동력 징발) • 신라 촌락 문서(민정 문서): 일본 도다이사 소소인, 서원경(청주) 인근 4개 촌락, 세금 징수 목적으로 3년마다 촌주가 작성, 촌락마다 토지 면적, 인구수, 소·말의 수 등 변동 사항 기록 • 상업: 경주에 서시, 남시 추가
발해	농업(밭농사 중심), 목축(솔빈부의 말), 수렵 발달

(2) 남북국 시대의 사회

통일 신라	• 민족 융합 정책: 고구려와 백제의 지배층에 관등 수여, 9서당(고구려인·백제인·말갈인까지 포함), 9주(고구려·백제 지역에 각각 3주씩 설치) • 6두품의 성장: 학문과 실무 능력을 바탕으로 국왕 보좌 → 골품제의 제약으로 승진에 한계, 일부는 신라 말 반신라적 경향을 보임, 설총(신문왕, 「화왕계」), 최치원(진성 여왕, 시무 10여 조 건의)
발해	• 구성: 지배층(대씨와 고씨 등 고구려계가 다수), 피지배층(말갈계가 다수) • 당의 제도와 문화 수용, 고구려와 말갈 사회의 전통 생활 모습 유지

(3) 남북국 시대의 대외 교류

통일 신라	• 당: 8세기 전반 이후 당과의 관계 회복 → 사신·승려·유학생(빈공과 응시) 파견, 신라방(거주지), 신라원(사원), 신라소(관청) 등 설치 • 국제 무역항: 당은포(당항성), 영암, 사포(울산, 아라비아 상인 왕래) • 장보고: 9세기 전반 청해진(완도) 설치 → 신라·당·일본을 연결하는 해상 무역권 장악, 법화원 설치
발해	• 영주도·조공도(당), 거란도, 일본도, 신라도 등을 통해 주변국과 교류 • 당: 산둥반도 등주에 발해관 설치

3. 불교의 수용과 발달

(1) 삼국의 불교 수용

❶ 고구려: 소수림왕 때 전진의 순도

❷ 백제: 침류왕 때 동진의 마라난타

❸ 신라: 눌지 마립간 때 고구려 묵호자를 통해 전래 → 법흥왕 때 이차돈의 순교로 공인

(2) 통일 신라의 불교

❶ 특징: 통일 전후 불교에 대한 이해 심화, 불교 대중화

❷ 원효: 아미타 신앙(정토 신앙, 나무아미타불만 외우면 누구나 극락왕생), 무애가, 일심 사상과 화쟁 사상,『대승기신론소』·『십문화쟁론』·『금강삼매경론』 등 저술

❸ 의상: 당에 유학한 뒤 화엄종 개창, 화엄 사상(일즉다 다즉일), 「화엄일승법계도」, 관음 신앙(관세음보살을 믿어 현세의 고난을 구제받음), 부석사 건립

❹ 혜초: 인도와 중앙아시아 등 방문,『왕오천축국전』 저술

❺ 신라 말 선종의 유행: 참선 수행 중시, 지방 호족의 후원으로 확산, 9산선문, 승탑과 탑비 유행

(3) 불상과 불탑

고구려	금동 연가 7년명 여래 입상
백제	서산 용현리 마애 여래 삼존상(백제의 미소), 익산 미륵사지 석탑(무왕), 부여 정림사지 5층 석탑(평제탑, 목탑 양식)
신라	경주 배동 석조 여래 삼존 입상, 경주 분황사 모전 석탑, 황룡사 9층 목탑(신덕 여왕, 자장 건의)
통일 신라	경주 석굴암 본존불, 경수 감은사지 3층 석탑(신문왕, 쌍탑), 경주 불국사 3층 석탑(석가탑, 현존 최고의 목판 인쇄물인 무구정광대다라니경 발견), 경주 불국사 다보탑, 화순 쌍봉사 철감선사탑(선종의 영향)
발해	이불병좌상, 영광탑(전탑)

4. 유학의 도입과 발달

(1) 삼국의 유학

❶ 고구려: 태학(소수림왕, 유교 경전과 역사서 교육), 경당(지방, 유학과 무술 교육)

❷ 백제: 오경박사, 의박사, 역박사, 일본에 유학 전파(왕인), 부여 사택지적비(의자왕 때의 관료였던 사택지적이 인생의 덧없음을 한탄하며 불교에 귀의하는 내용)

❸ 신라: 임신서기석(유교 경전 학습 내용), 화랑도의 세속 5계(원광, 진평왕의 명으로 수에 군사를 요청하는 「걸사표」를 지음)

(2) 역사서 편찬

고구려	이문진의 『신집』 5권(영양왕, 『유기』를 간추려 편찬)
백제	고흥의 『서기』(근초고왕)
신라	거칠부의 『국사』(진흥왕)

(3) 통일 신라와 발해의 유학

❶ **통일 신라**: 국학(신문왕), 독서삼품과(원성왕, 유교 경전에 대한 이해를 평가하여 관리 선발에 참고), 설총(이두 정리, 「화왕계」를 신문왕에게 바침), 강수(「청방인문표」), 김대문(진골 출신, 『화랑세기』, 『고승전』, 『한산기』), 최치원(6두품 출신, 당 유학, 빈공과 합격, 진성 여왕에게 시무 10여 조 건의, 『계원필경』-「토황소격문(격황소서)」 저술)

❷ **발해**: 6부의 유교식 명칭(충·인·의·지·예·신), 주자감 설치, 당에 유학생 파견(빈공과 합격)

5. 다양한 사상의 발달

❶ **도교**: 신천 숭배·신선 사상과 결합 → 귀족 사회를 중심으로 발달, 고구려(연개소문이 당에 도사 파견 요청, 청룡·백호·주작·현무의 사신도), 백제(금동 대향로, 산수무늬 벽돌), 신라(화랑도, 낭가사상)

❷ **풍수지리설**: 땅, 하천 등 자연 조건이 인간의 길흉화복에 영향을 끼친다는 사상, 도선, 선종과 함께 신라 말 호족을 사상적으로 뒷받침, 신라 말 송악 길지설 유행

6. 고분 축조

고구려	돌무지무덤(장군총) → 굴식 돌방무덤(강서대묘, 모줄임천장이 대표적, 벽과 천장에 벽화 제작)
백제	돌무지무덤(석촌동 고분, 고구려의 영향) → 굴식 돌방무덤, 벽돌무덤(남조의 영향, 무령왕릉)
신라	돌무지덧널무덤(천마총, 황남대총, 입구와 벽화 없어 도굴이 어려움, 많은 껴묻거리 출토) → 굴식 돌방무덤
가야	김해 대성동 고분군(금관가야), 고령 지산동 고분군(대가야)
통일 신라	굴식 돌방무덤(김유신 묘): 봉토 주위의 둘레돌(호석), 12지 신상 조각
발해	• 정혜 공주 묘: 굴식 돌방무덤, 모줄임천장, 돌사자상 → 고구려 계승 • 정효 공주 묘: 당의 영향(벽돌무덤, 고분 벽화), 고구려 양식 계승(천장 구조)

7. 삼국과 가야 문화의 일본 전파: 일본 아스카 문화 발전에 기여

삼국	금동 미륵보살 반가 사유상 → 고류사 목조 미륵보살 반가 사유상에 영향
고구려	담징(종이와 먹의 제조법), 혜자(쇼토쿠 태자의 스승)
백제	아직기(일본의 태자에게 한자 교육), 왕인(『천자문』, 『논어』 전파), 노리사치계(불경, 불상 전수)
신라	조선술과 축제술(한인의 연못) 전파
가야	철기 문화, 토기 제작 기술 전파 → 스에키에 영향

고대의 문화 집중 학습

- **호우명 그릇**: 광개토대왕 이름, 신라–고구려 관계
- **칠지도**: 일본 국보, 백제–왜의 교류
- **백제 무령왕릉**: 벽돌무덤, 중국 남조 양의 영향, 피장자와 축조 연대 확인, 매지석(도교)
- **백제 금동 대향로**: 부여 능산리, 도교(신선, 봉황)＋불교(연꽃)
- **금동 연가 7년명 여래 입상**: 고구려, 광배 뒷면에 '연가 7년'
- **이불병좌상**: 발해(고구려 영향)
- **서산 용현리 마애 여래 삼존상**: 백제의 미소
- **경주 배동 석조 여래 삼존 입상**: 삼국 시대 신라
- **기마 인물형 토기**: 삼국 시대 신라
- **대가야 금동관**: 고령 지산동 고분
- **익산 미륵사지 석탑**: 백제 무왕, 현존 최고(最古) 석탑, 금제사리 봉안기–축조 연도, 사택적덕의 딸
- **부여 정림사지 5층 석탑**: 소정방, 평제탑
- **분황사 모전 석탑**: 선덕 여왕
- **천마도**: 신라, 말 안장 장니
- **금동 미륵보살 반가 사유상**: 삼국 공통, 일본 고류사 목조 미륵 보살 반가 사유상에 영향
- **문무대왕릉**: 삼국 통일 완성한 문무왕, 동해의 용
- **경주 석굴암 본존불**: 통일 신라
- **불국사 3층 석탑**: 석가탑/무영탑(아사달/아사녀), 무구정광대다라니경(현존 최고 목판 인쇄물)
- **불국사 다보탑**: 통일 신라, 석가탑과 나란히
- **감은사지 3층 석탑**: 통일 신라, 신문왕(for 문무왕)
- **화엄사 4사자 3층 석탑**: 통일 신라, 전남 구례
- **화순 쌍봉사 철감선사탑**: 승탑, 신라 말 선종 유행
- **발해 석등**(고구려 양식)/**영광탑**(전탑, 하단에 아치형 문)/**정혜 공주 묘 모줄임천장, 돌사자상**(고구려 영향)

호우명 그릇

- 경주 호우총에서 발견
- 그릇 바닥('을묘년 국강상 광개토지호태왕 호우십')
- 5세기 신라와 고구려의 밀접한 관계

백제 무령왕릉

- 벽돌무덤
- 중국 남조(양)의 영향
- 피장자와 축조 연대 확인
- 매지석(도교)

금동 연가 7년명 여래 입상

- 고구려
- 광배 뒷면에 '연가 7년'
- 중국 북위 시대 불상 양식의 영향

칠지도

- 일본 국보로 지정
- 4세기 백제와 왜의 활발한 교류

백제 금동 대향로

- 부여 능산리 절터에서 출토
- 도교(신선, 봉황)와 불교(연꽃)의 영향

이불병좌상

- 발해
- 두 부처가 나란히 앉아 있는 불상
- 고구려의 영향
- 동경의 절터에서 발견

서산 용현리 마애 여래 삼존상

- 서산 마애 삼존불
- 백제의 미소

기마 인물형 토기

- 삼국 시대 신라
- 경주 금령총에서 출토

익산 미륵사지 석탑

- 백제 무왕이 지은 미륵사에 건립
- 현존하는 최고(最古) 석탑
  (금제 사리 봉안기―639년 건립 기록)
- 무왕의 왕후(사택적덕의 딸)이 봉안 주관
- 목조 건축 양식(목탑 → 석탑의 과도기적 모습)

경주 배동 석조 여래 삼존 입상

- 삼국 시대 신라 조각의 대표

대가야 금동관

- 고령 지산동 고분에서 출토
- 5세기 제작

부여 정림사지 5층 석탑

- 목탑의 형식이 남아 있음
- 평제탑(당의 장수 소정방의 백제 멸망 기록)

분황사 모전 석탑

- 선덕 여왕 때 분황사의 창건과 함께 건립
- 전탑을 모방한 양식
- 현존하는 최고(最古) 신라 석탑

금동 미륵보살 반가 사유상

- 삼국 공통
- 일본 고류사 목조 미륵보살 반가 사유상에 영향

경주 석굴암

- 네모난 전실(지상 세계 상징)과 둥근 주실(하늘 세계)로 구성
- 통일 신라 조형 예술의 최고 경지

천마도

- 신라 천마총(돌무지덧널무덤)
- 천마도가 그려진 말다래(장니, 말 안장 양쪽에 다는 기구)

문무대왕릉

- 삼국 통일을 완수한 문무왕릉
- 문무왕은 '죽은 뒤 동해의 용이 되어 나라를 지키겠다'며 화장을 명하고 동해에 장사지내도록 함

불국사 3층 석탑

- 석가탑
- 무영탑(아사달과 아사녀 전설)
- 보수 과정에서 무구정광대다라니경(현존 최고 목판 인쇄물) 발견
- 통일 신라 석탑의 뛰어난 조형미

- 불국토를 형상화한 불국사에는 석가모니(현세불)와 다보여래(과거불)를 상징하는 석가탑과 다보탑이 나란히 배치됨

화엄사 4사자 3층 석탑

- 통일 신라 후기 조성

발해 석등

- 고구려 양식
- 높이 6m 이상의 거대 석등

정혜 공주 묘 모줄임천장과 돌사자상

- 발해 문왕의 둘째 딸 정혜 공주 묘는 굴식 돌방무덤
- 고구려의 영향

무구정광대다라니경

- 현존 최고 목판 인쇄물

감은사지 3층 석탑

- 신문왕이 아버지 문무왕을 위해 감은사 창건 후 건립
- 쌍탑
- 이중 기단 위 3층의 탑신

화순 쌍봉사 철감 선사탑

- 승탑(승려의 사리나 유골 봉안)
- 통일 신라 말 선종의 유행으로 승탑과 탑비(승려의 행적 기록) 유행

영광탑

- 전탑
- 하단에 아치형 문
- 완전한 형태로 보존된 유일한 발해의 탑

 **확인문제**

01 동시전, 당항성, 울산항, 영암, 청해진 등은 모두 ☐☐의 상업 및 해상 교역과 관련 있다.

02 통일 신라 시대 백성의 수, 토지, 가축 등을 파악해 세금 징수와 노동력 징발에 활용한 문서인 ☐☐문서가 일본에서 발견되었다.

03 고구려 소수림왕 때 국립대학 ☐☐이 설립되고 신라에는 ☐☐, 발해에는 ☐☐☐이 있었다.

04 신라의 두 청년이 유교 경전 학습을 맹세한 내용을 새긴 ☐☐☐☐☐은, 당시 청년들의 유학 공부에 대한 열정을 보여준다.

05 고구려 강서대묘의 사신도, 백제 산수무늬 벽돌, 신라 화랑도 정신 등은 ☐교의 유행을 보여준다.

06 『대승기신론소』, 『십문화쟁론』 등을 집필한 ☐☐는 일심사상, ☐☐사상, ☐☐☐ 신앙을 전파하였다.

07 ☐☐은 신라 진골 귀족 출신으로 관음 신앙과 ☐☐ 사상을 주장했다.

08 6두품 출신 ☐☐☐은 당에 유학하며 빈공과에 합격했으며 이후 ☐☐ 여왕에게 시무 10여 조를 올렸다.

09 석가탑에서 현존하는 가장 오래된 목판 인쇄물인 ☐☐☐☐대다라니경이 발견되었다.

10 '을묘년국강상광개토지호태왕호우십'이 새겨진 ☐☐☐ 그릇은 고구려와 신라 간의 우호 관계를 보여 준다.

11 칠지도는 4세기 ☐☐와 일본의 활발한 교류를 보여주는 검으로 일본에 보관되어 있다.

12 불교, 도교의 영향을 동시에 받은 예술품인 금동 대향로는 ☐☐의 유물이며, ☐☐ 능산리 절터에서 발견되었다.

13 현존 최고(最古) 석탑인 익산 ☐☐☐☐ 석탑은 백제 ☐왕 시기에 지어졌으며 금제 사리 봉안기가 발견되었다.

1 [75회 3번]

(가) 국가의 문화유산으로 옳은 것은? [2점]

□□ 신문

제△△호   2025년 ○○월 ○○일

금관 특별전 개최

올해 가을 아시아 태평양 경제 협력체(APEC) 정상 회의를 맞이하여 특별한 문화 행사가 경주에서 열린다. 금관총 금관, 황남대총 금관 등 현재까지 발견된 [(가)]의 금관 6점이 최초로 한자리에 모이는 '금관 특별전'은 세계 각국에 우리 문화의 우수성을 알리는 계기가 될 것으로 기대된다.

▲금관총 금관

① 
② 
③ 

④ 
⑤ 

금관총, 황남대총 → 신라

① 백제 금동 대향로
② 고구려 금동 연가 7년명 여래 입상
③ 가야 철갑옷
④ 발해 석등
⑤ 천마도 → 신라

정답 ▶ ⑤

2 [74회 8번]

(가) 종파에 대한 설명으로 가장 적절한 것은? [2점]

① 하늘에 제사 지내는 초제를 거행하였다.
② 참선과 수행을 통한 깨달음을 강조하였다.
③ 시경, 서경, 역경 등을 주요 경전으로 삼았다.
④ 신선 사상을 기반으로 불로장생을 추구하였다.
⑤ 인내천 사상을 내세워 인간 평등을 주장하였다.

9산선문, 가지산문 → 신라 말 불교 선종

① 초제 → 도교
② 참선, 수행 → 선종
③ 시경, 서경, 역경 → 유교
④ 신선 사상, 불로장생 → 도교
⑤ 인내천, 시천주 → 동학(천도교)

정답 ▶ ②

(가) 국가에 대한 설명으로 옳지 <u>않은</u> 것은? [2점]

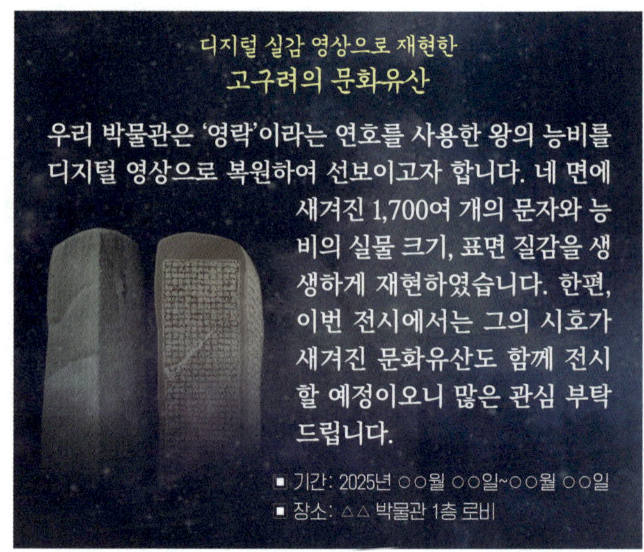

① 교육 기관으로 주자감을 설립하였다.

② 감찰 업무를 담당하는 중정대가 있었다.

③ 인안, 대흥 등 독자적인 연호를 사용하였다.

④ 거란도, 영주도 등을 통해 주변국과 교역하였다.

⑤ 내신좌평, 내두좌평 등 6좌평의 관제를 마련하였다.

영광탑, 이불병좌상 → 발해

① 주자감 → 발해 국립대학 💡발주☆
② 중정대 → 발해 감찰 기관 💡발정☆
③ 인안–무왕, 대흥–문왕, 건흥–선왕 → 발해 연호
④ 거란도, 영주도 → 발해 대외 교역로
⑤ 6좌평 관제 → 백제

정답 ▶ ⑤

다음 특별전에 전시될 문화유산으로 가장 적절한 것은? [2점]

① ② ③

④ ⑤

연호 '영락' → 광개토대왕
시호가 새겨진 문화유산 → 호우명 그릇

① 포항 중성리 신라비
② 무령왕릉 석수
③ 가야의 철갑옷
④ 농경문 청동기
⑤ 호우명 그릇

정답 ▶ ⑤

(가)에 해당하는 국가유산으로 옳은 것은? [2점]

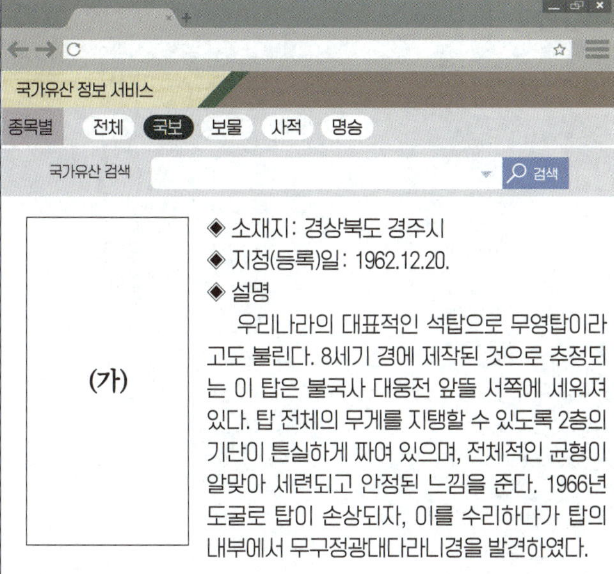

다음 설명에 해당하는 문화유산으로 옳은 것은? [2점]

무영탑, 보수 중 무구정광대다라니경 발견
→ 석가탑, 불국사 3층 석탑

① 화엄사 4사자 3층 석탑 → 통일 신라
② 정림사지 5층 석탑 → 백제, 부여, 평제탑, 소정방
③ 분황사 모전 석탑 → 신라, 선덕 여왕
④ 영광탑 → 발해, 전탑
⑤ 석가탑

고구려 승려들이 만든 천불 중 하나, 광배 뒷면에 연호 연가 →
금동 연가 7년명 여래 입상

① 영주 부석사 소조 여래 좌상 → 고려(소조 불상 중 최대/최고)
② 금동 연가 7년명 여래 입상
③ 경주 구황동 금제 여래 좌상 → 통일 신라
④ 익산 왕궁리 오층 석탑 사리장엄구 내 여래 입상 → 백제~
　　통일 신라 or 고려
⑤ 이불병좌상 → 발해

정답 ▶ ⑤

정답 ▶ ②

동영상 강의
보러가기

---

918 고려 건국
936 후삼국 통일
993 거란의 1차 침입, 서희의 외교 담판
1019 강감찬의 귀주 대첩
1126 이자겸의 난
1170 무신 정변
1232 몽골 침입으로 강화 천도
1388 이성계의 위화도 회군

고려 초기

고려의 후삼국 통일 과정 ☼ 공고횐신일☆

- 견훤의 신라 공격(경애왕 X, 경순왕 즉위)
  - → **공산**(대구) **전투**(견훤 승, 왕건 패, 신숭겸 전사)
  - → **고창**(안동) **전투**(왕건 승)
  - → **견훤 금산사 유폐 by 신검 & 견훤의 투항**
  - → **신라의 항복**(경순왕/김부, 경주 사심관)
  - → **일리천 전투**(왕건 승, 신검 패, 후삼국 통일, 936)

고려 전체 정리

태혜정광경성목현 (초기)	문~숙예인 (중기)	무신 정변 (1170)	원 간섭기 (6충)	공우창양 (말기)
호족	문벌	무신	권문세족	신진사대부

고려 초기

- **태조**(왕건) ☼ 왕건의 흑역사는 정북서쪽에만 천십일개가 있는데 최고는 사기결혼이다☆
  흑창(빈민 구휼), 역분전 지급(공로/인품), 사성 정책, 『정계』/『계백료서』(신하), 북진정책,
  서경 중시, 만부교 사건(낙타), 천수(연호), 십일조(감세), 개태사 창건(논산), 사심관 제도(최초 경순왕/김부),
  기인 제도(인질), 결혼정책, 훈요십조(후대 왕, 거란 X, 연등회/팔관회 중시)
- **혜종**: 왕규(외척)의 난, 왕권 미약
- **정종**: 거란 침입 대비 특수군 광군 창설 ☼ ㄱㄱ☆
- **광종** ☼ 광종은 과거에 광풍검을 가진 귀공제였다☆
  과거제 실시(쌍기 건의), 광덕/준풍(연호, 칭제건원), 노비안검법, 귀법사 창건(균여/「보현십원가」), ☼ 보균자☆
  공복 제정, 제위보 설치(빈민/환자 구제 기금)
- **경종**: 시정 전시과(전지(곡물)/시지(땔감) 수조권 지급, 관품/인품/전/현직)
- **성종** ☼ 감목향이 나는 성종의 의상 사이즈는 거2 28이다☆
  국자감(국립대학), 12목에 지방관 파견, 향리제 정비, 의창(← 흑창), 상평창(물가 조절),
  거란의 1차 침입(소손녕, 서희, 외교담판, 강동 6주), 2성 6부(중서문하성, 상서성/이호예병형공),
  최승로의 시무 28조(유교 정치, 연등회 줄이고 팔관회 X) ☼ 성승☆
  *건원중보(최초 철전 ☼ 건성☆)

- **목종:** 개정 전시과(관품/전/현직), 강조의 정변으로 폐위 → 현종 즉위
- **현종:** 거란 침입(강조 정변 → 2차 침입 → 개경 함락, 나주 피난, 양규/흥화진,
  　　　　3차 침입 → 소배압/강감찬/귀주 대첩)
  　*거란 침입의 영향으로 초조대장경 조판, 나성(개경) 축조, 천리장성(국경, 9대 덕종)

*거란의 1, 2, 3차 침입 정리 🔆*서양강*☆ 🔆*성현현*☆

고려 중앙 정치 기구

- **2성 6부** ┬ 중서문하성(문하시중) − 재신(정책 결정), 낭사(언론/비판)
  　　　　└ 상서성 − 6부
- **중추원:** 추밀(군사 기밀), 승선(왕명 출납)
- **어사대:** 감찰
- **삼사:** 회계(곡식/화폐 출납), 언론 X (*조선의 삼사 − 언론)
- *재추회의: 재신 + 추밀 ┬ 도병마사(국방 회의, 임시 → 상설 → 도평의사사)
  　　　　　　　　　└ 식목도감(법제/격식)
- *대간: 중서문하성 낭사 + 어사대 관원 → 간쟁(왕 잘못 비판)/봉박(왕명 거부)/서경(관리 임명 동의)권

고려 지방 행정 조직: 12목(성종) ➡ 5도(행정), 양계(군사) + 경기(현종)

- **5도:** 안찰사 − 주/군/현 − 속군/속현(지방관 X, 향리가 실질 지배)
- **양계:** 북계(거란/여진), 동계(왜), 병마사 *진(국방 요충지)
- *향, 부곡(농업)/소(수공업) − 특수 행정구역, 양인 O, 차별(거주 이전 자유 X, 세금 고(高))

고려 군사제도

- **2군 6위:** 중앙군, 응양군/용호군(국왕 친위) + 6위(수도 방위), 직업군인
- **지방군:** 주진군(양계, 국경 수비, 상비군), 주현군(5도, 예비군/평소 농업)

📖 핵심이론

1. 고려의 건국과 후삼국 통일

❶ **건국**: 송악 호족 출신 왕건이 궁예를 몰아내고 건국(918), 국호 '고려'(고구려 계승), 연호 '천수', 송악으로 천도

❷ **후삼국 통일**: 공산 전투 패배(927, 신숭겸 전사) → 고창 전투 승리(930, 견훤 금산사 유폐) → 견훤 투항(935) → 신라 항복(935, 경순왕을 경주 사심관으로 임명) → 일리천 전투 승리(936), 후백제 멸망

2. 고려 초기의 국가 기틀 확립

(1) 태조

❶ **민생 안정**: 조세 인하(취민유도, 세율 1/10), 흑창(빈민 구제) 설치

❷ **호족 통합·견제**: 혼인 정책, 사성 정책, 역분전 지급, 사심관 제도, 기인 제도

❸ **북진 정책**: 발해 유민 포용, 거란 배척(만부교 사건), 서경(평양) 중시, 청천강~영흥의 국경선 확보

❹ 훈요 10조(후대 왕에게 정책 방향 제시), 『정계』·『계백료서』(관리의 규범 제시), 개태사 창건

(2) 정종

광군 창설(거란의 침입 대비)

(3) 광종

노비안검법(공신·호족의 경제·군사적 기반 약화), 과거제(쌍기의 건의), 공복 제정, 칭제건원(광덕, 준풍 연호), 공신·호족 세력 숙청, 귀법사에 제위보(빈민 구제) 설치

(4) 경종

전시과 제도 마련(시정 전시과)

(5) 성종

❶ 최승로의 시무 28조 수용 → 유교 정치 이념 확립(불교 행사 억제)

❷ 체제 정비

- 중앙 관제 마련(2성 6부), 지방에 12목 설치(지방관 파견), 향리 제도 정비
- 국자감(개경) 설치, 경학박사·의학박사 파견(지방)
- 과거제 정비
- 흑창 → 의창(빈민 구휼), 상평창 설치
- 건원중보 발행

3. 통치 체제의 정비

(1) 중앙 정치 조직

2성 6부	• 중서문하성: 문하시중이 국정 총괄, 재신(2품 이상, 정책 심의·결정), 낭사(3품 이하, 정치의 잘잘못 비판) • 상서성: 6부(이·호·예·병·형·공)를 두어 실무 담당
중추원	추밀(2품 이상, 군사 기밀), 승선(3품, 왕명 출납)
삼사	화폐와 곡식의 출납, 회계 담당
도병마사 식목도감	• 고려의 독자적 기구, 재신과 추밀이 모여 국가 중대사 결정(재추 회의) • 도병마사(국방 문제 담당, 원 간섭기 도평의사사로 개편), 식목도감(법제·격식 관장)
대간	• 어사대(감찰 기구) 관원과 중서문하성의 낭사로 구성 • 간쟁(왕의 잘못 비판)·봉박(왕명 거부)·서경(관리 임명 동의)권 행사 → 정치 권력의 견제와 균형 추구

(2) 지방 행정 조직

❶ 성종 때 12목 설치 → 이후 5도 양계로 정비(현종)

❷ 5도: 일반 행정 구역, 안찰사 파견, 아래에 주·군·현 설치, 지방관이 파견된 주현·주군보다 파견되지 않은 속현·속군의 수가 많음, 특수 행정 구역(향·부곡·소) 존재, 향리가 지방에서 행정 실무 담당

❸ 양계(동계와 북계): 군사 행정 구역, 병마사 파견, 국방상 요충지에 진 설치

(3) 군사 제도

❶ 중앙군: 2군(국왕 친위 부대, 응양군·용호군), 6위(왕궁 경비와 수도 방어), 대부분 직업 군인(군인전, 직역 세습)

❷ 지방군: 주현군(5도 주둔, 평시 농업 종사, 예비군), 주진군(양계 주둔, 국경 수비, 상비군)

4. 거란의 침입과 격퇴(10~11세기)

(1) 배경

고려의 북진 정책과 친송 정책, 거란이 송 공격을 위해 고려에 송과의 관계 단절 요구

(2) 과정

❶ 1차 침입: 성종 때 소손녕이 대군을 이끌고 침입(993) → 서희의 외교 담판, 강동 6주 확보

❷ 2차 침입: 현종 때 강조의 정변을 구실로 침입(1010) → 개경 함락, 현종의 나주 피란, 양규의 선전

❸ 3차 침입: 현종 때 소배압이 군대를 이끌고 침입(1018) → 강감찬의 귀주 대첩(1019)

(3) 영향

고려·송·거란 사이에 세력 균형 유지, 나성(개경)과 천리장성 축조, 초조대장경 제작(불교의 힘에 의지해 거란 침입을 막고자 함)

 **확인문제**

01 송악 호족 출신 ☐☐은 918년에 고려를 건국했다.

02 927년 ☐☐ 전투에서 왕건은 견훤에게 패했지만 930년 ☐☐ 전투에서 승리했다.

03 태조 왕건은 신라의 마지막 왕 ☐☐ 왕을 최초의 ☐☐관으로 임명하였다.

04 태조 왕건은 후대 왕들에게는 ☐☐ 10조를, 신하들에게는 『☐☐』와 『☐☐☐☐』를 남겨 각각 행동 규범으로 삼게 하였다.

05 태조 왕건은 거란이 보낸 사신을 유배 보내고, 선물로 받은 낙타를 ☐☐교에 묶어 굶어 죽게 하였다.

06 고려 3대 왕 정종 때 거란 대비 특수군인 ☐☐이 창설되었다.

07 광종은 독자적 연호인 ☐☐, ☐☐을 사용하였고, 빈민 구제 기금인 ☐☐☐를 설치했다.

08 고려 성종은 국립대학 ☐☐☐을 설립하고, ☐☐☐의 건의에 따라 불교 행사를 억제했다.

09 고려 성종은 빈민 구제를 위해 ☐☐을, 물가 조절을 위해 ☐☐☐을 설치했다.

10 우리나라 최초의 철전인 ☐☐중보는 고려 ☐☐ 때 발행되었다.

11 거란의 2차 침입 때, 개경이 함락되고 현종은 ☐☐까지 피신을 가게 되었다.

12 초조대장경은 불교의 힘으로 ☐☐의 침입을 막고자 조판되었다.

13 고려의 ☐☐☐는 관리 감찰 기관으로 발해의 ☐☐☐에 해당한다.

14 중서문하성의 재신과 중추원의 추밀이 함께하는 ☐☐회의에는 도☐☐☐와 ☐☐도감이 있다.

15 고려의 5도에는 ☐☐사가 파견되고, 양계에는 ☐☐사가 파견되었다.

16 고려의 중앙군 중 국왕 친위부대인 2군은 ☐☐군, ☐☐군이며, 6위는 ☐☐ 방어의 임무를 맡았다.

05강 기출문제 풀어 보기

1 72회 11번

다음 검색창에 들어갈 왕의 재위 기간에 있었던 사실로 옳은 것은? [2점]

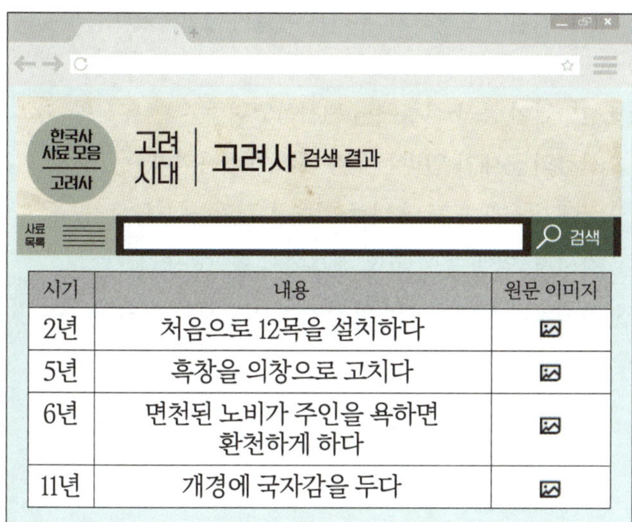

시기	내용	원문 이미지
2년	처음으로 12목을 설치하다	🖼
5년	흑창을 의창으로 고치다	🖼
6년	면천된 노비가 주인을 욕하면 환천하게 하다	🖼
11년	개경에 국자감을 두다	🖼

① 관학을 진흥하고자 양현고를 설치하였다.

② 광덕, 준풍 등의 독자적 연호를 사용하였다.

③ 주전도감을 설치하여 해동통보를 발행하였다.

④ 정계와 계백료서를 지어 관리의 규범을 제시하였다.

⑤ 최승로의 시무 28조를 받아들여 통치 체제를 정비하였다.

2 71회 11번

(가), (나) 사이의 시기에 있었던 사실로 옳은 것은? [3점]

> (가) 처음으로 역분전을 정하였다. 통일할 때 조정의 관리들과 군사들에게 관계(官階)는 논하지 않고, 그 사람의 성품과 행동이 착하고 악함과 공로가 크고 작음을 참작하여 차등 있게 주었다.
>
> (나) 12월에 문무 양반 및 군인들의 전시과를 개정하였다. 제1과는 전지 100결, 시지 70결을 지급한다. …… 제18과는 전지 20결을 지급한다. 이 한(限)에 들지 못한 자에게는 모두 전지 17결을 주기로 하고 이것을 통상의 법식으로 한다.

① 경기에 한하여 과전법이 실시되었다.

② 쌍기의 건의로 과거제가 시행되었다.

③ 신돈이 전민변정도감의 책임자가 되었다.

④ 만적이 개경에서 노비를 모아 반란을 모의하였다.

⑤ 최충헌이 봉사 10조를 올려 시정 개혁을 건의하였다.

12목, 의창, 국자감 → 성종
💡감목향이 나는 성종의 의상 사이즈는 거2 28☆

① 양현고 → 예종

② 광덕, 준풍 → 광종 💡광종은 과거에 광풍검을 지닌 귀공제☆

③ 주전도감, 해동통보 → 숙종 💡숙종은 활해삽☆

④ 『정계』와 『계백료서』 → 태조 왕건
  💡왕건의 흑역사는 정북서에만 천십일개 최고는 사기결훈☆

⑤ 최승로, 시무 28조 → 성종 💡성승☆

정답 ▶ ⑤

💡태혜정광경성목현☆
(가) 역분전(공로/인품) → 태조 왕건 💡왕건의 흑역사~☆
(나) 개정 전시과 → 목종 💡개목걸이☆

① 경기도 과전법 실시 → 공양왕, 고려 말

② 쌍기, 과거제 → 광종 💡광종은 과거에~☆

③ 신돈, 전민변정도감 → 공민왕, 고려 말
  💡공민왕이 신성한 유엔에서 반기문 총정에게 감동☆

④ 만적의 난, 개경 → 최충헌, 무신 집권기 💡충만☆

⑤ 최충헌, 봉사 10조 → 무신 집권기 *「기축봉사」–송시열

정답 ▶ ②

(가) 왕에 대한 설명으로 옳은 것은? [2점]

사료로 만나는 한국사

교서를 내려 말하기를, "태학조교 송승연과 나주목(羅州牧)의 경학박사 전보인이 [학생들을] 이끌어 잘 도와서, 학문을 널리 닦으라는 공자의 뜻에 합치된다. 가르침에 게으르지 않아서 내가 학문을 권장하는 뜻에 들어맞으니 마땅히 그들을 발탁하여 특별하고 두터운 총애를 보이도록 하라."라고 하였다.

[해설] 위 사료는 (가) 이/가 유학 교육에 공이 있는 태학조교와 나주목의 경학박사를 치하하는 『고려사』의 기록이다. 중앙뿐 아니라 지방의 교육도 장려했던 (가) 은/는 처음으로 12목을 설치하고 지방관에 이어 경학박사와 의학박사를 파견하였다.

① 광덕, 준풍 등의 독자적 연호를 사용하였다.

② 신돈을 중심으로 전민변정 사업을 추진하였다.

③ 청연각과 보문각을 두어 학문 연구를 장려하였다.

④ 정계와 계백료서를 지어 관리의 규범을 제시하였다.

⑤ 최승로의 시무 28조를 받아들여 통치 체제를 정비하였다.

해설

12목에 지방관, 박사 파견 → 성종
💡감목향이 나는 성종의 의상 사이즈는 거2 28💥

① 광덕, 준풍 → 광종 💡광종은 과거에 광풍검을 지닌 귀공제💥
② 신돈, 전민변정도감 → 공민왕
　💡공민왕이 신성한 유엔에서 반기문 총정에게 감동💥
③ 청연각, 보문각 → 예종 💡7현보청💥
④ 『정계』와 『계백료서』 → 태조 왕건
　💡왕건의 흑역사는 정북서에만 천십일개 최고는 사기결훈💥
⑤ 최승로, 시무 28조 → 성종 💡성승💥

정답 ▶ ⑤

다음 상황 이후에 전개된 사실로 옳은 것은? [2점]

　　견훤이 금산사에 있은 지 3개월 만에 막내 아들 능예, 딸 쇠복, 총애하는 첩 고비 등과 더불어 금성으로 달아나 사람을 보내 왕에게 만나기를 청하였다. 왕이 기뻐하여 유금필, 왕만세 등을 보내 그를 위로하고 맞아오도록 하였다. 견훤이 도착하자, 두터운 예로써 대접하였다.

① 신숭겸이 공산 전투에서 전사하였다.

② 신검의 군대가 일리천 전투에서 패배하였다.

③ 궁예가 군대를 보내 나주 일대를 점령하였다.

④ 김선평, 권행 등이 고창 전투에서 활약하였다.

⑤ 경애왕이 후백제군의 왕경 습격으로 사망하였다.

해설

견훤의 투항 💡공고훤신일💥

① 신숭겸의 전사 → 공산(대구) 전투
② 신검과 왕건의 일리천 전투
③ 궁예 집권기 나주 점령 by 왕건 → 태봉
④ 고창(안동) 전투 → 왕건 승리
⑤ 경애왕의 사망, 경순왕 즉위 → 공산 전투 전 상황

정답 ▶ ②

06강 고려 중기와 무신 집권기

고려 전체 정리

태혜정광경성목현 (초기)	문~숙예인 (중기)	무신 정변 (1170)	원 간섭기 (6충)	공우창양 (말기)
호족	문벌	무신	권문세족	신진사대부

● 고려 시대 외세 침입 순서

거란(성현현, 10~11C)−여진(숙예인, 12C)−몽골(최우~, 13C)−홍건적, 왜구(14C)

고려 중기

*문벌: 음서(관직 진출 유리)/공음전(수조권 세습)−5품, 근친혼/외척

　　　이자겸/김부식/최충/윤관

● **문종**: 의천 부(父)

　　　경정 전시과(관품/현직)

　　　최충(해동공자)−9재 학당(문헌공도)/사학 12도 💡 구충제☆

● **숙종**: 의천 형(兄)

　　　별무반(윤관 건의, 신기/신보/항마, 여진 대비 특수군) 창설 💡 반숙☆

　　　주전도감(활구/해동통보/삼한통보 ← 의천 건의 💡 활해삼☆)

　　　서적포 설치(관학 진흥 💡 숙적☆)

● **예종**: 관학 진흥(관학 7재, 양현고, 보문각, 청연각 💡 7현 보청☆)

　　　동북 9성(윤관) → 반환, 여진 강성

● **인종**: 여진의 거란 격파, 금의 사대(군신) 요구 → 이자겸(외척) 수용, 이자겸/척준경의 난

　　　묘청/정지상(금국 정벌, 서경 천도, 칭제건원/국호 대위, 연호 천개)의 난

　　　→ 김부식(개경파,『삼국사기』−인종 명)의 진압

　　　*신채호: "조선 역사상 일천년 이래 제일 대사건"(『조선사연구초』)

이의방, 정중부, 경대승, 이의민, 최충헌, 최우 💡방정경이최최☆

김보당, 조위총, 망이·망소이, 김사미, 효심, 만적, 이연년 형제 💡보조망이미심적연☆

- 무신 정변(1170): 김돈중−정중부 수염 사건 → 한뢰−이소응 뺨 사건(보현원)
- 중방: 최고권력기구 → 교정도감(최충헌, 교정별감, 봉사 10조) *「기축봉사」: 송시열, 북벌
- 도방: 경대승, 사병 집단
- 이의민: 천민 출신
- 정방(인사), 서방(문신), 삼별초(야별초에서 출발−좌/우별초 + 신의군, 대몽 항쟁): 최우 💡정서삼☆
- 반무신 난: 김보당(동북면 병마사)/조위총(서경 유수)의 난−이의방 💡방보조☆
- 하층민 봉기: 망이·망소이(공주 명학소)의 난−정중부 💡망정☆

    김사미(운문)/효심(초전)의 난−이의민 💡이미심☆

    만적의 난−사노비(개경), 왕후장상의 씨가 따로 있는가?−최충헌 💡충만☆

    이연년 형제의 난(담양)−최우 💡우연☆

 **핵심이론**

1. 문벌 사회의 성립

❶ 문벌: 신라 말 호족, 6두품 유학자 중 여러 대에 걸쳐 고위 관리 다수 배출한 가문

❷ 특징: 과거·음서를 통해 관직 진출 및 정치권력 독점, 토지(과전·공음전)와 녹봉을 통해 대토지 소유, 왕실과 다른 문벌과의 중첩된 혼인 관계로 결속 강화

❸ 대표 가문: 경원 이씨(이자겸), 경주 김씨(김부식), 해주 최씨(최충), 파평 윤씨(윤관) 등

2. 국제 질서의 변화와 문벌 사회의 동요

(1) 여진의 성장

12세기 초 부족을 통일한 여진이 고려 국경 침범

(2) 여진 정벌

숙종 때 윤관의 건의로 별무반(신기군·신보군·항마군) 편성 → 예종 때 여진을 정벌하고 동북 9성 축조(1107) → 여진의 계속된 침입과 반환 요청, 여진의 조공 약속으로 1년 만에 반환

(3) 군신 관계 수립

여진이 금을 세우고(1115) 거란(요)을 멸망시킨 이후 군신 관계 요구 → 이자겸이 정권 유지를 위해 수용

(4) 문벌 사회의 동요

일부 문벌의 권력 독점, 금에 대한 사대 문제 → 지방 출신 세력과 개경 문벌 간의 대립

❶ 이자겸의 난(1126): 외척 이자겸의 실권 장악 → 인종과 측근 세력이 이자겸 축출 시도(실패) → 이자겸이 척준경과 함께 난을 일으켜 권력 장악 → 반란 진압(인종이 척준경을 포섭해 이자겸 제거, 이후 척준경 축출), 문벌 사회의 분열 심화

❷ 묘청의 서경 천도 운동(1135)

배경		인종이 묘청, 정지상 등 서경 세력을 이용해 개혁 추진 → 김부식 등 개경 세력과의 대립
대립	서경 세력	풍수지리설, 칭제 건원, 서경 천도, 금국 정벌, 고구려 계승
	개경 세력	유교, 서경 천도 반대, 금과 사대 외교, 신라 계승
전개		• 서경 세력이 서경 천도 추진 → 개경 세력의 반발로 중단 → 묘청이 서경에서 난을 일으킴(국호 대위, 연호 천개) → 김부식이 이끄는 관군에 의해 진압(신라 계승에 대한 정당성 강화를 위해 『삼국사기』 편찬) • "조선 역사상 일천년 이래 제일 대사건"(신채호, 『조선사연구초』)

3. 무신 정권의 성립

(1) 무신 정변(1170)

❶ 배경: 문벌 사회의 모순 심화, 무신 차별, 하급 군인의 불만 고조 → 보현원에서 정중부, 이의방 등이 정변을 일으켜 의종을 폐위하고 정권 장악

❷ 무신 정권의 변천: 무신 간 권력 다툼(이의방 → 정중부 → 경대승 → 이의민(천민 출신) → 최충헌), 최충헌의 정권 장악 이후 정국 안정

(2) 무신 중심의 권력 기구

❶ 초기: 중방(무신 회의 기구) 중심으로 주요 관직 독점

❷ 최씨 무신 정권: 최충헌이 교정도감(최고 권력 기구, 교정별감) 설치, 도방(신변 경호, 경대승이 조직·최충헌이 부활) 확대 → 최우가 정방(인사권 장악)·서방(문인 등용) 설치, 도방·삼별초(개경 치안 유지를 위한 야별초에서 출발, 좌별초·우별초·신의군으로 개편)가 군사적 기반

(3) 무신 집권기의 사회 동요

❶ 성격: 지방 통제력 약화, 무신의 수탈 확대 → 사회 변혁 의지 표출(수탈에 저항, 신분 해방 추구)

❷ 반무신 난: 김보당의 난(동북면 병마사), 조위총의 난(서경 유수)

❸ 하층민의 봉기: 망이·망소이의 난(공주 명학소), 김사미의 난(운문), 효심의 난(초전), 만적의 난(최충헌 집권 직후 사노비 만적이 개경에서 봉기 시도)

❹ 삼국 부흥 운동: 이비·패좌(신라 부흥, 경주), 최광수(고구려 부흥, 서경), 이연년 형제(백제 부흥, 담양)

확인문제

01 고려 ☐종 때 현직 관리에게만 수조권을 지급하는 ☐☐ 전시과가 시행되었다.

02 고려 숙종 때 ☐☐(은병)와 ☐☐통보, ☐☐통보 등의 화폐가 발행되었다.

03 고려 ☐종은 관학을 진흥하기 위하여 국자감 내에 관학 ☐☐, 장학 기구인 ☐☐고를 설치하고, 학문 연구 및 서적 관리 장소로 ☐☐각과 ☐☐각을 두었다.

04 숙종 때 윤관의 건의로 여진 대비 특수군인 ☐☐☐이 편성되었다.

05 고려 인종 때 승려 ☐☐은 풍수지리설을 바탕으로 ☐☐☐과 함께 ☐☐ 천도를 주장하며 난을 일으켰지만, ☐☐파의 중심인 김☐☐이 이끄는 관군에 의해 진압되었다.

06 단재 ☐☐☐는『조선사☐☐☐』에서 ☐☐의 난을 "조선 역사상 일천년 이래 제일 대사건"으로 평가했다.

07 고려 무신 집권기 초기의 최고 권력 기구는 ☐☐이었으나, 최충헌은 ☐☐도감을 설치하고 스스로 ☐☐별감의 자리에 앉았고, 왕에게 개혁안인 ☐☐10조를 올렸다.

08 ☐☐☐는 최씨 무신 정권의 군사적 기반이 되었다.

09 ☐☐ 유수 조위총과 동북면 병마사 ☐☐☐은 무신 정권에 반발해 난을 일으켰다.

10 고려 무신 집권기에 ☐이·☐소이 형제는 ☐☐ 명학소에서 난을 일으켰다.

11 무신 집권기 집권자 중 ☐☐☐은 천민 출신이다.

12 '해동공자'로 불린 ☐☐은 9재 학당을 설립하여 후신 양성에 힘썼다.

13 숙종은 관학 진흥을 위해 서적 관리 기구인 ☐☐☐를 설치했다.

14 인종 때 실권을 장악한 ☐☐☐은 척준경과 함께 군사를 이끌고 난을 일으켰다.

1 75회 14번

다음 상황이 나타난 시기를 연표에서 옳게 고른 것은?

[2점]

서경 반란군이 검교첨사 최경을 개경으로 보내 표문을 올려 이르기를, "폐하께서 음양의 지극한 말을 믿으시고 도참의 비설을 고찰하시어 대화궁을 창건하시니 천제(天帝)의 도읍을 본떠 만드신 것입니다. …… 인심은 두려운 것이며 군중의 분노는 막기 어려우니 만약 폐하께서 수레를 타고 임하신다면 병란은 그칠 것입니다."라고 하였다. 표문이 도착하니 모두 말하기를, "신하가 감히 군주를 부르다니 그 사자(使者)를 베는 것이 옳습니다."라고 하였다.

918		1009		1126		1170		1356		1392
	(가)		(나)		(다)		(라)		(마)	
고려 건국		강조의 정변		이자겸의 난		무신 정변		쌍성총관부 탈환		고려 멸망

① (가)   ② (나)   ③ (다)   ④ (라)   ⑤ (마)

 **해설**

서경 반란군, 묘청/정지상의 서경 천도 운동(1135) → 인종

고려 건국(918, 태조 왕건)-강조의 정변(현종, 거란 2차 침입)-이자겸의 난-(다) 묘청의 서경 천도 운동-무신 정변-쌍성총관부 탈환(공민왕)-고려 멸망(1392)

정답 ▶ ③

2 74회 14번

(가)~(다)를 일어난 순서대로 옳게 나열한 것은?   [3점]

(가) 김보당이 정중부·이의방을 토벌하고 의종을 다시 세우고자 …… 동북면지병마사 한언국과 군사를 일으켜 함께 하도록 했다. …… 정중부·이의방이 이 소식을 듣고 장군 이의민, 산원(散員) 박존위로 하여금 군사를 거느리고 남로로 가도록 했고, 또 군사를 서해도로 파견하여 대응하도록 했다.

(나) 최충헌은 최충수와 함께 봉사를 올렸다. "…… 낡은 제도를 혁파하고 새로운 정치를 도모하심에 오로지 태조의 올바른 법을 따르시어 중흥의 길을 환히 여시길 바랍니다. 삼가 열 가지 사항을 아뢰옵니다."

(다) 왕과 세자가 몽골에서 개경으로 돌아온 이후, 삼별초가 반란을 일으켜 승화후 왕온을 [왕으로] 세우고 진도에 웅거하였다.

① (가)-(나)-(다)   ② (가)-(다)-(나)
③ (나)-(가)-(다)   ④ (나)-(다)-(가)
⑤ (다)-(가)-(나)

 **해설**

💡**방정경이최최✿**
(가) 김보당의 난 → 이의방 집권 시기(무신 정권 초기) 반무신 난
💡**방보조✿**
(나) 최충헌 → 최씨 무신 정권 시작, 봉사 10조
(다) 삼별초의 항쟁 → 개경 환도(1270)에 대한 반발, 무신 집권기 말기~원 간섭기 초기

(가) → (나) → (다)

정답 ▶ ①

(가)에 들어갈 내용으로 적절한 것은? [2점]

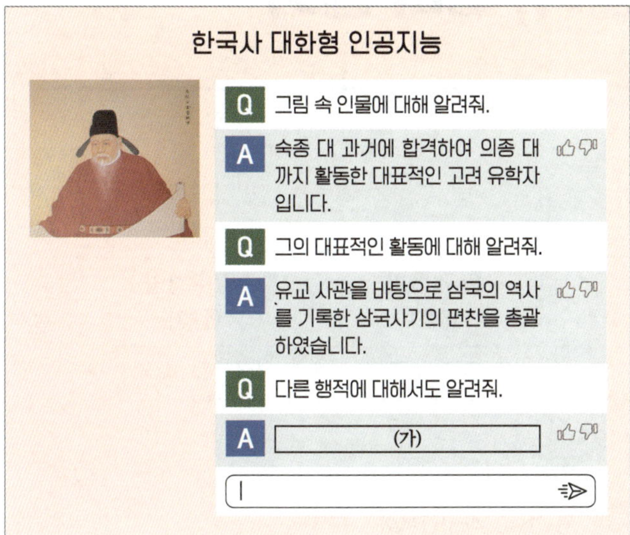

① 봉사 10조를 국왕에게 올렸습니다.

② 관군을 이끌고 묘청의 난을 진압하였습니다.

③ 만권당에서 원의 유학자들과 교유하였습니다.

④ 불씨잡변을 저술하여 불교를 비판하였습니다.

⑤ 9재 학당을 설립하여 유학 교육에 힘썼습니다.

해설

『삼국사기』 편찬 → 김부식

① 봉사 10조 → 최충헌

② 묘청의 난 진압 → 김부식

③ 만권당에서 원의 유학자와 교유 → 이제현

④『불씨잡변』 → 정도전

⑤ 9재 학당 → 최충 ☀구충제☀

정답 ▶ ②

(가)에 들어갈 내용으로 가장 적절한 것은? [2점]

① 국자감에 전문 강좌인 7재를 개설하였어.

② 사액 서원에 서적과 노비 등을 지급하였어.

③ 독서삼품과를 실시하여 인재를 등용하였어.

④ 초계문신제를 시행하여 문신을 재교육하였어.

⑤ 흥왕사에 교장도감을 두고 속장경을 편찬하였어.

해설

고려 문종 때 최충, 문헌공도(사학) vs 관학 진흥책 → 서적포(숙종) ☀숙적☀

① 국자감에 전문 강좌 7재 개설 → 예종의 관학 진흥책: 양현고, 보문각, 청연각 ☀7현보청☀

② 사액 서원에 서적, 노비 지급 → 조선 명종(소수 서원) 이후

③ 독서삼품과 → 통일 신라 원성왕

④ 초계문신제 → 조선 정조

⑤ 흥왕사에 교장도감,『속장경(교장)』편찬 → 의천, 천태종

정답 ▶ ①

몽골의 침입, 원 간섭기, 고려 말기

고려 전체 정리

태혜정광경성목현 (초기)	문~숙예인 (중기)	무신 정변 (1170)	원 간섭기 (6충)	공우창양 (말기)
호족	문벌	무신	권문세족	신진사대부

- 고려 시대 외세 침입 순서

거란(성현현, 10~11C)–여진(숙예인, 12C)–몽골(최우~, 13C)–홍건적, 왜구(14C)

몽골의 침입

- 사신 저고여 피살 사건이 계기
- **1차**: 박서 귀주성 전투, 최우의 강화 천도
- **2차**: 초조대장경 소실, 김윤후(승려), 처인성(부곡/용인), 살리타 사살

  *팔만(재조)대장경(유네스코 세계기록유산) 조판
- **3차**: 송문주 죽주성 전투, 황룡사 9층 목탑 소실
- **5차**: 김윤후, 충주성 with 관노비(문서 불사르고 관직 약속)
- **6차**: 충주 다인철소
- **정부의 개경 환도** → **삼별초의 항쟁**: 강화(배중손) → 진도 용장성(배중손) → 제주 항파두리(김통정)

원 간섭기(6충)

- **관제 격하**: 충*왕–부마(사위)국, 폐하 → 전하, 2성(중서문하성/상서성) → 첨의부, 6부 → 4사,

  중추원 → 밀직사 *도평의사사 ← 도병마사가 확대 개편
- **쌍성총관부(화주, 철령 이북), 동녕부(서경, 자비령 이북), 탐라총관부(제주) 설치**
- **내정 간섭**: 다루가치(감찰관), 정동행성(일본 원정 2회 실패)/이문소 설치
- **수탈**: 결혼도감(공녀 징발 → 조혼), 응방(매)
- **권문세족의 성장**: 친원파, 도평의사사(도당)/정방 장악, 대농장 소유, 기철
- 몽골풍(변발, 호복, 족두리, 연지, 소주, 만두) 전래와 고려양(떡, 두루마기) 전파

  *김방경(여몽 연합군 고려 장수), 제국 대장 공주(충렬왕), 노국 대장 공주(공민왕)

공민왕의 반원 자주 정책 💡 공민왕이 신성한 유엔에서 반기문 총장에게 감동했다☆

- 원명 교체기
- 관제 복구, 신진사대부 등용(성리학자, 조선 건국 세력), 성균관 정비
- 반원 자주(노국 대장 공주도 지원), 기철(권문세족) 숙청
- 정동행성 이문소 폐지, 쌍성총관부 공격, 정방 폐지, 전민변정도감 재설치(신돈 등용)
- 홍건적(한족 반란군) 침입 때 안동(복주)으로 피신

고려 말 왜구의 침입: 신흥 무인 세력의 성장

- **우왕**: 홍산(부여) 대첩−최영

  진포(군산) 대첩−최무선(화통도감)

  황산(남원) 대첩−이성계 💡이황 최홍 포포☆
- **창왕**: 박위의 쓰시마섬 정벌 💡위창수☆

고려의 멸망

- 명의 철령위(쌍성총관부 지역) 설치 통보

  → 우왕과 최영의 요동 정벌 명령

  → 4불가론 → 이성계의 위화도(압록강 부근) 회군(1388), 최영/우왕 X, 창왕, 공양왕

  → 과전법 실시(1391)

  → 조선 건국(1392)
- *4불가론: 작은 나라가 큰 나라/농번기 군사/남쪽 왜구/장마철 → 활 아교, 군사 전염병
- *과전법: 신진사대부의 경제적 기반, 전·현직 관리에게 경기도 토지의 수조권 지급

1. 몽골의 침입과 대몽 항쟁(13세기)

(1) 침입

몽골의 무리한 공물 요구로 고려와의 관계 악화, 몽골 사신 저고여가 피살된 사건을 구실로 침입(1231)

(2) 항쟁

❶ 몽골의 1차 침입 후 최우의 강화 천도(1232)

❷ 귀주성 전투(박서, 1231), 처인성(용인) 전투(김윤후와 부곡민, 살리타 사살, 1232), 죽주성 전투(송문주, 1236), 충주성 전투(김윤후, 관노비, 1253), 충주 다인철소 항전(1254) 등

(3) 결과

몽골과 강화 체결, 무신 정권 붕괴, 개경 환도(1270)

(4) 영향

국토 황폐화, 문화재 소실(초조대장경판, 황룡사 9층 목탑), 팔만(재조)대장경 조판

(5) 삼별초의 항쟁(1270~1273)

❶ 개경 환도에 반발하여 배중손의 지휘 아래 봉기, 강화도 → 진도(용장성) → 제주도(항파두리, 김통정)로 근거지를 이동하며 항전

❷ 고려와 몽골 연합군에 의해 진압

2. 원의 내정 간섭

고려의 지위 격하	• 국왕이 원의 공주와 혼인(부마국), 왕실 용어 격하(조·종 → 왕, 폐하 → 전하) • 관제 격하: 2성(중서문하성/상서성) → 첨의부, 6부 → 4사, 중추원 → 밀직사
영토 상실	쌍성총관부(화주, 철령 이북), 동녕부(서경, 자비령 이북), 탐라총관부(제주도) 설치
내정 간섭	다루가치(감찰관) 파견, 정동행성 설치(두 차례의 일본 원정 실패 → 내정 간섭 기구)
인적·물적 수탈	결혼도감 설치(공녀 요구 → 조혼 풍습), 특산물(금, 은, 베, 인삼, 약재) 징발, 응방 설치(매 징발)
영향	• 권문세족의 성장(친원파, 도평의사사(도당)와 정방 장악, 음서로 관직 진출, 대농장 소유) • 몽골풍(변발, 호복, 족두리, 발립, 철릭, 연지, 소주, 만두 등) 유행, 고려양(떡, 두루마기 등) 전파

3. 공민왕의 개혁 정치

(1) 배경

원·명 교체기, 권문세족의 횡포 심화(농장 확대, 양인을 억압하여 노비로 삼음)

(2) 개혁

❶ 반원 자주: 기철 등 친원 세력 숙청, 몽골풍 금지, 관제 복구, 정동행성 이문소 폐지, 쌍성총관부 공격 → 철령 이북 지역 수복

❷ 왕권 강화: 정방 폐지, 신진사대부 등용, 성균관 정비, 전민변정도감 설치(신돈 등용) → 권문세족 약화와 재정 기반 확대

(3) 결과

권문세족의 반발로 신돈 제거, 공민왕 시해 → 개혁 중단

4. 고려의 멸망

(1) 홍건적과 왜구의 침입(14세기)

❶ 공민왕: 홍건적(한족 반란군)의 침입 → 안동(복주)으로 피란

❷ 우왕: 최영의 홍산(부여) 대첩, 최무선의 진포(군산) 대첩(화통도감), 이성계의 황산(남원) 대첩

❸ 창왕: 박위의 쓰시마섬 정벌

❹ 홍건적과 왜구를 격퇴하는 과정에서 신흥 무인 세력의 성장

(2) 고려의 멸망

명의 철령위(쌍성총관부 관할 지역) 설치 통보 → 우왕과 최영의 요동 정벌 주장, 이성계의 4불가론* → 이성계의 위화도(압록강 하구의 섬) 회군(1388) → 과전법* 실시(1391, 공양왕) → 조선 건국(1392)

*4불가론: 작은 나라가 큰 나라를 침범할 수 없음, 농번기 군사 동원 불가, 남쪽 왜구 방비, 장마철 전쟁 불가(활의 아교, 군사 전염병)

*과전법: 신진사대부의 경제적 기반 마련, 전·현직 관리에게 경기 지방 토지의 수조권 지급

01 몽골은 공물 문제로 고려와 대립하던 가운데 몽골 사신 ☐☐☐가 피살되자 이를 계기로 고려를 침입했다.

02 몽골의 1차 침입 후 최우는 ☐☐ 천도를 단행했다.

03 귀주성 전투 이후 다시 몽골이 침입했을 때 승려 김☐☐는 ☐☐성에서 몽골 장수 살리타를 사살하였다.

04 개경 환도에 반발해 강화도에서 봉기한 ☐☐☐는 ☐☐☐을 중심으로 진도의 용장성에서 항쟁했고, 이후 ☐☐☐이 제주도의 항파두리에서 항쟁을 이어갔다.

05 원 간섭기 고려에는 화주에 ☐☐총관부, 서경에 ☐☐부, 제주에 ☐☐총관부 등 원의 내정 간섭 기구가 설치되었다.

06 원 간섭기 고려에는 감찰관인 ☐☐☐☐가 파견되었고, ☐☐ 원정을 위해 ☐☐행성이 설치되었다.

07 원 간섭기 권문세족은 ☐☐의사사와 ☐☐을 장악하고, ☐☐로 관직을 진출했다.

08 공민왕은 토지와 노비 제도 개혁을 위해 ☐☐을 등용하여 ☐☐☐☐도감을 설치했다.

09 한족 반란군인 홍건적이 고려에 두 번째로 침입하였을 때 ☐☐왕은 ☐☐, 지금의 ☐☐으로 피신 가기도 했다.

10 고려 말 우왕 때 왜구의 침입이 잦아졌고, ☐☐(부여) 대첩의 최영, ☐☐(남원) 대첩의 이성계, ☐☐(군산) 대첩의 최무선 등이 왜구를 크게 물리쳤다.

11 우왕과 최영의 주장으로 ☐☐ 정벌에 나선 이☐☐가 ☐☐☐에서 회군하여 정권을 장악했고, 신진사대부와 함께 조선을 건국하였다.

12 고려 말 신진사대부의 경제적 기반이 된 ☐☐법은 전·현직 관리에게 ☐☐도 지역 토지에 대한 ☐☐권을 지급하는 토지 제도였다.

1 75회 15번

교사의 질문에 대한 학생의 답변으로 가장 적절한 것은?

[2점]

> 자료는 '이생규장전'의 일부입니다. 이 작품은 홍건적의 침입으로 왕이 피란하고 백성이 고통을 겪는 등 전란의 참혹했던 상황을 역사적 배경으로 하고 있습니다. 이 상황 이후에 전개된 역사적 사실에 대해 말해 볼까요?

① 김사미가 운문을 거점으로 봉기하였어요.

② 강감찬이 흥화진 전투에서 승리하였어요.

③ 후주 출신 쌍기가 과거제 도입을 건의하였어요.

④ 최충헌이 교정도감을 두어 국정을 총괄하였어요.

⑤ 이성계가 위화도에서 회군하여 정권을 장악하였어요.

해설

홍건적 침입, 임금이 복주(안동)로 피신 → 공민왕
- 공민왕이 신성한 유엔에서 반기문 총정에게 감동했다
- 태혜정광경성목현 문~숙예인 방정경이최최 6층 공우창양

① 김사미의 난(운문) → 이의민 집권기 · 이미심

② 강감찬 흥화진 전투 승리 → 거란 3차 침입, 현종
　　· 서양강 · 성현현

③ 쌍기 건의, 과거제 → 광종
　　· 광종은 과거에 광풍검을 지닌 귀공제

④ 최충헌, 교정도감 → 무신 집권기 · 방정경이최최

⑤ 이성계, 위화도 회군 → 우왕

정답 ▶ ⑤

2 72회 15번

밑줄 그은 '시기'의 사실로 옳은 것은?

[2점]

① 권문세족이 도평의사사를 장악하였다.

② 왕조 교체를 예언하는 정감록이 유포되었다.

③ 강조가 정변을 일으켜 김치양을 제거하였다.

④ 김부당이 의종 복위를 주장하며 난을 일으켰다.

⑤ 국정을 총괄하는 기구로 교정도감이 설치되었다.

해설

충렬왕~공민왕, 노국 대장 공주 → 원 간섭기

① 권문세족의 도평의사사 장악 → 원 간섭기

② 왕조 교체 예언, 『정감록』 유행 → 조선 후기

③ 강조 정변, 김치양 제거 → 고려 목종

④ 김보당의 난 → 무신 정권 초기(이의방) · 보조망이미심적연
　　· 방보조

⑤ 교정도감 설치 → 최충헌 집권기 · 방정경이최최

정답 ▶ ①

DAY 4

학습 키워드

- 🔍 고려의 토지 제도
- 🔍 고려의 농·상·수공업
- 🔍 고려의 사회 제도
- 🔍 고려의 유학, 종교, 건축

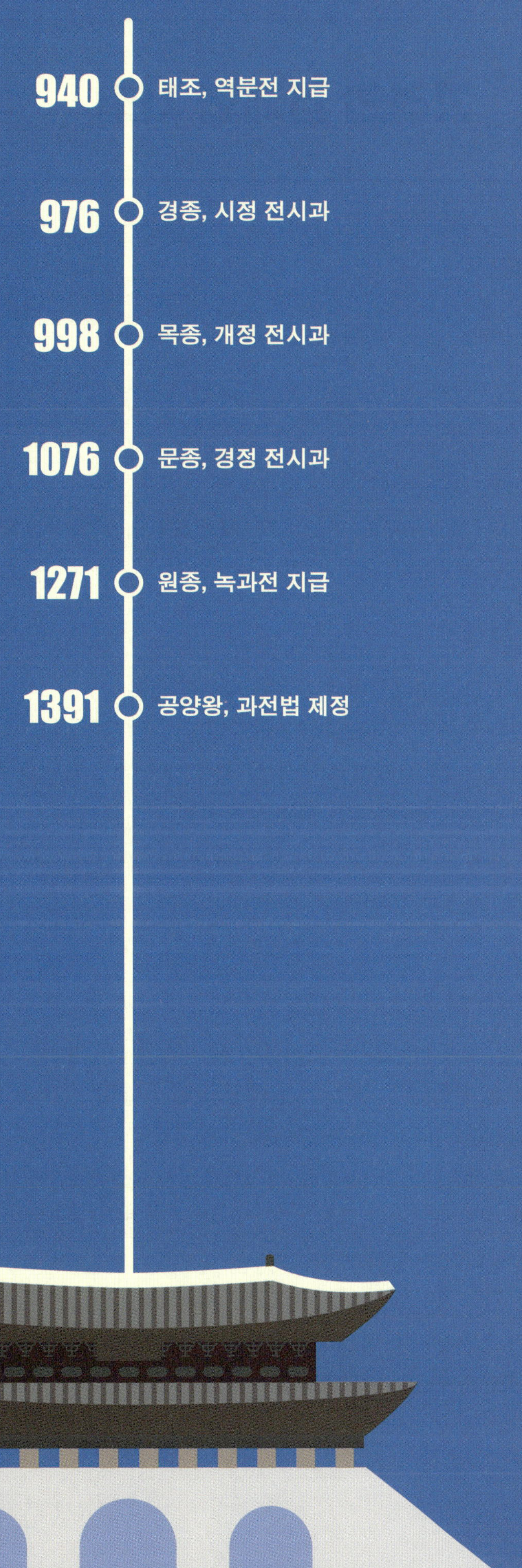

940 태조, 역분전 지급
976 경종, 시정 전시과
998 목종, 개정 전시과
1076 문종, 경정 전시과
1271 원종, 녹과전 지급
1391 공양왕, 과전법 제정

고려의 경제와 사회

고려 전체 정리

태혜정광경성목현 (초기)	문~숙예인 (중기)	무신 정변 (1170)	원 간섭기 (6충)	공우창양 (말기)
호족	문벌	무신	권문세족	신진사대부

- 고려 시대 외세 침입 순서

거란(성현현, 10~11C)–여진(숙예인, 12C)–몽골(최우~, 13C)–홍건적, 왜구(14C)

고려의 토지 제도

- **역분전**: 태조 왕건, 고려 건국/후삼국 통일, 인품/공로
- **전시과**: 전지(곡물)와 시지(땔감) 수조권 지급

   시정 전시과(경종, 인품/관품/전·현직) → 개정(목종, 관품/전·현직) → 경정(문종, 관품/현직)
- **녹과전**: 원 간섭기 때 녹봉 보충, 경기 지역 한정
- **과전법**: 공양왕, 경기 지역 토지, 전·현직, 신진사대부 경제적 기반

*공음전: 5품 이상 관리(세습)

고려의 농/상/수공업

- **농업**: 이앙법(후기, 남부 일부, *조선 후기 본격 시행), 윤작법(2년 3작, 조/보리/콩)

   목화(원, 문익점), 『농상집요』(원의 농서, 이암) 💡 농상집요원☆
- **상업**: 관영 상점–서적점(*서적포/숙종), 다점, 주점

   국제 무역항: 벽란도(예성강 하구, 개경 근처, COREA–아라비아 상인)

   화폐: 건원중보(성종, 철전 💡 건성☆), 활구(은병)/해동통보/삼한통보(숙종, 주전도감) 💡 활해삼☆

   *화폐의 활발한 유통은 조선 후기

   시장 관리 기구: 경시서(시전, 조선 초까지 지속)

   물가 조절 기구: 상평창(성종 *제위보: 광종 때 빈민/환자 구제 기금)
- **수공업**: 관영/소 수공업 → 민영/사원 수공업

고려의 신분제: 양천제

- 양인
    - 문, 무반: 문벌, 무신, 권문세족
    - 중간계층: 하급 관리(서리, 남반, 향리)
    - 양민: 백정(조세, 공납, 역 부담)
    - 향·부곡·소: 거주 이전 X, 차별, 세금 많이, but 전공 세우면 군현 승격
- 천인: 노비(공/사)-매매/증여/상속의 대상, 일천즉천

고려의 사회 제도

- **농민 조직**: 향도(초기에 매향 활동, 불상/불탑 제작, 불교 조직 → 후기엔 마을 공동 의식, 향촌 공동체)
- **빈민 구휼 제도(춘대추납)**: 흑창(태조) → 의창(성종) *진대법(고구려), 사창제(흥선 대원군)
- **빈민/환자 구제 기금**: 제위보(광종) 💡광종은 과거에 광풍검을 지닌 귀공제☆
- **동서 대비원**(병원, 개경), 혜민국(약국), 구제/구급 도감(재해 시 백성 구제 기구)

고려의 가족 제도

- 조선에 비해 여성의 지위가 높은 편
- 일부일처제가 기본
- 자녀 균분 상속/윤회 봉사
- 사위/조카/외손자까지 음서(5품 이상 관리 자손 무시험 관직 진출) 적용
- 호적 기재 나이순
- 과부 재가 비교적 자유로움

1. 고려의 경제

(1) 토지 제도

❶ 역분전(태조): 후삼국 통일 과정에서 공신들에게 공로·인품에 따라 지급(논공행상적 성격)

❷ 전시과 제도

원칙	• 문무 관리, 군인, 한인 등에게 토지(전지·시지)를 등급에 따라 차등 지급(수조권 행사) • 원칙적으로 세습 불가
변천	• 시정 전시과(경종): 인품·관품 고려, 전·현직 관리에게 지급 • 개정 전시과(목종): 관품 기준, 전·현직 관리에게 지급 • 경정 전시과(문종): 관품 기준, 현직 관리에게만 지급
과전 외의 토지	• 공음전: 공신·5품 이상 관리, 세습 가능 • 한인전: 6품 이하 관리의 자제로 관직에 오르지 못한 자 • 구분전: 하급 관리나 군인의 유가족 • 군인전: 군역의 대가, 군역과 함께 세습

❸ 녹과전: 고려 후기 녹봉 보충을 위해 지급, 경기 지역 한정

❹ 과전법(공양왕): 위화도 회군 이후 신진사대부의 경제 기반 마련을 위해 지급

(2) 수취 제도

양안(토지 대장)과 호적을 작성하여 조세(토지 비옥도에 따라 3등급 구분, 생산량의 1/10 징수), 공납(특산물 징수, 상공·별공), 역(요역·군역) 부과

(3) 농업의 발달

❶ 경작지 확대: 개간 장려(소유권 인정, 일정 기간 소작료 감면), 간척 활발(12세기 이후 강화도, 저습지)

❷ 농업 기술의 발달: 소를 이용한 깊이갈이 일반화, 시비법 발달(휴경지 감소), 윤작법 확산(조·보리·콩의 2년 3작), 이앙법 시행(모내기법, 고려 말 남부 지방 일부), 목화 재배 시작(원에서 문익점이 들여옴), 『농상집요』(이암, 원의 농서)

(4) 수공업의 발달

전기(관영 수공업, 소 수공업 중심) → 후기(민영 수공업, 사원 수공업 발달)

(5) 상업과 무역의 발달

상업	• 개경의 시전, 대도시에 관영 상점 설치(서적점, 다점), 경시서의 상행위 감독, 상평창을 통한 물가 조절 • 화폐: 성종 때 건원중보(우리나라 최초의 금속 화폐), 숙종 때 주전도감 설치(은병(활구), 해동통보, 삼한통보 등 발행) → 유통 부진, 곡식이나 삼베 사용
무역	벽란도(예성강 하구)가 국제 무역항으로 번성 → 아라비아 상인에 의해 COREA로 알려짐

2. 고려의 사회

(1) 신분 제도

❶ 양천제

양인	문무 양반	• 관료, 고위 관직에 오를 수 있는 계층 • 변천: 문벌 → 무신 → 권문세족	지배층
	중간 계층	중앙과 지방 통치 기구의 말단 행정 실무 담당, 서리·남반·향리·하급 장교 등, 직역 세습(직역에 대한 대가로 토지 수급)	
	양민	• 백정(일반 농민): 조세·공납·역 부담 • 향·부곡·소의 주민: 일반 군현민에 비해 차별, 거주 이전 제한	피지배층
천인	공·사노비	매매·증여·상속의 대상, 일천즉천(부모 중 한쪽이 노비이면 그 자녀도 노비)의 원칙 적용	

❷ **신분 변동**: 상층 향리가 과거로 문관 진출, 군인이 군공으로 무관 진출, 향·부곡·소가 공을 세워 일반 군현으로 승격, 노비가 재산을 모아 양인으로 신분 상승

(2) 사회 제도와 농민 공동체

❶ 사회 제도

• 흑창(태조) → 의창(성종, 빈민 구제, 춘대추납)

• 동서 대비원(개경, 질병 치료)

• 제위보(광종, 기금을 마련하여 그 이자로 빈민 구제)

• 혜민국(의약품 제공)

• 구제도감·구급도감(재해 시 백성 구제)

❷ **향도**: 매향 활동, 불상·석탑 제작 등에 노동력과 비용 제공(불교 신앙 조직) → 마을 공동 의식과 생활을 주도(향촌 공동체)

(3) 가족 제도와 여성의 지위

❶ **혼인**: 대체로 일부일처제

❷ **상속**: 자녀 균분 상속, 부모 봉양·제사도 동등하게 부담(윤회봉사), 아들이 없을 경우 딸이 제사를 지냄

❸ **여성의 지위**: 남녀 구분 없이 태어난 순서대로 호적에 기재, 여성 호주 가능, 사위와 외손자까지 음서 혜택, 여성의 재가가 비교적 자유로움

확인문제

01 고려 태조 왕건은 개국 공신들에게 역할에 따라 토지를 지급하는 ☐☐☐ 제도를 실시했다.

02 고려 시대에는 예성강 하구의 ☐☐☐가 국제 무역항으로 번성하였다.

03 ☐☐ 시대에는 서적점, 다점, 주점 등의 ☐☐상점이 있었다.

04 고려 시대의 ☐☐은 조세, 공납, 역을 부담하는 양인을 말하며, 조선 시대의 ☐☐은 도축업자 등 천민을 일컫는다.

05 고려 태조 때의 빈민 구휼 기구인 ☐☐은 성종 때 ☐☐으로 발전하였고, 성종 때는 ☐☐☐이라는 물가 조절 기구도 있었다.

06 고려 시대에는 현대의 병원 역할을 한 동서 ☐☐☐과 약국 역할을 한 ☐☐☐이 있었다.

07 우리나라 최초의 철전은 고려 ☐종 때 만들어진 ☐☐중보이다.

08 고려 광종 때 빈민과 환자 구제를 위해 ☐☐☐를 설치하였다.

09 고려의 특수 행정 구역인 ☐·☐☐·☐에 사는 주민들은 양인 신분이었으나 차별적 대우를 받았다.

10 최초의 전시과 제도는 고려 ☐종 때 실시되었고, 인품을 배제하고 관품에 따라 전·현직 관리에게 수조권이 지급된 ☐☐ 전시과는 ☐종 때, 현직 관리에게만 수조권이 지급된 ☐☐ 전시과는 ☐종 때 실시되었다.

11 고려 시대 문익점은 원에서 ☐☐를 들여왔다.

08강 기출문제 풀어 보기

1 75회 16번

다음 상황이 나타난 국가의 경제 모습으로 옳은 것은?

[2점]

> ○ 동소(銅所)·철소(鐵所)·자기소(瓷器所)·지소(紙所)·묵소(墨所) 등 여러 소에서 별공으로 바치는 물건들을 너무 과중하게 징수하여 장인들이 고통스러워 도망하고 있다.
>
> ○ 왕이 명령하기를, "이제 처음으로 화폐를 주조하는 법을 제정하였으니, 주조한 돈 1만 5천 관(貫)을 여러 관리와 군인들에게 나누어 주어 이를 통용의 시초로 삼고 전문(錢文)은 해동통보라 하여라."라고 하였다.

① 청해진을 설치하여 해상 무역을 전개하였다.

② 재정 문제를 해결하기 위한 당백전이 발행되었다.

③ 계해약조가 체결되어 세견선의 입항이 허가되었다.

④ 육의전을 제외한 시전 상인의 금난전권이 폐지되었다.

⑤ 예성강 하구의 벽란도가 국제 무역항으로 번성하였다.

 **해설**

소-고려 특수 행정구역, 차별(세금 높고, 거주 이전 자유 X)
해동통보-고려 화폐 ☀숙종-활해삼☀

① 청해진 → 신라 해상 방어 및 교역의 거점, 장보고
② 당백전 발행 → 흥선 대원군의 경복궁 중건
③ 계해약조 → 조선 세종 ☀세계☀ (세종 때 계해약조, 광해군 때 기유약조) ☀광기☀
④ 육의전 제외 금난전권 폐지 → 조선 정조 때 신해통공
⑤ 예성강 하구 벽란도 → 고려 국제 무역항

정답 ▶ ⑤

2 74회 17번

밑줄 그은 '이 시기'에 볼 수 있는 모습으로 적절한 것은?

[2점]

① 농상집요를 소개하는 관리

② 흑창에서 곡식을 빌리는 농민

③ 사섬서에서 저화를 발행하는 장인

④ 선혜청에서 공가(貢價)를 받는 상인

⑤ 상평통보로 물건을 거래하는 보부상

해설

권문세족, 도평의사사, 대농장, 공녀, 변발, 호복 → 원 간섭기

① 『농상집요』 → 원의 농서, 원 간섭기 ☀농상집요원☀
② 흑창 → 태조 왕건, 빈민 구휼 ☀왕건의 흑역사~☀
③ 사섬서, 저화 발행 → 조선 태종
④ 선혜청-대동법 관할 관청 → 조선 광해군 이후
⑤ 상평통보, 보부상 → 조선 후기에 상평통보 활발히 유통 & 보부상 활동 활발

정답 ▶ ①

(가) 국가의 경제 상황으로 옳은 것은?　　　　[2점]

> **이달의 책**
>
> 1123년 송 사절의 한 사람으로 [(가)]에 왔던 서긍이 지은 책입니다. 이 책은 서긍이 예성항을 통해 개경으로 들어와 한 달 남짓 머물며 보고 들은 [(가)]의 다양한 모습을 그림을 곁들여 설명한 것입니다. 현재 남아 있는 판본들은, 그림[圖]은 없어지고 글[經]만 남아 있습니다.

① 솔빈부의 말이 특산품으로 유명하였다.

② 송상이 전국 각지에 송방을 설치하였다.

③ 서적점, 다점 등의 관영 상점을 운영하였다.

④ 집집마다 부경이라고 불리는 창고가 있었다.

⑤ 광산을 전문적으로 경영하는 덕대가 나타났다.

해설

송 사절, 예성항, 개경 → 고려

① 솔빈부, 말 → 발해 💡**발솔말**☆

② 송상, 송방 → 조선 후기

③ 서적점, 다점 등 관영 상점 → 고려

④ 부경 → 고구려 창고(약탈 경제)

⑤ 광산 전문 경영인 덕대 → 조선 후기

정답 ▶ ③

다음 자료에 나타난 시기의 사회 모습으로 적절한 것은?　　　　[2점]

> ○ 7재를 설치하였다. 주역을 [공부하는 곳은] 이택재, 상서는 대빙재, 모시(毛詩)는 경덕재, 주례는 구인재, 대례는 복응재, 춘추는 양정재, 무학은 강예재라고 하였다.
>
> ○ 왕이 결정하시기를 "…… 무학이 점차 번성하여 장차 문학하는 사람들과 각을 세워 불화하게 되면 매우 편치 못하게 될 것이다. …… 무학으로 무사를 선발하는 일과 무학재의 호칭은 모두 혁파하겠다."라고 하였다.

① 서얼이 통청 운동을 전개하였다.

② 사창절목에 따라 사창제가 시행되었다.

③ 왕조 교체를 예언하는 정감록이 유포되었다.

④ 병자에게 약을 지급하는 혜민국이 설치되었다.

⑤ 국산 약재와 치료 방법을 정리한 향약집성방이 간행되었다.

해설

관학 7재 : 예종의 관학 진흥책 💡**7현보청**☆ → 고려

① 서얼 통청 운동 → 조선 후기

② 사창제 → 흥선 대원군

③ 『정감록』 → 조선 후기

④ 혜민국 → 고려

⑤ 『향약집성방』 → 조선 세종, 『향약구급방』은 고려
　💡ㅈㅅ 조선 『향약집성방』, ㄱㄱ 고려 『향약구급방』☆

정답 ▶ ④

고려의 문화

유학

- **관학**: 과거 실시(광종, 쌍기 건의)

  국립대학 국자감&지방학교 향교(~조선) 설치/최승로 시무 28조 수용(성종), 서적포(숙종)

  관학 7재(전문 강좌)/양현고(장학재단)/보문각/청연각(예종)

  경사 6학(인종)
- **사학**: 최충(~문종), 해동공자, 9재 학당(문헌공도), 사학 12도, 지공거
- **성리학(신진사대부)**: 안향(충렬왕)의 소개 → 이제현(만권당, 원과 교류, 『역옹패설』/『사략』)

  → 이색 → 정몽주(온건)/정도전(급진)
- **국자감** ┌ 유학부: 국자학/태학/사문학, 7품 이상 자제 → 명경과, 제술과

  └ 기술학부: 율학/서학/산학, 8품 이하/서민 자제 → 잡과
- *과거제: 문과(명경과/제술과), 잡과, 승과, 무과는 제대로 실시 X

  지공거(과거 감독관)/합격자 → 좌주/문생, 음서−공신/왕실/5품 이상 관리 자제

역사

- **인종**: 『삼국사기』, 김부식(인종의 명), 현존 최고(最古) 역사서, 신라 계승의식

  기전체(본기/왕, 열전/신하, 지, 표), 유교적 합리주의 사관
- **무신 집권기**: 「동명왕편」, 이규보(9재 학당), 고구려 계승의식, 주몽, 서사시

  『해동고승전』, 각훈 💡 각고 ✿
- **원 간섭기(단군신화 수록)**: 『삼국유사』, 일연, 불교사 중심, 첫머리에 기이편

  『제왕운기』, 이승휴, 단군~충렬왕, 자주/독립성 강조
- **고려 말기**: 『사략』, 이제현, 성리학적 유교 사관

불교

- **태조의 훈요 10조**: 연등회(불교), 팔관회(불교＋도교＋민속) 중시
- **광종**: 귀법사(주지 균여−「보현십원가」) 창건
- **성종**: 최승로(유학)의 시무 28조 → 연등회 줄이고 팔관회 X
- **의천**: 대각국사, 숙종에게 화폐 유통 건의

  (해동) 천태종 창시, 교선 통합, 교관겸수, 『교장』(도감) 간행 → 『신편제종교장총록』
- **지눌**: 보조국사, 조계종, 선교 통합, 정혜쌍수, 돈오점수, 수선사(송광사) 결사 💡 수수수 ✿

- **혜심**: 지눌 제자, 수선사 2대 사주, 유불 일치설
- **요세**: 지눌과 교류, 백련(사) 결사, 법화 신앙 💡화요☆
- *대장경: 초조대장경(거란 침입 대비)-『교장』(의천, 대장경 주석서 모음)-팔만(재조)대장경(몽골 침입 대비)

풍수지리설(신라 말 도선)

- **서경(평양) 길지설**: 왕건의 훈요 10조-서경 중시, 북진 정책/인종 때 묘청의 서경 천도 운동
- **남경(한양) 길지설**: 문종~숙종 때 남경 설치, 고려 말 이성계의 한양 천도(조선)
- **도교-초제 시행**: 하늘에 제사 (*고구려 연개소문이 당에 도사 파견 요청, 백제 금동 대향로, 조선 소격서)

불상

- **초기**: 철불(하남 하사창동 철조 석가여래 좌상)과 대형 석불 유행(논산 관촉사 석조 미륵보살 입상/은진 미륵, 안동(경북) 이천동 마애 여래 입상/제비원 미륵, 파주 용미리 마애 이불 입상)
- **중기**: 영주 부석사 소조 여래 좌상(신라 계승, 소조 불상 중 최대/최고)

불탑/그림

- **중기**: 평창 월정사 8각 9층 석탑(다각 다층)
- **후기**: 개성 경천사지 10층 석탑 (원, 대리석, 혹) → 조선 원각사지 10층 석탑(세조, 백)에 영향
- 불화 유행(수월관음도)
- 천산대렵도(공민왕?)

고려 건축 3형제: 주심포 양식, 배흘림기둥, 팔작/맞배 지붕

- 안동 봉정사 극락전(현존 최고 목조), 영주 부석사 무량수전(팔작), 예산 수덕사 대웅전

공예

- 은입사, 나전칠기
- **청자**: 순청자 → 상감 청자 → 분청 사기(~조선 전기)

과학/의학

- **현존 최고 금속활자본**: 『직지심체요절』(청주 흥덕사, 프랑스 국립 도서관)
- **『향약구급방』**: 현존 최고 의약서 (*『향약집성방』-조선 세종)
- **화약**: 화통도감, 최무선-진포 대첩(우왕 때 왜구 격퇴 *최영-홍산, 이성계-황산)
- **수시력 도입**: 원 간섭기

1. 유학의 발달과 역사서의 편찬

(1) 유학의 발달

초기	자주적·주체적 성격, 과거제 실시(광종), 최승로의 시무 28조 수용·국자감·향교 설립(성종)
중기	문벌 사회의 형성 → 귀족적·보수적 성격, 최충(해동공자, 9재 학당), 김부식(『삼국사기』 편찬)
후기	• 충렬왕 때 안향이 성리학 소개 • 이제현(만권당을 통해 원과 교류, 『역옹패설』·『사략』 저술), 이색 등에 의해 성리학에 대한 이해 심화 → 정도전, 정몽주 등 신진사대부를 중심으로 적극 수용

(2) 교육 기관의 설립

❶ 관학

국자감 (개경)	유학부	국자학·태학·사문학(7품 이상의 자제)	명경과·제술과 응시
	기술학부	율학·서학·산학(8품 이하 관리·향리·서민의 자제)	잡과 응시
향교(지방)	지방 관리와 서민의 자제 교육		

❷ **사학**: 최충의 9재 학당(문헌공도)을 비롯한 사학12도(과거를 관장하는 고시관인 지공거 출신이 설립) 융성
　　　 → 관학 교육 위축

❸ **관학 진흥책**: 서적포 설치(숙종), 7재(전문 강좌)·양현고(장학재단)·청연각·보문각 설치(예종), 경사 6학 정비(인종)

❹ **고려 말 유교 교육 강화**: 국자감을 성균관으로 개칭(공민왕 때 순수 유교 교육 기관으로 개편)

(3) 관리 등용 제도

과거	• 종류: 문과(문관 등용, 제술과·명경과), 잡과(기술관 등용), 승과(승려 대상), 무과(제대로 실시되지 못함) • 응시 자격: 법제적으로 양인 이상 응시 가능(문과는 주로 귀족과 향리 자제 응시) • 지공거·합격자 → 좌주·문생 관계(과거 시험에서 시험관(좌주)과 응시자(문생) 사이에 형성된 특별한 유대의 사제 관계)
음서	공신·왕실·5품 이상 고위 관리의 자손에게 과거를 거치지 않고 관리로 채용하는 제도, 고위 관료의 지위 세습 가능(고려 관료 체제의 귀족적 성격)

(4) 역사서의 편찬

초기	왕조 실록, 『7대 실록』 편찬 → 현재 전하지 않음
중기	『삼국사기』(김부식, 인종): 현전하는 우리나라 최고(最古) 역사서, 신라 계승 의식, 유교적 합리주의 사관 반영, 기전체(본기(제왕)·세가(제후)·열전(인물)·지(주제)·표(연표) 등으로 구성)
후기	• 무신 집권기: 「동명왕편」(이규보, 고구려 계승의식), 『해동고승전』(각훈, 승려들의 전기 기록) • 원 간섭기: 『삼국유사』(일연, 불교사 중심, 기이편), 『제왕운기』(이승휴, 단군~충렬왕까지 역사 서술) → 단군의 건국 이야기 수록, 자주의식 강조
말기	『사략』(이제현): 성리학적 유교 사관, 정통과 대의명분 중시

2. 불교의 발달

(1) 초기: 국가 종교로 존중(숭불 정책)

❶ 태조: 훈요 10조 → 연등회(불교)와 팔관회(불교·도교·토속 신앙) 중시

❷ 광종: 승과 실시, 국사·왕사 제도 정비, 귀법사 창건, 균여(향가 「보현십원가」)를 주지로 삼음

❸ 성종: 최승로의 시무 28조 → 연등회, 팔관회 축소·폐지(현종 때 부활)

(2) 불교 통합 운동

불교 세속화와 교종·선종의 종파 분열 극복 시도

중기	의천(대각국사)	• 해동 천태종 창시(국청사), 교관겸수 → 교종 중심의 선종 통합 • 『신편제종교장총록』 편찬 • 『교장』 간행(교장도감) • 화폐 사용 건의(숙종)
후기	지눌(보조국사)	• 수선사(송광사, 정혜사) 결사 결성 • 선종 중심으로 교종 통합 → 조계종(선·교 일치의 사상 체계) 정립 • 정혜쌍수·돈오점수 강조
	혜심(진각국사)	• 지눌의 제자 • 수선사 제2대 사주 • 유불 일치설 주장, 심성 도야 강조 → 성리학 수용의 토대 마련
	요세(원묘국사)	법화 신앙을 중심으로 백련사 결사 주도

(3) 대장경의 간행

❶ 초조대장경: 거란의 침입에 대응하여 제작, 몽골 침입으로 소실

❷ 『교장』: 의천이 주도, 교장도감을 설치하여 고려·송·요의 대장경 주석서를 모아 편찬

❸ 팔만대장경(재조대장경): 몽골의 침입을 배경으로 판각, 합천 해인사에 현존

3. 도교와 풍수지리설의 발달

(1) 도교

불로장생과 현세 구복 추구, 초제(왕실과 국가의 안녕 기원을 위해 하늘에 제사를 지내는 행사) 거행

(2) 풍수지리설

❶ 서경(평양) 길지설: 훈요 10조(서경 중시), 북진 정책, 묘청의 서경 천도 운동에 영향

❷ 남경(한양) 길지설: 한양의 남경 승격, 이성계의 한양 천도에 영향

4. 과학 기술과 예술의 발달

(1) 과학 기술의 발달

❶ **금속 활자**: 세계 최초로 금속 활자 발명, 『상정고금예문』(현존하지 않음), 『직지심체요절』(청주 흥덕사, 현존 최고 금속 활자본, 프랑스 국립도서관 소장)

❷ **『향약구급방』**: 우리나라 현존 최고 의약서

❸ **화약 무기**: 화약 제조 성공(최무선) → 화통도감 설치(우왕, 화약·화포 제작) → 왜구 침입 격퇴

(2) 예술의 발달

❶ 불상과 불탑

불상	초기	• 철불: 하남 하사창동 철조 석가여래 좌상 • 대형 석불: 논산 관촉사 석조 미륵보살 입상, 안동 이천동 마애 여래 입상, 파주 용미리 마애 이불 입상
		하남 하사창동 철조 석가여래 좌상　논산 관촉사 석조 미륵보살 입상　파주 용미리 마애 이불 입상
	중기	영주 부석사 소조 여래 좌상(신라 양식 계승, 소조 불상 중 가장 크고 오래됨) 영주 부석사 소조 여래 좌상
불탑	전기	평창 월정사 8각 9층 석탑(다각 다층탑 유행) 평창 월정사 8각 9층 석탑
	후기	개성 경천사지 10층 석탑(원의 영향, 대리석) → 조선 시대 서울 원각사지 10층 석탑에 영향 개성 경천사지 10층 석탑　서울 원각사지 10층 석탑

회화	불화 유행(혜허의 수월관음도), 천산대렵도(공민왕의 작품으로 추정)
건축	주심포 양식, 배흘림기둥: 안동 봉정사 극락전 (우리나라 현존 최고의 목조 건축물), 영주 부석사 무량수전, 예산 수덕사 대웅전

안동 봉정사 극락전

영주 부석사 무량수전

예산 수덕사 대웅전

공예	• 고려 청자: 송의 자기 기술 수용 → 순청자 → 상감 청자 → 분청 사기(조선 전기)로 발전 • 은입사(금속 표면에 무늬를 새기고 은실을 채워 장식) 기술, 나전칠기(옻칠한 바탕에 자개를 붙여 무늬를 표현)

청자 상감 구름학무늬 매병

청자 상감 모란 보상화 넝쿨무늬
표주박모양 주전자

확인문제

01 과거제는 고려 ☐종 때 ☐☐의 건의로 처음 실시되었다.

02 ☐☐은 후진 양성을 위해 사립 교육 기관인 9재학당을 설립하였다.

03 고려 시대 관학 진흥책의 일환으로 숙종은 ☐☐☐를 설치하였다.

04 성리학자 ☐☐☐은 만권당을 통해 원의 학자들과 교류하였다.

05 이☐☐의『☐☐운기』에도 ☐☐의 건국 신화가 기록되어 있다.

06 유학자인 최☐☐는 고려 ☐종에게 시무 28조를 건의했고, 이를 받아들인 ☐종은 유교 정치를 실천하며 ☐☐회를 축소하고 ☐☐회를 폐지했다.

07 귀법사의 주지 ☐☐는 향가인「보현십원가」를 지었다.

08 선종 중심의 교종 통합을 주장한 보조국사 ☐☐은 ☐☐☐ 결사를 결성했다.

09 유불 일치설은 ☐☐이 주장했고, 백련사 결사를 이끈 승려는 ☐☐이다.

10 ☐나라의 영향을 받은 고려의 개성 ☐☐사지 10층 석탑은 조선 시대 ☐☐사지 10층 석탑에 영향을 주었다.

11 부석사 무량수전과 수덕사 대웅전의 공통점은 ☐☐포 양식과 ☐☐☐기둥이라는 점이다.

12 현존하는 세계 최고(最古) 금속 활자본인『☐☐☐☐요절』이 ☐☐ 흥덕사에서 간행되었다.

1 75회 17번

(가)에 들어갈 내용으로 가장 적절한 것은? [1점]

> **2025년 한국사 교양 강좌**
>
> ### 고려의 과학 기술
>
> 우리 학회에서는 고려의 과학 기술에 대해 알아보는 교양 강좌를 마련하였습니다. 관심 있는 분들의 많은 참여를 바랍니다.
>
> ■ 강의 주제 ■
>
> [제1강] 수시력의 도입과 최성지의 활동
> [제2강]　　　　　(가)
> [제3강] 화통도감의 설치와 화약 무기의 개발
> [제4강] 고려 청자의 발달과 상감 기법의 활용
>
> ■ 일시: 2025년 8월 매주 수요일 오후 7시
> ■ 장소: □□ 대학교 인문대학 대강의실
> ■ 주최: △△ 학회

① 의약학의 발전과 향약집성방의 편찬
② 100리 척의 사용과 동국지도의 제작
③ 기하학적 원리와 경주 석굴암의 조성
④ 금속활자 기술과 직지심체요절의 간행
⑤ 농업 기술의 발달과 임원경제지의 저술

 **해설**

고려의 과학 기술—수시력(원) 도입, 화통도감/화약, 고려청자/상감

① 『향약집성방』 → 조선 세종
② 100리 척 사용, 동국지도 → 조선 후기, 정상기
③ 석굴암 → 신라
④ 『직지심체요절』 → 현존 최고 금속 활자본, 고려
⑤ 『임원경제지』 → 서유구, 농업 백과사전, 조선 후기

정답 ▶ ④

2 75회 18번

(가) 국가의 문화유산으로 옳은 것은? [2점]

① 　② 　③ 

④ 　⑤ 

해설

은진 미륵, 논산 관촉사 석조 미륵보살 입상 → 고려 초, 광종

① 익산 미륵사지 석탑 → 백제, 무왕　무미　백해무익
② 불국사 석가탑 → 신라
③ 개성 경천사지 10층 석탑 → 고려
④ 영광탑 → 발해
⑤ 분황사 모전 석탑 → 신라, 선덕 여왕

정답 ▶ ③

(가) 인물에 대한 설명으로 옳은 것은? [2점]

이것은 '불일보조국사'라는 시호를 받은 (가) 의 행적을 담고 있는 송광사 보조국사비입니다. 비문에는 그가 정혜결사를 조직하고, 「권수정혜결사문」을 지었다는 내용이 들어있습니다. 또한 당시 국왕이 그의 뜻을 흠모하여 그가 머물렀던 송광산 길상사(吉祥寺)를 조계산 수선사(修禪寺)로 이름을 바꿔주며 직접 글씨를 써서 보냈다는 등의 내용이 기록되어 있습니다.

① 법화 신앙에 중점을 둔 백련 결사를 이끌었다.

② 돈오점수를 바탕으로 꾸준한 수행을 강조하였다.

③ 승려들의 전기를 기록한 해동고승전을 저술하였다.

④ 선문염송집을 편찬하고 유불 일치설을 주장하였다.

⑤ 성상융회를 제창하여 교종 내 대립을 해소하고자 하였다.

다음 특별전에 전시될 문화유산으로 가장 적절한 것은? [1점]

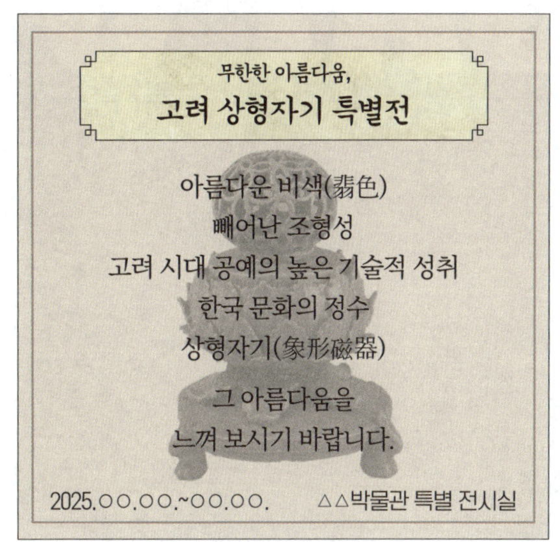

①  ②  ③ 

④  ⑤ 

 **해설**

보조국사, 정혜결사, 정혜쌍수, 수선사(송광사) → 지눌 ☀수수수☆

① 법화 신앙, 백련 결사 → 요세 ☀화요☆

② 돈오점수 → 지눌 ☀수수수☆

③ 「해동고승전」 → 각훈 ☀각고☆

④ 「선문염송집」, 유불 일치설 → 혜심

⑤ 성상융회 → 균여가 교종 내 갈등 해결을 위해 화엄과 법상 사상을 융합한 이론. 잘 안 나옴^^

정답 ▶ ②

해설

고려의 청자: 순청자 → 상감 청자

① 고려 청자

② 청화 백자 → 조선 후기

③ 분청 사기 → 조선 전기

④ 수레바퀴 문양 토기 → 가야

⑤ 분청 사기 → 조선 전기

정답 ▶ ①

DAY 5

학습 키워드

- 🔍 조선의 건국과 통치 체제 정비
- 🔍 조선의 통치 체제
- 🔍 조선의 지방 행정 체제
- 🔍 조선의 교육 제도
- 🔍 사림의 성장과 붕당 정치

1392 조선 건국
1453 계유정난
1504 갑자사화
1510 삼포왜란
1545 을사사화
1555 을묘왜변
1591 정철의 건저 문제

조선의 건국과 통치 체제의 정비

조선의 왕: 태정태세문단세 예성연중인명선 광인효현숙경영 정순헌철고순

태조(이성계) 조선 건국 전이 더 중요!

- 위화도 회군-우왕 X, 창왕, 공양왕 → 과전법 → 신흥 무인＋신진사대부(급진, 정도전, 조준)
  → 조선 건국(1392) → 한양 천도
- 천상열차분야지도
- 정도전(삼봉): 조선 디자이너, 한양 도성 설계, 경복궁 전각 등 명명
  『조선경국전』(사찬), 『경제문감』, 『불씨잡변』
  재상 중심 정치 운영/요동 정벌 추진, 1차 왕자의 난(이복 방석 X) 때 이방원에게 살해

정종

- 1차 왕자의 난 후 왕위 오름, 개경 환도, 2차 왕자의 난(동복 방간, 박포 X, 방원 왕세자 책봉)

태종(이방원)

- 하륜
- 명에 사대, 여진(무역소-경성/경원), 왜에는 교린, 한양 재천도, 창덕궁 건립
- 호패법, 양전, 사병 혁파(→ 삼군부로 흡수), 계미자(주자소 설치), 왕자의 난,
  혼일강리역대국도지도(동양 최고 세계지도, 중화), 신문고 설치, 육조 직계제, 사간원 독립(← 문하부 낭사)
  ☀ 호사 계왕자 혼신 육사 ☆

세종(훈민정음, 집현전 – 대제학, 사가독서제, 장영실)

- **영**: 영의정이 대장인 의정부 서사제, 영릉(세종의 무덤, 경기도 여주)
- **일**: 일등 의학서/활자/음악-『의방유취』/『향약집성방』(*『향약구급방』-고려), 갑인자, 아악(박연) 정리
- **이**: 이종무 쓰시마섬 정벌(*고려 창왕-박위) *왜에 교린: 삼포 개항, 동평관(한성, 사신 숙소)
- **삼**: 『삼강행실도』(충신, 효자, 열녀), 삼포 개항(계해약조, 부산포/제포/염포), 사형수 삼심
- **사**: 『농사직설』(*『농상집요』-고려/원), 사군(최윤덕) 육진-(여진 정벌, 현재 한반도의 북방 경계 확립)
- **오**: 오로지 백성-노비(남편)에게도 출산휴가, 사형수 삼심
- **육**: 전분육등법(토지 비옥도, 공법), 사군 육진(김종서) *여진 교린: 사민, 토관, 북평관(한성)-숙소

- 칠: 『칠정산』(한양 중심 역법서, 이순지)
- 팔: 『신찬팔도지리지』(현존 X → 『세종실록지리지』)
- 구: 연분구등법(풍흉, 공법)
- 십: 시계-앙부일(해)구, 자격루(물), 측우기/혼천의(장영실) 등

문종(세자만 30년)

- 조선 최초 적장자 국왕
- 세자 시절 측우기/신기전 개발 참여
- 『고려사』(기전체, 김종서 등)/『고려사절요』(편년체, 김종서 등) 편찬
- 재위 2년 2개월 후 사망, 사망 전 김종서에게 단종 당부

단종

- 즉위 3년 차에 삼촌에게 양위, 단종 1년 계유정난 때 이징옥의 난

세조

- 한명회/권람, 훈구 세력 득세
- 계유정난으로 김종서/단종 축출, 2년 후 집권, 성삼문(사육신) X, 생육신 → 사림 *신숙주
- **왕권 강화**: 육조 직계제/집현전·경연 폐지/이시애의 난 진압/유향소 폐지/직선법(현직) 실시

  *유향소: 좌수/별감-향리 감찰 ↔ 경재소
- 『경국대전』 시작
- 진관 체제
- **불교 조예**: 간경도감 설치, 『석보상절』(수양대군), 원각사지 10층 석탑(백탑파＝북학파, 박지원과 제공덕수)

예종

- 세조 2남, 재위 13개월 만에 사망

성종

- 훈구 세력 견제 위해 사림 등용, 세종만큼 책 많음, 주요순 아걸주-왕후 3, 후궁 다수
- 『경국대전』 완성(세조 때 시작), 홍문관(대제학, 경연, 옥당, 조선 3사 중 1), 관수관급제(직전법 폐해)
- 💡 국악 4동☆-『국조오례의』, 『악학궤범』(성현), 『동국여지승람』(지리서, 풍속), 『동문선』(서거정 시문집), 『동국통감』(고조선~고려, 편년체-실록/절요/통감), 『해동제국기』(신숙주)
- *강희맹의 『금양잡록』(농서) 💡 성강맹양☆

연산군(성종의 적장자, 무오/갑자사화) *사화: 선비가 정치적 반대파에게 화를 입음

- **무오사화**: 김일손 사초, 김종직의 「조의제문」–항우/초 의제: 세조/단종 💡무오~ 우리 증조부를!!✨
- **갑자사화**: 폐비 윤씨 사사 사건 연루된 모두 숙청 💡엄마 원수를 갚자!!✨
- 중종반정으로 폐위

중종(진성대군, 연산군의 이복동생, 반정으로 즉위)

- **조광조(정암, 대사헌 역임) 등용**: 유학 중시(『소학』, 향약), 소격서(도교) 폐지, 현량과 실시, 위훈 삭제
- **기묘사화**: 주초위왕(走肖爲王) 💡이렇게 기묘한 일이~✨ → 조광조 X
- **삼포왜란**(부산포, 제포, 염포: 경남) 💡중삼✨ –비변사 설치(임시 기구 → 명종 때 을묘왜변/상설)
- **백운동 서원(풍기 군수 주세붕)**: 안향(고려) 제사 → 명종 때 이황의 건의로 최초 사액서원

*유자광: 서얼 출신, 이시애의 난 진압(세조)

　　　　특기–고변/불사신(고변으로 남이 처형(예종), 무오사화 때 조의제문 주석 달아 고변)

　　　　갑자사화 때도 가담, 중종반정에서 반정공신, 유배지에서 사망

(목호룡의 고변: 경종 때, 노론과 왕세제 연잉군 세력이 역적으로 몰림, 영조 즉위 후 처형)

인종

- 최소 재위 8개월, 중종의 계비 장경 왕후 아들, 장경 왕후 사후 계모 문정 왕후 휘하
- 장경 왕후의 외척(대윤, 윤임) ↔ 문정 왕후의 외척(소윤, 윤원형)

명종(중종의 2남, 인종의 동생, 문정 왕후의 수렴청정)

- **을사사화**(외척의 싸움, 대윤 ↔ 소윤 💡ㅇㅆ ㅇㅆ✨ 💡외척싸움 을싸✨): 대윤(윤임) 일파 축출
  → 2년 후 양재역 벽서 사건(여주–문정 왕후, 간신–소윤)으로 대윤 잔당 발본색원
- **을묘왜변(전남 강진, 진도)** 💡ㅁㅁ✨ → 비변사 상설 기구화
- **『구황촬요』**(기근 대비) 간행, 임꺽정(의적)
- **직전법(과전) 폐지**: 녹봉만 지급

*사화의 순서: 무·갑·기·을(연·연·중·명)

선조

- 최초 방계(명종 조카) 출신 임금, 불안한 입지, 사림 대거 등용 → 붕당(사림의 분열, 정치/학문적 입장) 발생
  → 이조 전랑(인사권, 후임 추천권) 임명권과 척신 정치 청산 문제 → 동인/서인 나뉨
  → 동인(이황 학통) 정여립(대동계)의 모반 사건(1589) → 서인(이이 학통)이 정국 주도
  → 기축옥사(동인 처벌) 주도한 정철(서인,「관동별곡」)의 건저 문제(광해군 추천, 1591)
  → 정철 삭탈관직(동인 집권) → 동인이 강경파(북인)와 온건파(남인)로 나뉨

중앙 정치 기구

- **의정부**: 정책 결정, 3정승
- **6조**: 이/호/예/병/형/공, 정책 집행
- **의금부**: 국왕 직속 사법 기구, 금부도사, 반역/강상
- **승정원**: 왕명 출납, 은대 💡 승은☆, 도승지(고려 중추원의 승선)
- **한성부**: 수도 행정 치안, 판윤
- **춘추관(春秋館)**: 역사서 편찬 보관
- **사헌부**: 관리 감찰, 상대/오대, 대사헌(*통일 신라: 사정부/외사정, 발해: 중정대, 고려: 어사대)
- **사간원**: 간쟁, 논박, 간원/미원, 대사간(*고려: 중서문하성 낭사)
- **홍문관**: 경연, 옥당, 대제학, 전신–집현전(세조 때 폐지) 💡 홍옥☆
- 장례원: 노비 관리 기구
- *사헌부/사간원: 양사, 대간–간쟁, 봉박, 서경(5품 이하 관리)

  고려의 대간: 어사대 + 중서문하성 낭사–간쟁/봉박/서경(모든 품계 관리)

- *사헌부/사간원/홍문관: 3사(*고려 삼사–회계) *3사 언관, 이조 전랑: 청요직

지방 행정 제도

- **8도**: 관찰사(감사, 방백)–수령 감독 감찰 (*고려: 5도–안찰사, 양계–병마사)
- **부/목/군/현**: 수령(모든 군현)–행정/사법/군사권, 수령 7사(농사, 인구) *감사/수령: 상피/임기제
- **향리**: 수령 보좌, 고려보다 지위 격하, 단안 등록, 호장/기관/장교/통인
- **유향소**: 향촌 자치 기구(수령 보좌/향리 감찰), 좌수/별감, 태종/세조 때 폐지
  ↔ 경재소: 유향소 통제, 지방 출신 재경 관료로 임원 구성, 유향소 품관 임명/감독, 선조 때 폐지
- **향약**: 조광조(중종), 향촌 자치 규약(+ 서원 = 사림 지위 강화), 이이(해주), 이황(예안)

군사제도 – 양인개병, 농병 일치, 관료/학생/향리는 면제

- **전기**: 5위(중앙), 영진군(지방) *잡색군(예비군, 향리~노비, 후기 X)
- **후기(임란 이후)**: 5군영(중앙), 속오군(지방군, 유사시에만 소집, 양반~노비)
- **방어 체제**: <u>진관 체제(세조)</u> → 제승방략 체제(명종) → 진관 체제 복귀(임진왜란 중)
  - 지역 방어   도 단위 집단 방어
  - 중앙에서 장수 파견

과거제도 – 무과 O, 승과 X, 정기(식년시, 3년)/비정기(증광시, 별시, 정시, 알성시)

- **문과**: 서얼, 재가한 여성/탐관오리의 아들은 X
  - 예비 시험–소과(생원/진사시, 성균관 입학, 하급 관리, 초·복시)
  - 대과–소과 합격자, 성균관 유생, 33명 선발(초·복·전시)
- **무과**: 28명(초·복·전시)
- **잡과**: 기술관(율/역/의과, 초·복시)
- *취재: 하급 관리 선발시험
- 현량과: 천거제(조광조 건의)
- 문음: 2품 이상 관리 자제, 고위직 X

교육 제도

- **성균관(관립 중앙 고등)**: 대사성/좨주/직강, 대성전–성현 제사, 명륜당–교육
  - 소과 합격자/왕세자, 기숙사–동재/서재
- **4부 학당**: 관립 중앙 중등, 동/서/남/중
- **향교**: 관립 지방 중등, 전국의 부/목/군/현에 설립
  - 대성전/명륜당/동재/서재, 교수/훈도 파견, 평민 O
- **서원**: 지방 사립 중등, 교육/제사, 사액–토지/서적/노비 지원
  - *최초 서원:백운동 서원/중종/주세붕→ 최초 사액서원: 소수 서원/명종/이황
- **서당**: 지방 사립 초등

📖 핵심이론

1. 조선의 건국과 체제 정비

(1) 조선의 건국

위화도 회군(1388)으로 이성계 등 신흥 무인 세력과 신진사대부가 정치적 실권 장악 → 과전법 실시(1391) → 정몽주 등 역성혁명 반대 세력 제거 → 조선 건국(1392)

(2) 체제 정비

태조	• 국호 조선, 한양 천도(1394), 경복궁 건설(정도전이 궁궐·전각 명칭 제정에 관여, 유교 이념 반영) • 정도전: 한양 도성 설계, 재상 중심의 정치 주장, 성리학적 통치 이념 확립에 기여 　　『조선경국전』, 『경제문감』, 『불씨잡변』(불교 비판) 저술
태종	• 두 차례 왕자의 난(제1차 태조 때, 제2차 정종 때)을 통해 즉위, 창덕궁 건립 • 6조 직계제 실시(국왕 중심 정치 강화), 사병 혁파 • 문하부 낭사 → 사간원으로 독립, 양전·호패법 실시(국가 재정 확충), 신문고 설치
세종	• 의정부 서사제 실시(왕권과 신권의 조화 추구), 집현전 설치(사가독서제 시행), 경연 활성화 • 훈민정음 창제 • 4군 6진 개척(최윤덕, 김종서), 대마도(쓰시마섬) 정벌(이종무)
세조	• 계유정난으로 정권 장악 → 단종에게 양위를 강요하여 즉위, 단종 복위 운동 진압 • 6조 직계제 부활, 집현전·경연 폐지, 이시애의 난 진압, 유향소 폐지 → 왕권 강화 • 『경국대전』 편찬 시작 • 직전법 실시(현직 관리에게만 토지의 수조권 지급)
성종	• 홍문관 설치(집현전 계승), 경연 확내, 사림 등용 • 『경국대전』 완성·반포(이·호·예·병·형·공전의 6전 체제로 구성) • 『국조오례의』 편찬(국가의 기본 예식인 오례의 예법과 절차 등을 정리)

2. 통치 체제의 정비

(1) 중앙 정치 조직

❶ 의정부와 6조 ┬ 의정부: 국정 총괄, 재상들의 합의체 기구

　　　　　　　 └ 6조: 정책 집행, 이·호·예·병·형·공

❷ 3사 ┬ 사헌부: 대사헌, 감찰

　　　 ├ 사간원: 대사간, 간쟁

　　　 └ 홍문관: 대제학, 자문·경연 주관, 옥당·청연각이라고도 불림

　　　 → 언론 기능 담당, 권력의 독점과 부정 방지

❸ 대간(양사): 사간원과 사헌부의 관리, 간쟁·봉박·서경(5품 이하의 관리)권 행사

❹ 기타

• 승정원: 도승지, 국왕 비서 기구, 은대라고도 불림

• 의금부: 금부도사, 국왕 직속 사법 기구

• 한성부: 판윤, 수도 행정·치안 담당

• 춘추관: 역사서 편찬·보관

- 성균관: 대사성, 최고 관립 교육 기관
- 장례원: 노비 소송·호적에 관한 일 관장

(2) 지방 행정 조직

❶ **특징**: 전국을 8도로 나누고 그 아래 부·목·군·현 설치, 속현과 특수 행정 구역(향·부곡·소) 소멸

❷ **지방관 파견** ─ 관찰사: 방백·감사라고도 불림, 8도에 파견, 수령 감독
      └ 수령: 모든 군현에 파견, 행정·사법·군사권 행사

❸ **향리**: 호장·기관·장교·통인 등으로 분류됨, 단안에 등록, 수령 보좌, 지방 관청(이·호·예·병·형·공의 6방)에서 행정 실무 담당 → 고려 시대에 비해 지위 하락

❹ **유향소**: 지방 사족으로 구성된 향촌 자치 기구, 좌수·별감을 선발하여 운영, 수령 자문·향리의 비리 감시, 태종·세조 때 유향소 혁파(세종·성종 때 유향소 복설), 17세기 이후 향청이라 불림

❺ **경재소**: 유향소와 정부 사이의 연락 담당, 유향소 통제

(3) 군역과 군사 조직

❶ **군역**: 의무병(양인 개병제, 농병 일치), 현직 관료·학생·향리는 군역 면제

❷ **군사 조직**

중앙군	5위, 궁궐과 수도 수비
지방군	• 국방의 요충지에 영·진 설치(영진군) • 변천: 진관 체제(세조, 지역 방어 체제) → 제승방략 체제(명종, 도 단위 방어 체제) → 임진왜란 중 진관 체제로 복귀, 속오군 체제 실시
잡색군	일종의 예비군, 지역 수비 보완

(4) 관리 등용 제도

❶ **과거제**: 양인 이상 과거 응시 가능(서얼, 탐관오리·재가한 여자의 자손은 문과 응시 제한), 3년마다 시행, 승과 폐지

문과	• 소과: 생원·진사 선발 → 하급 관리로 진출하거나 성균관에 입학하여 대과 응시 가능 • 대과: 초시·복시·전시의 3단계 시험을 거쳐 최종 33명 선발
무과	문과(대과)와 같은 절차를 거쳐 최종 28명 선발
잡과	해당 관청에서 기술관 선발(분야별 정원 상이)

❷ **기타**: 천거(추천제), 문음(2품 이상 관료의 자제 대상, 고관 승진 제한), 취재(하급 실무직을 뽑는 특별 채용 시험)

❸ **인사 관리**: 임기제·상피제·서경 시행 → 인사의 공정성 확보, 근무 평가 운영

(5) 교육 제도

❶ 관학

중앙	성균관	• 최고 관립 교육 기관 • 성현에 대한 제사(대성전, 석전대제 거행)와 교육(명륜당) 담당 • 소과에 합격한 생원·진사에게 입학 자격
	4부 학당(4학)	중등 교육 기관, 중학·동학·남학·서학
지방	향교	• 지방의 부·목·군·현에 설치, 양반과 평민 모두 입학 가능 • 중앙에서 교수나 훈도 파견, 성현에 대한 제사와 교육 담당

❷ 사학: 서원(16세기 이후 지방 사림이 설립), 서당(한문과 초보적 유학 교육)

❸ 기술 교육: 해당 관청에서 직접 담당

3. 사림의 성장과 붕당의 형성

(1) 훈구와 사림

❶ 훈구: 조선 건국에 참여한 급진파 사대부에서 연원함, 세조의 집권을 주도한 공신 세력, 조선 초기 제도와 문물 정비에 기여, 중앙 집권과 부국강병 강조

❷ 사림: 정몽주와 길재의 학풍 계승, 조선 건국에 참여하지 않고 낙향하여 학문 연구에 참여한 온건파 사대부의 후예, 왕도 정치와 향촌 자치 추구 → 성종 때 본격적으로 중앙 정계 진출, 주로 3사의 언관직에 임명되어 훈구 견제

(2) 사화의 발생

연산군	• 무오사화(1498): 훈구 세력이 사초에 실린 김종직의 「조의제문」을 문제 삼아 사림 공격 → 김일손 등 사림 세력 제거 • 갑자사화(1504): 연산군의 생모 윤씨의 폐위외 관련된 훈구와 사림 세력 제거
중종	• 중종반정(1506)으로 즉위, 공신 세력 견제를 위해 조광조를 비롯한 사림 등용 • 조광조의 개혁 정치: 도학 정치 주장, 현량과 실시, 소격서 폐지, 『소학』과 향약 보급, 위훈 삭제 등 추진 → 기묘사화(1519)로 조광조 일파 제거
명종	• 을사사화(1545): 대윤 윤임(인종의 외척)과 소윤 윤원형(명종의 외척)의 권력 다툼 → 대윤 일파 및 사림의 피해 • 양재역 벽서 사건(1547, 문정 왕후 등을 비판하는 벽서 발견) → 소윤이 반대파를 숙청하는 과정에서 사림이 피해

(3) 붕당의 형성

❶ 배경: 서원과 향약을 바탕으로 사림 세력 확대 → 선조 때 사림이 중앙 정치 주도 → 척신 정치 청산과 이조 전랑 임명 문제를 둘러싼 사림 간의 갈등 → 동인과 서인의 붕당 형성

❷ 붕당의 형성: 정파와 학파에 따른 사림의 분화

동인	• 척신 정치 잔재 청산에 적극적인 신진 사림 중심 • 김효원 지지 • 이황과 조식의 학문 계승
서인	• 척신 정치 잔재 청산에 소극적인 기성 사림 중심 • 심의겸 지지 • 이이와 성혼의 문인

01 1388년 ☐☐☐ 회군으로 이성계 등 신흥 무인 세력과 신진사대부는 우왕을 내쫓고 정치적 실권을 장악하였다.

02 태종은 의정부의 기능을 약화시키고 왕권을 강화하고자 ☐☐ ☐☐제를 실시하였다.

03 세조 때 ☐☐법을 실시하여 현직 관리에게만 토지의 수조권을 지급하였다.

04 성종 때 ☐☐☐을 설치하여 집현전을 계승하였으며 경연을 활성화하였다.

05 조선 시대 3사인 ☐☐부, ☐☐원, ☐☐관은 언론 기능을 담당하고 권력의 독점과 부정을 방지하였다.

06 ☐☐☐는 지방 사족으로 구성된 향촌 자치 기구이며 ☐☐와 별감을 선발하여 운영하였다.

07 ☐☐☐는 유향소와 정부 사이의 연락을 담당하며 유향소를 통제하는 역할을 하였다.

08 지방의 부·목·군·현에 설치된 ☐☐는 양반과 평민 모두 입학이 가능하였으며 중앙에서 교수나 ☐☐가 파견되었다.

09 조선 건국에 참여한 급진파 사대부에서 연원한 ☐☐ 세력은 세조의 집권을 주도한 공신 세력이며 조선 초기 제도와 문물을 정비하는 데 기여하였다.

10 ☐☐ 세력은 정몽주와 길재의 학풍을 계승하였으며 낙향하여 학문 연구에 참여한 온건파 사대부의 후예이다.

11 ☐☐사화는 훈구 세력이 사초에 실린 김종직의 「☐☐☐☐」을 문제 삼은 것으로 이로 인해 김일손 등 사림 세력이 제거되었다.

12 명종 때 문정 왕후를 비판하는 벽서를 통해 일어난 ☐☐역 벽서 사건으로 대윤 세력과 일부 사림이 숙청되었다.

13 삼포왜란 당시 임시 기구였던 ☐☐☐는 명종 때 일어난 을묘왜변으로 상설 기구가 되었다.

14 정여립 모반 사건으로 ☐☐이 정국을 주도하게 되었으나 정철이 건저 문제로 삭탈관직되면서 다시 동인이 집권하게 되었다. 이후 동인은 강경파인 ☐☐과 온건파인 ☐☐으로 나뉘게 되었다.

15 '은대'라고도 불린 ☐☐☐은 왕명의 출납을 담당한 국왕의 비서 기관이다.

1 75회 19번

다음 자료를 활용한 탐구 활동으로 가장 적절한 것은?

[2점]

> 처음에 공신 배극렴·조준·정도전이 세자를 세울 것을 청하면서, 나이와 공로를 고려하여 정하기를 청하였다. 임금이 강씨를 중히 여겨 이방번에게 뜻이 있었으나, 공신들은 방번이 적합하지 않다고 생각하여 사적으로 서로 이야기하기를, "만일 강씨 소생이어야 한다면 막내가 조금 낫겠다."라고 하였다. 이후 임금이 "누가 세자가 될 만한가?"라고 물으니, 맏아들 혹은 공로가 있는 사람을 세워야만 된다고 간절히 말하는 사람이 없었다. 이에 극렴이 말하기를, "막내 아들이 좋습니다."라고 하니, 임금이 마침내 뜻을 결정하여 어린 이방석을 왕세자로 삼았다.

① 제1차 왕자의 난이 일어난 이유를 찾아본다.

② 수양대군이 정권을 장악하는 과정을 조사한다.

③ 사림이 동인과 서인으로 나뉘게 된 계기를 파악한다.

④ 폐모살제 등을 구실로 반정을 일으킨 세력을 검색한다.

⑤ 허적과 윤휴 등 남인이 대거 축출되는 사건을 알아본다.

태조 이성계의 방석 세자 책봉 → 이방원 1차 왕자의 난

① 1차 왕자의 난 → 이방원의 방석/방번/정도전 제거, 정종 즉위

② 수양대군의 정권 장악 → 계유정난

③ 사림이 동인과 서인으로 분열 → 붕당, 선조 때 이조 전랑 임명/척신 정치 청산 문제

④ 광해군의 폐모살제, 중립 외교 → 인조반정

⑤ 허적과 윤휴 등 남인 축출 → 경신환국(숙종)

정답 ▶ ①

2 75회 20번

(가) 기구에 대한 설명으로 옳은 것은?

[2점]

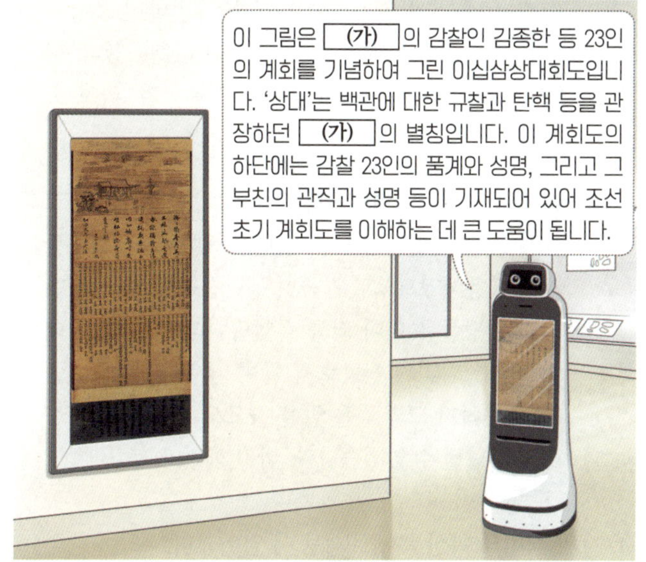

① 수도의 행정과 치안을 담당하였다.

② 을묘왜변을 계기로 상설 기구화되었다.

③ 서얼 출신 학자들이 검서관에 등용되었다.

④ 역사서를 편찬하고 사고에 보관하는 일을 맡았다.

⑤ 대사헌을 수장으로 집의, 장령 등의 관직을 두었다.

규찰, 탄핵, 별칭 상대 → 사헌부

① 수도 행정과 치안 담당 → 한성부, 판윤

② 을묘왜변 계기로 상설 기구화 → 비변사, 삼포왜란 때 임시 기구

③ 서얼 출신 학자들의 검서관 등용 → 규장각

④ 역사서 편찬, 보관 → 춘추관

⑤ 대사헌 → 사헌부의 수장

정답 ▶ ⑤

(가), (나) 사이의 시기에 있었던 사실로 옳은 것은? [3점]

> (가) 대신 등에게 전교하기를, "조광조 등의 일은 내가 늘 마음속에서 잊지 않았으나 선왕(先王)께서 전에 허락하지 않으셨으므로 감히 가벼이 고치지 못하였다. 이제는 내 병이 위독하여 비로소 유언하니 조광조 등의 벼슬을 모두 회복할 수 있으면 다행이겠다. 현량과도 회복하여 거두어 등용하도록 하라."라고 하였다.
>
> (나) 부제학 정언각이 아뢰기를, "소신이 양재역에 이르러서 벽에 써 붙인 주서(朱書)를 보았는데 국가에 관계된 내용이었으므로 지극히 놀랐습니다. …… 또 반역의 잔당들은 이미 죄를 물었습니다만, 심영은 대왕대비를 가리켜 신하로서 할 수 없는 말을 하였습니다. 신하가 그와 같은 말을 하고서 어떻게 천지 사이에 용납될 수 있겠습니까."라고 하였다.

① 자의 대비의 복상 문제로 예송이 일어났다.

② 외척 간의 권력 다툼으로 윤임이 제거되었다.

③ 세자 책봉 문제를 계기로 정철이 유배되었다.

④ 희빈 장씨 소생의 원자 책봉 문제로 환국이 발생하였다.

⑤ 폐비 윤씨 사사 사건의 전말이 알려져 김굉필 등이 처형되었다.

(가) 조광조 복권-기묘사화 이후
(나) 양재역 벽서 사건-을사사화 이후
무/갑(연산군) 기(중종) 을(명종)
예성연중인명선 광인효현숙경영

① 예송 논쟁 → 현종
② 외척 다툼으로 윤임이 제거 → 을사사화, 명종
③ 건저 문제로 정철 유배 → 붕당, 선조
④ 희빈 장씨 소생 원자 책봉 문제 → 기사환국, 숙종
⑤ 폐비 윤씨 사사 사건 → 갑자사화, 연산군

정답 ▶ ②

(가) 왕의 재위 시기에 있었던 사실로 옳은 것은? [2점]

이 그림은 무관 오자치를 그린 것으로, 현존하는 무관 초상화 중에서 가장 이른 시기의 작품입니다. 오자치는 (가) 이/가 호패법을 재실시하는 등 지방 세력 통제를 강화하자, 이에 반발하며 함길도에서 이시애가 일으킨 난을 평정한 공으로 적개공신에 책봉되었습니다.

① 간경도감이 설치되었다.

② 조선경국전이 편찬되었다.

③ 국조오례의가 완성되었다.

④ 부민고소금지법이 제정되었다.

⑤ 혼일강리역대국도지도가 제작되었다.

함길도 이시애의 난, 호패법 재실시 → 세조

① 간경도감 → 세조-불교
② 『조선경국전』 → 정도전, 태조
③ 『국조오례의』 → 성종 국악 4동
④ 부민고소금지법 → 세종, 하급 관리의 고위 관리 직접 고소 금지법(관권 보호)
⑤ 혼일강리역대국도지도 → 태종 호사 계왕자 혼신 육사

정답 ▶ ①

(가) 기구에 대한 설명으로 옳은 것은? [2점]

① 수도의 행정과 치안을 담당하였다.

② 흥선 대원군이 집권한 시기에 혁파되었다.

③ 국왕 직속 사법 기구로 반역죄 등을 다루었다.

④ 5품 이하의 관리 임명에 대한 서경권을 행사하였다.

⑤ 도승지를 수장으로 좌승지, 우승지 등의 관직을 두었다.

변방의 국방 문제 논의/대비 기관 → 비변사
임시−중종, 삼포왜란/상설−명종, 을묘왜변 💡중삼☆ 💡ㅁㅁ☆

① 수도의 행정과 치안 담당 → 한성부
② 흥선 대원군 집권기 혁파 → 비변사
③ 국왕 직속 사법 기구 → 의금부, 반역/강상죄
④ 5품 이하 관리 임명에 대한 서경 → 대간−사헌부, 사간원
⑤ 도승지가 수장 → 승정원, 은대 💡승은☆

정답 ▶ ②

(가) 왕의 재위 시기에 있었던 사실로 옳은 것은? [2점]

① 유자광의 고변으로 남이가 처형되었다.

② 기사환국으로 송시열이 죽임을 당하였다.

③ 외척 간의 권력 다툼으로 윤임이 제거되었다.

④ 위훈 삭제를 주장한 조광조 일파가 축출되었다.

⑤ 조의제문이 발단이 되어 김일손 등이 피해를 입었다.

폐비 윤씨 사사 사건, 반정으로 폐위 → 연산군
💡엄마 원수 갑자☆

① 유자광의 고변으로 남이 처형 → 이시애의 난 이후, 세조
　💡시애−세☆
② 기사환국, 송시열 사사 → 숙종
　💡장희빈 득남하여 기사회생☆
③ 외척 다툼, 대윤 윤임 제거 → 을사사화, 명종
　💡ㅇㅅ ㅇㅅ☆
④ 위훈 삭제 주장, 조광조 축출 → 기묘사화, 중종
　💡이렇게 기묘한 일이☆
⑤ 김종직의 「조의제문」, 김일손 축출 → 무오사화, 연산군
　💡무오 우리 증조부를☆

정답 ▶ ⑤

DAY 6

학습 키워드

- 🔍 조선의 대외 관계
- 🔍 임진왜란
- 🔍 정묘호란과 병자호란
- 🔍 예송 논쟁과 환국 정치
- 🔍 탕평 정치
- 🔍 세도 정치와 농민 봉기

1592 임진왜란
1623 인조반정
1636 병자호란
1659 기해예송
1694 갑술환국
1811 홍경래의 난
1862 임술 농민 봉기

 **11** 강

조선의 대외 관계와 양 난의 극복

조선의 왕: 태정태세문단세 예성연중인명선 광인효현숙경영 정순헌철고순

조선의 대외 관계

- **명**: 태조 이성계의 요동 정벌 추진(정도전), 태종 이방원 이후 사대–하정사/천추사, 태평관/모화관
- **여진**: 교린 ─ 강경: 세종 때 4군 6진, 사민, 토관
  ─ 회유: 태종 때 경성/경원–무역소, 세종 때 북평관
- **왜**: 교린 ─ 강경: 세종 때 이종무 쓰시마섬 정벌
  ─ 회유: 세종 때 3포 개항, 동평관 설치

임진왜란 (1592, 선조 25, 도요토미 히데요시의 정명가도)

- 일단은 ☀정송신선!☆ 정발(부산진)/송상현(동래성)/신립(탄금대/충주/배수의 진)/선조의 의주 피란
- 이순신의 ☀옥사당한!☆ 옥포/사천(거북선 본격 활약)/당포/한산도(학익진) 해전 승리
- 삼시민: 김시민 장군 진주대첩
- 사조명: 조명 연합군의 평양성 탈환
- 오권율: 권율의 행주대첩, 협상 시작 및 결렬
- 육재란: 정유재란(1597), 칠천량(원균 대패)/명량(13척으로 130척 대승)/노량(이순신 전사)
- *의병: 곽재우(홍의 장군, 의령), 정인홍(합천), 고경명/조헌/영규(금산, 칠백의총), 정문부(길주, 북관 대첩), 휴정(서산), 유정(사명)–회답겸쇄환사
- *비격진천뢰: 임진왜란 중 맹활약한 지연 신관 폭탄
- *훈련도감: 유성룡(『징비록』)의 건의로 설치한 직업군인 부대, 포수/사수/살수(삼수병), 5군영 맏형
- *비변사: 임진왜란 이후 국정 총괄 최고 기구로 발전, 의정부/6조 유명무실

  임시 기구(중종, 삼포왜란)–상설 기구(명종, 을묘왜변)–국정 총괄 기구(임진왜란 후)–혁파(흥선 대원군)
- *김장생(이이 제자, 송시열 스승)의 『가례집람』: 주자의 『가례』를 보완한 예법서, 완성–선조, 간행–숙종
- *『쇄미록』: 오희문의 피란 일기(임진왜란, 정유재란)

- 북인 집권, 임진왜란 종료 후 즉위
- 국가 재건 정책 총력
- **대동법**: 이원익, 경기도, 방납 폐단 시정, 쌀/베/동전, 공인 등장
- 『**동의보감**』(허준) 💡 광동제약☆
- **중립 외교**: 명–후금, 강홍립의 사르후/부차 전투 투항 💡 중광단☆
- **기유약조**: 에도막부 요청, 국교 재개, 통신사 파견–기록물이 유네스코 세계기록유산
  (광해군–기유약조, 세종–계해약조) 💡 광기☆ 💡 세계☆
- **폐모살제**: 인목대비 덕수궁 석어당에 유폐, 영창대군 사사(계축옥사, 대북파)와 중립 외교로 축출(인조반정, 서인 주도)
- *조선 중·후기 왜관: 두모포(선조)/초량(숙종) *전기: 부산포/제포/염포*

인조

- 광해군의 조카, 선조의 손자, 서인 주도 반정으로 즉위(북인 X, 남인 일부 O)
- 친명배금
- 반정 후 논공행상에 불만 품은 이괄의 난으로 공산성(공주) 피신, 이괄 잔당이 후금으로 가서 자극
  → 후금의 침입, 정묘호란
- 정묘호란 후 농민을 위해 영정법 실시(전세 1결당 4~6두 고정) 💡 인영정☆
- **정묘호란(1627, 인조 5)**
  인조의 강화도 피신, 정봉수(용골 산성)/이립의 항전, 후금과 형제 관계 약속 후 강화
- **병자호란(1636, 인조 14)**
  후금 성장, 군신 관계 요구 → 주화파(최명길)/주전파(김상헌) 대립 → 청 태종 침략 → 인조 남한산성으로 피신 → 임경업(백마산성)/김준룡(광교산 전투)/김상용(강화에서 순절) → 삼전도의 굴욕: 삼궤구고두례, 소현세자/봉림대군(효종) 청에 볼모 💡 병자 업고 용용 죽겠지☆
- *척화 삼학사: 윤집, 오달제, 홍익한*
- *인조 때 5군영 중 세 개 더 설치: 어영청(후에 북벌 주도), 총융청, 수어청(마지막은 숙종 때 금위영)*

효종

- 인조의 둘째 아들 봉림대군, 즉위 후 청에 대한 복수심(어영청 강화, 북벌 추진, 송시열/이완)
  *송시열–「기축봉사」(명에 대한 의리, 북벌) *최충헌–봉사 10조*
- 청의 요청으로 나선 정벌(조총 부대 파견, 변급/신류)
- **김육**: 시헌력 도입, 대동법 충청 지방 확대
- 네덜란드인 하멜 일행의 제주 표류

1. 조선 전기의 대외 관계: 사대교린

(1) 명과의 관계

❶ 건국 초 태조와 정도전을 중심으로 요동 정벌 추진
→ 명과의 긴장 관계 형성

❷ 태종 이후 사대 외교를 추진하며 친선 관계 유지 →
사절 교환(신년에 하정사, 황제·황후의 생일에 성
절사, 황태자의 생일에 천추사 파견), 실리 외교·문
화 외교, 일종의 공무역

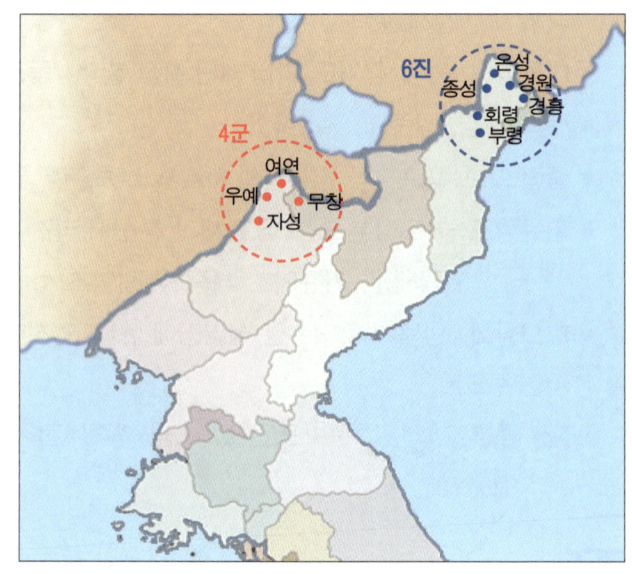

(2) 여진과의 관계

❶ 강경책

- 세종 때 최윤덕과 김종서의 4군 6진 개척(압록강~두만강까지의 국경 확정)
- 사민 정책: 북방 개척과 국토의 균형 발전 추구
- 토관 제도: 지방 유력자를 토관으로 임명, 민심 수습 목적

❷ 온건책: 귀순 장려(관직·토지 수여), 국경 무역 허용(태종 때 경원·경성에 무역소 설치), 북평관 설치(한성)

(3) 일본과의 관계

❶ 강경책: 세종 때 이종무의 대마도(쓰시마섬) 정벌

❷ 온건책: 동평관(한성, 일본 사신이 머물던 숙소), 3포(부산포·제포(창원)·염포(울산)) 개항과 계해약조(1443) 체
결(세종) → 제한된 범위 내에서 무역 허용

2. 왜란의 발발과 극복

(1) 왜란의 전개

임진왜란 (1592)	• 배경: 제한된 교역에 대한 일본의 불만(삼포왜란(중종), 을묘왜변(명종)), 도요토미 히데요시의 전국 시대 통일과 대외 침략 욕구 • 발발: 왜군의 조선 침략 → 부산진(정발)·동래성(송상현) 함락 → 충주 탄금대 전투(신립) 패배 → 선조의 의주 피란과 명에 지원군 요청 • 이순신과 수군의 활약: 옥포 해전(해전에서의 첫 승리), 한산도 대첩(학익진 전법) 등 → 남해 제해권 장악(전라도 곡창 지대 수호, 왜군의 수륙병진 작전 차단) • 의병의 활약: 곽재우(홍의 장군, 의령), 정인홍(합천), 정문부(북관 대첩), 고경명·조헌·영규(금산, 칠백의총) 등 향토 지리에 맞는 전술 활용 • 관군의 재정비(유성룡의 건의로 훈련도감 설치)와 명군 참전: 진주 대첩(김시민) → 평양성 전투(조명 연합군) 승리로 평양성 탈환 → 행주 대첩(권율) → 명과 일본의 휴전 협상
정유재란 (1597)	휴전 협상 결렬, 왜군의 재침입 → 도요토미 히데요시 사망, 왜군 철수, 노량 해전(이순신 전사)

(2) 왜란의 영향

❶ 조선: 인구 감소, 농토 황폐화, 양안·호적 소실, 문화재 소실 및 약탈, 사족 중심의 지배 질서 유지, 명을 숭상하는 관념 확대(숙종 때 명의 만력제(신종)를 위해 대보단, 만동묘 설치)

❷ 중국: 명의 쇠퇴, 여진의 성장과 후금 건국(1616) → 명·청 교체로 이어짐

❸ 일본: 도요토미 정권의 몰락과 에도 막부 성립, 조선의 문화재 약탈, 학자·기술자 납치 → 성리학과 도자기 문화(이삼평) 발전

(3) 광해군의 정치

❶ 전후 복구 사업

- 양안과 호적 정비
- 농민의 공납 부담을 줄이기 위해 이원익의 건의로 경기도에 대동법 실시
- 『동의보감』(허준) 편찬
- 소실된 사고 건립

❷ 대외 정책

- 교역 재개: 에도 막부의 요청으로 기유약조 체결(1609)
- 중립 외교: 후금의 공격을 받은 명의 지원병 요청 → 사르후 전투(강홍립의 투항) → 명과 후금 사이에서 실리를 취하는 중립 외교 추진

❸ 인조반정(1623)으로 몰락: 중립 외교와 폐모살제(인목 대비 유폐와 영창 대군 살해)를 명분으로 서인이 반정을 일으켜 광해군 축출

3. 호란의 발발과 양 난 이후 대외 관계

(1) 호란의 발발

정묘호란 (1627)	• 배경: 명의 장수 모문룡의 가도 주둔, 인조반정으로 집권한 서인 정권의 친명배금 정책, 이괄의 난(인조반정 이후 논공행상에 불만을 품고 반란을 일으킨 이괄의 잔당이 후금으로 도망) → 후금 자극 • 전개: 후금의 조선 침략(광해군의 원수를 갚는다는 명분) → 인조의 강화도 피신, 정봉수(용골 산성)·이립 등의 항전 → 형제의 맹약으로 강화 성립
병자호란 (1636)	• 배경: 후금(청)의 군신 관계 요구 → 최명길의 주화론과 김상헌의 척화론(주전론) 대립 → 조선의 군신 관계 거부 • 전개: 청 태종의 침략, 인조가 남한산성으로 피신하여 항전, 백마산성 항전(임경업), 김준룡(광교산 전투), 김상용(강화에서 순절) • 결과: 삼전도에서 강화 → 청과 군신 관계 체결, 소현 세자·봉림 대군(효종) 등 많은 사람이 청에 끌려감, 막대한 공물 부담

(2) 양 난 이후의 대외 관계

❶ 청과의 관계

북벌론	• 병자호란 이후 청에게 당한 치욕을 씻기 위해 청을 정벌하자는 주장 → 효종 때 송시열(대청복수의 당위성을 주장한 「기축봉사」), 이완 등을 중심으로 북벌 추진(어영청 강화) → 효종의 사망으로 중단 • 나선 정벌: 청의 요청으로 러시아와의 교전을 위해 조총 부대를 두 차례(1차 변급, 2차 신류의 부대) 파견 • 숙종 때 윤휴, 허적 등 남인을 중심으로 북벌론 제기(실행되지는 못함)
북학론	연행사를 통해 청의 발전 상황이 조선에 소개됨 → 18세기 이후 일부 실학자들을 중심으로 북학론(부국강병을 위해 청의 발달된 문물 수용) 제기

❷ 일본과의 관계

• 에도 막부의 요청 → 포로 송환을 위한 회답겸쇄환사 파견(1607, 유정)을 통해 국교 재개 → 두모포에 왜관 설치 → 초량 왜관(숙종 때 이전)

• 기유약조 체결(1609, 광해군): 무역 재개, 제한된 범위 내에서 무역 허용

• 통신사 파견: 외교 사절, 조선의 문화를 일본에 전하여 일본 문화 발전에 큰 영향(관련 기록물이 유네스코 세계기록유산으로 등재)

❸ 간도와 독도 문제

간도	• 소선과 청 사이에 국경 분쟁 발생 → 숙종 때 압록강과 토문강을 경계로 국경을 확정하고 백두산정계비를 건립(1712) • 19세기 후반에 토문강 위치에 대한 논란으로 간도 영유권 문제 발생 → 간도 협약(1909)으로 일제가 간도를 청의 영토로 인정(1905년 을사늑약으로 대한 제국의 외교권 박탈)
독도	• 숙종 때 안용복이 울릉도에 침입한 일본 어민을 축출 → 일본에 건너가 울릉도와 독도가 조선의 영토임을 확인받음 • 대한 제국 칙령 제41호(1900, 울릉도와 독도에 대한 영유권 규정) → 러일 전쟁 중 일본이 독도를 불법 편입(1905, 시마네현 고시 제40호)

 **확인문제**

01 조선은 태종 이후 ☐과 사대 외교를 추진하며 친선 관계를 유지하였고 신년에 하정사, 황제·황후 생일에 ☐☐사, 황태자의 생일에 ☐☐사를 파견하였다.

02 세종 때 최☐☐과 김☐☐는 ☐군 ☐진을 개척해서 압록강과 ☐☐강까지의 국경을 확정하였다.

03 조선 전기에 일본과 교린 관계를 유지하면서 일본 사신이 머물 수 있는 숙소인 ☐☐관을 설치하고 부산포, ☐☐(창원), ☐☐(울산)를 개항하였다.

04 임진왜란으로 부산진, 동래성이 함락된 데 이어 충주 탄금대 전투에서 ☐☐이 패배하였다.

05 임진왜란 당시 이순신은 한산도 대첩에서 ☐☐☐ 전법을 펼쳤으며 남해 제해권을 장악하였다.

06 임진왜란 때 홍의 장군으로 알려진 ☐☐☐는 의령에서, 정인홍은 합천에서 활약하였다.

07 금산 ☐☐☐☐은 임진왜란 당시 일본군과 싸우다 전사한 ☐☐☐·조헌·영규가 이끈 700 의사의 유해를 합장한 곳이다.

08 ☐☐☐이 집권했을 당시, 이원익의 건의로 농민의 공납 부담을 줄여 주기 위해 경기도에 ☐☐법을 실시하였다.

09 광해군 때 후금의 공격을 받은 명은 조선에 지원병을 요청하였으며 이때 ☐☐☐이 사르후 전투에서 투항하였다.

10 ☐☐호란 당시 인조는 ☐☐☐로 피신하고 정봉수와 이립은 의병을 이끌고 항전하였다.

11 병자호란 당시 ☐☐☐은 백마산성에서 항전하고 ☐☐☐은 광교산에서 전투하였으며 ☐☐☐은 강화에서 순절하였다.

12 효종 때 청의 요청으로 러시아와의 교전을 위해 조총 부대를 두 차례 파견한 ☐☐ 정벌에서 1차 때는 변급, 2차 때는 신류의 부대가 파견되었다.

13 숙종 때 압록강과 토문강을 경계로 국경을 확정하고 1712년 ☐☐☐정계비를 건립하였다.

14 ☐☐ 전쟁 중에 일본은 '시마네현 고시 제40호'를 통해 독도를 불법으로 편입하였다.

1 75회 23번

(가) 전쟁 중에 있었던 사실로 옳은 것은? [2점]

> **문학으로 보는 한국사**
>
> 남한산성 무너진 날 죽었어야 할 몸인데
> 초수(楚囚)*되어 아직도 못 돌아간 신하라네
> 서쪽으로 오며 형 생각에 몇 번이나
>   눈물 뿌렸던고
> 동녘을 바라보니 아우 그린 형이 가련하네
>   ……
> 부부 은정(恩情) 중하기도 한데
> 만난지 두 돌도 못 되었네그려
> 이제는 만 리 밖에 이별하여
> 백년 가약이 헛되구나
> 길이 멀어 편지도 못 부치고
> 산이 높아 꿈조차 더디 넘네
> 나의 살 길 기약할 수 없으니
> 뱃속의 아이나 잘 보살펴주오
> * 초수: 포로를 뜻함
>
> [해설]
> 이 작품은 송시열이 펴낸 『삼학사전』에 수록된 시로, 오달제가 형과 아내에게 보낸 것입니다. 삼학사는 ┌─(가)─┐ 때 척화론을 주장하다가 이듬해 심양으로 잡혀가 순절한 홍익한, 윤집, 오달제를 말합니다. 『삼학사전』에는 삼학사의 절개와 비극적 최후가 묘사되어 있습니다. 인조의 뒤를 이어 즉위한 효종은 ┌─(가)─┐ 의 치욕을 씻기 위해 북벌을 추진하는 한편 순절한 인물을 기리고 그 후손을 등용하는 정책을 펼쳤습니다.

① 송상현이 동래성에서 항전하였다.

② 김준룡이 광교산 전투에서 승리하였다.

③ 이괄의 반란 세력이 도성을 장악하였다.

④ 강홍립 부대가 사르후 전투에 참전하였다.

⑤ 신류가 조총 부대를 이끌고 흑룡강에서 전투를 벌였다.

 **해설**

척화 삼학사−병자호란 → 효종(봉림대군)의 북벌 추진

① 송상현의 동래성 전투 → 임진왜란 일단은 정송신선☆

② 김준룡의 광교산 전투, 임경업의 백마산성, 김상용의 강화
   도 순절−병자호란 ☀병자 업고 용용☆

③ 이괄의 난 → 인조의 공산성 피신−이괄 잔당이 후금 자극하
   여 정묘호란 발생

④ 사르후 전투, 강홍립의 투항 → 광해군의 중립 외교 ☀중광단☆

⑤ 신류의 조총 부대 → 효종 때 나선 정벌, 1차 변급, 2차 신류
   ☀변신☆

정답 ▶ ②

2 70회 21번

(가) 전쟁 중에 있었던 사실로 옳은 것은? [2점]

> **문학으로 만나는 한국사**
>
> 홍계남이 당초 의병을 일으켜 흉적을 쳐서 활을 쏘아 맞히고 벤 수급이 매우 많았고 가는 곳마다 공을 세우니, 적들이 홍장군이라고 부르며 감히 침범하지 못했다. 호서(충청도) 내지가 편안할 수 있었던 것은 모두 홍계남의 공이라고 한다. 가상한 일이다. 의병이 곳곳에서 봉기하였지만, …… 고경명과 조헌은 모두 나랏일에 몸을 바쳐 죽을 자리에서 죽었으니 가히 그 명성에 걸맞는다고 말할 수 있다.
>   − 『쇄미록』 −
>
> [해설]
> 이 작품은 오희문이 ┌─(가)─┐ 중에 있었던 일을 적은 일기이다. 적군의 침입과 약탈, 의병장의 활동, 피란민의 참혹한 생활 등이 생생하게 담겨 있다.

① 삼수병으로 구성된 훈련도감이 설치되었다.

② 왕이 도성을 떠나 남한산성으로 피란하였다.

③ 송시열, 이완 등을 중심으로 북벌이 추진되었다.

④ 국방 문제를 논의하기 위해 비변사가 신설되었다.

⑤ 제한된 범위의 무역을 허용한 계해약조가 체결되었다.

 **해설**

고경명, 조헌−임진왜란 의병, 『난중일기』/『쇄미록』−임진왜란

① 훈련도감, 삼수병 → 임진왜란 중 유성룡의 건의, 5군영 맏형

② 왕이 남한산성 피란 → 병자호란

③ 송시열, 이완의 북벌 → 효종의 어영청 강화

④ 비변사 신설 → 중종 때 삼포왜란, 임시 기구

⑤ 계해약조 → 세종, 삼포 개항(부산포/제포/염포)
   ☀세계☆ ☀광기☆

정답 ▶ ①

밑줄 그은 '이 전란' 이후에 있었던 사실로 옳은 것은?

[2점]

① 신숙주가 일본에 다녀와 해동제국기를 저술하였다.

② 나세 등이 화포를 사용하여 진포에서 왜구를 격퇴하였다.

③ 포로 송환을 목적으로 회답겸쇄환사가 일본에 파견되었다.

④ 조선 정부의 교역 제한에 반발하여 사량진 왜변이 일어났다.

⑤ 국방 문제를 논의하기 위한 임시 기구로 비변사가 설치되었다.

 **해설**

일본의 재침, 이순신－정유재란(임진왜란)

① 신숙주의 『해동제국기』 → 성종 ☀국악4동☀

② 나세, 화포, 진포 대첩 → 최무선, 고려 말 우왕

③ 회답겸쇄환사 파견 → 임진왜란 후 유정

④ 사량진 왜변(중종, 1544, 통영) → 삼포왜란(중종, 1510)과 을묘왜변(명종, 1555) 사이

⑤ 비변사 임시 기구 설치 → 중종 (상설 기구화 – 명종 때 을묘왜변)

정답 ▶ ③

밑줄 그은 '전쟁' 중에 있었던 사실로 옳은 것은?

[2점]

① 정문부가 북관대첩을 이끌었다.

② 정봉수가 용골산성에서 항쟁하였다.

③ 최윤덕이 이만주 부대를 정벌하였다.

④ 강홍립이 사르후 전투에 참전하였다.

⑤ 김준룡이 광교산 전투에서 항전하였다.

 **해설**

권율, 조선 수군 → 임진왜란

① 의병장 정문부의 북관대첩 → 임진왜란

② 정봉수의 용골 산성 항쟁, 이립 → 정묘호란

③ 최윤덕 → 세종, 여진 정벌, 4군 개척

④ 강홍립, 사르후 전투 → 광해군, 중립 외교

⑤ 김준룡, 광교산 전투 → 병자호란 ☀병자 업고 용용☀

정답 ▶ ①

조선 후기의 정치 변화

조선의 왕 : 태정대세문단세 예성연중인명선 광인효현숙경영 정순헌철고순

현종

- 효종 아들, 조선 왕 중 유일하게 외국(청, 심양)에서 출생
- 효종 사망 후 즉위, 자의 대비(인조 계비)의 복상 기간 문제로 예송 발생
- **기해예송:** 효종(차남) 사망–서인(송시열, 『주자가례』, 1년, O) vs 남인(허적, 국왕, 3년, X)
- **갑인예송:** 효종비(둘째 며느리) 사망–서인(9개월, X) vs 남인(1년, O)

숙종

- 현종 아들
- 왕비 3(인경 왕후(X), 인현 왕후, 인원 왕후)–후사 X(후궁 다수–희빈 장씨(경종 모), 숙빈 최씨(영조 모))
- **경신환국:** 영의정 허적(남인)의 유악 사건, 허적/윤휴 X → 서인 O(서인–노론/소론)
- **기사환국:** 장희빈 득남–원자 책봉 서인(송시열) 반대 → 서인 X, 송시열 사사, 인현 왕후 폐위, 장희빈 왕비 O,
  남인 O
- **갑술환국:** 인현 왕후 복위, 희빈 장씨 사사 → 서인 O
  예송과 환국 총정리
  💡기갑경기갑 서남서남서☆ 💡예송(현종, 모두 1년/기년 채택)–환국(숙종)☆

- **5군영의 완성(금위영 창설)** 💡숙금☆
  군사제도 총정리
  – 전기: 중앙–5위, 지방–영진군 *잡색군(예비군, 전직 관료, 서리, 향리, 교생, 노비 등, 후기 X)
  – 후기: 중앙–5군영, 지방–속오군(양반~노비)
  – 방어 체제: 진관 체제(세조, 지역 방어)–제승방략 체제(명종, 집단 방어)–진관 체제(임진왜란 중 복구)
  – 5군영(훈–어·총·수–금): 훈련도감(선조)–어영청/총융청/수어청(인조)–금위영(숙종)
  – 훈련도감, 어영청, 금위영은 수도 방어/총융청, 수어청은 수도 외곽 방어 💡바깥 청소, 외곽 총수해☆

- 대동법 전국(평안, 함경 제외) 확대
- 만동묘(명 만력제 제사) 설치 💡만숙☆ → 흥선 대원군 때 폐지
- 상평통보 전국 유통
- 백두산정계비(청과의 국경, 서위 압록/동위 토문) 건립 💡백숙☆
  *간도 영유권 문제: 1903년 이범윤 간도 관리사 파견–1909년 간도 협약(일제가 청의 영토로 인정)

- 안용복(어부, 독도 수호) 활약 💡 **복숙**☆
- *독도 문제: 1900년 대한 제국 칙령 제41호(울릉도/독도 영유권 규정)
  1905년 시마네현 고시 제40호(러일 전쟁 중 일본의 독도 불법 편입)

경종

- 숙종 + 희빈 장씨
- **목호룡의 고변**: 연잉군(영조) + 노론 숙청 주장, 재위 4년 만에 승하

영조

- 숙종 + 숙빈 최씨, 경종의 이복동생
- 이인좌의 난 진압(소론, 남인 몰락 💡 **2인자 영조**☆)
- 탕평(완론)책–붕당 X, 산림 X, 서원 정리, 탕평비 건립 💡 **영평비**☆
- 신문고(연산군 때 X) 부활, 준천사(청계천 준설 💡 **영계천**☆)
- 균역법(2필 → 1필, 결작/선무군관포/어염선박세로 보충 💡 **균영법**☆)
- 『속대전』, 『속오례의』, 『동국문헌비고』(백과사전)
  💡 **영속속**☆

정조

- 영조의 손자, 사도세자 + 혜경궁 홍씨
- 정약용(초계문신)
- **적극적 탕평(준론)책**: 붕당 인정, 시시비비
- **왕권 강화책**: 규장각 설치(창덕궁, 외규장각–강화도)
  초계문신제(37세 이하 문신 재교육)
  장용영(국왕 친위 부대, 외영–수원 화성)
- **수원 화성 건설**: 정치 이상 실현 도시, 배다리/거중기–정약용
- **신해통공**: 채제공의 건의, 시전상인의 금난전권 폐지, 육의전은 제외, 자유로운 상업 활동
- *신해박해: 폐제분주, 윤지충/권상연 순교
- **서얼 차별 완화**: 규장각 검서관 등용–박제가, 유득공, 이덕무, 서이수 💡 **제공덕수**☆
- 『대전통편』, 『동문휘고』(외교), 『무예도보통지』, 『탁지지』(경제서)
  💡 **정조는 규수 탁초장 휘3통**☆

세도정치

- 정조 사후(1800) 왕실 외척 가문이 3대(순조–헌종–철종) 60여 년간 권력을 휘두름
- **안동 김씨, 풍양 조씨**: 비변사/5군영 장악, 매관매직, 부정부패
- **삼정 문란**: 전정(면세지/은결 → 농민 부담), 군정(황구첨정/백골징포/족징/인징), 환곡(고리대)
- 도참/『정감록』유행, 이양선 출몰, 봉기 발생

순조

- 11세 즉위, 정순왕후(영조 계비)의 수렴청정 → 장인 김조순(안동 김씨)
- **신유박해(1801)**: 이승훈/정약종 처형, 정약용 유배 → 황사영 백서 사건 💡 유황오리☆
- *신해박해(정조, 1791): 폐제분주, 윤지충/권상연 처형* 💡 해유☆
- **공노비 해방(1801)**: 내노비(왕실) + 시노비(관청), 약 6만 6천 명
- **홍경래/우군칙의 난(1811)**: 평안도 서북민 차별, 청천강 이북 점령, 정주성에서 진압 💡 홍순경☆

헌종

- 병오박해(1846) 때 조선인 최초 사제 김대건 신부 처형

철종

- **동학 창시(1860)**: 경주 잔반 최제우, 시천주/인내천, 유/불/도/민간신앙
  - *혹세무민 죄 처형(1864)*
- **임술 농민 봉기(1862, 진주에서 시작)**: 백낙신(탐관오리) ↔ 유계춘(몰락 양반) 💡 유계62☆
  안핵사 박규수, 삼정이정청 설치

1. 통치 체제의 변화

(1) 비변사의 설치와 운영

❶ **초기**: 삼포왜란(중종) 이후 여진과 왜구의 침입에 대비하기 위한 임시 기구 → 을묘왜변(명종) 이후 상설 기구화

❷ **변화**: 임진왜란을 거치며 구성원 확대, 국정 총괄 → 왕권 약화, 의정부와 6조의 기능 유명무실화 → 흥선 대원군의 정치 개혁 과정에서 폐지됨

(2) 군사 제도의 변화

❶ **중앙군**: 5군영 체제 성립

선조	훈련도감 설치: 삼수병(포수·사수·살수)으로 구성, 상비군이 주축, 직업 군인의 성격(삼수미 징수)
인조	어영청(한성 수비), 총융청(경기 서북 지역 방어), 수어청(남한산성 수비) 설치
숙종	금위영(국왕 호위 및 수도 방어) 설치

❷ **지방군**: 속오군(양반에서 노비까지 모든 신분으로 편성, 농한기에 훈련·유사시 전쟁 동원) 체제 → 점차 양반 제외

❸ **방어 체제의 변화**: 진관 체제(세조) → 제승방략 체제(명종) → 진관 복구, 속오군 체제(임진왜란 중)

2. 붕당 정치의 전개와 탕평 정치

(1) 붕당 정치의 전개

❶ **선조**: 동인과 서인의 붕당 형성 → 정여립 모반 사건을 구실로 서인이 동인 숙청(기축옥사) → 건저 문제(1591, 광해군의 왕세자 책봉 문제를 둘러싸고 동인과 서인의 갈등 격화) → 정철(서인)에 대한 처벌을 둘러싸고 동인이 남인(온건파)과 북인(강경파)으로 분화

❷ **광해군**: 북인의 정국 주도 → 서인이 주도한 인조반정으로 몰락

❸ **인조**: 반정을 주도한 서인이 남인 일부와 정국 운영 → 공론에 바탕을 둔 붕당 정치 본격화(상호 비판적 공존)

❹ **현종**: 효종과 효종 비 사망 후 자의 대비(인조의 계비)의 복상 기간을 두고 예송 발생 → 서인과 남인의 대립 심화

1차 예송 (기해예송, 1659)	효종 사망 시 3년설(국왕)의 남인과 기년설(1년, 차남)의 서인이 대립 → 서인 의견 수용
2차 예송 (갑인예송, 1674)	효종의 비(인선 왕후) 사망 시 기년설(1년, 왕비)의 남인과 대공설(9개월, 둘째 며느리)의 서인이 대립 → 남인 의견 수용

(2) 붕당 정치의 변질과 환국

❶ **환국의 발생**: 숙종이 왕권 안정을 위해 환국(정국을 주도하던 붕당이 교체되면서 정국이 급격하게 바뀌는 상황)을 주도 → 서인과 남인이 번갈아 집권, 상대 붕당에 대한 탄압과 보복으로 붕당 정치 변질

❷ **전개**: 서인이 남인을 배척하는 과정에서 노론(강경파)과 소론(온건파)으로 분화 → 노론의 일당 전제화 경향

경신환국 (1680)	서인이 허적과 윤휴 등 남인을 몰아내고 집권

| 기사환국
(1689) | 서인의 영수 송시열이 희빈 장씨(장희빈)의 아들 원자 책봉 반대 → 서인 축출(송시열 사사), 남인 집권, 인현 왕후 폐위, 희빈 장씨의 왕비 책봉 |
| 갑술환국
(1694) | 인현 왕후 복위 → 남인 몰락, 서인 집권 |

(3) 탕평 정치의 전개와 개혁

| 영조 | • 완론 탕평 → 탕평파 중심의 정국 운영, 탕평비 건립
• 이인좌(소론)의 난 진압, 공론을 주도하는 산림의 존재 부정, 붕당의 근거지인 서원 정리
• 이조 전랑의 권한 축소, 형벌 제도 완화(사형수에 대한 삼심제), 신문고 제도 부활
• 균역법 실시(1년에 군포 1필 징수)
• 준천사 신설(청계천 준설)
• 『속대전』(『경국대전』 보완)과 『속오례의』(『국조오례의』 보완) 편찬 |
| 정조 | • 준론 탕평 → 당파의 옳고 그름을 명백히 가리는 적극적인 탕평책(노론·소론·남인의 세력 균형 유지 추구)
• 규장각 육성, 초계문신제(37세 이하 문신들을 규장각에 소속시켜 재교육) 실시
• 『대전통편』(법전)·『동문휘고』(청·일본과의 외교문서집)·『무예도보통지』(군용 무술 교본)·『탁지지』(호조의 업무와 사례 정리) 편찬
• 장용영(국왕의 친위 부대) 설치
• 수원 화성 건설(군사적 방어 기능과 상업적 기능 고려, 동서양의 축성술이 집약, 유네스코 세계유산 등재)
• 신해통공(육의전을 제외한 시전 상인의 금난전권 폐지), 서얼에 대한 차별 완화(박제가, 유득공, 이덕무, 서이수 등 서얼 출신을 규장각 검서관으로 등용)
• 수령이 군현 단위의 향약을 직접 주관 |

3. 세도 정치와 농민 봉기

(1) 세도 정치의 전개와 폐단

❶ 배경: 정조 사후 어린 순조가 즉위하면서 외척 세력이 권력 장악

❷ 전개: 3대(순조·헌종·철종) 60여 년 동안 안동 김씨, 풍양 조씨 등 몇몇 가문이 권력 독점 → 비변사의 요직과 5군영 장악

❸ 폐단

| 정치 기강 문란 | 세도 가문이 정치 권력과 경제적 이권 독점, 과거 시험 부정, 매관매직 성행 |
| 삼정의 문란 | • 전정: 전세 징수
• 군정: 군포 징수, 인징·족징, 황구첨정, 백골징포의 폐단
• 환곡: 운영 과정에서 관리들의 수탈 |

(2) 농민 봉기의 발생

❶ 배경: 세도 정치의 폐단, 자연재해와 전염병의 유행, 이양선의 출몰 → 사회 불안 고조

❷ 홍경래의 난(순조, 1811): 평안도 지역 차별과 지배층의 수탈 → 홍경래·우군칙 등이 신흥 상공업 세력과 광산 노동자, 빈농 등을 규합하여 봉기 → 청천강 이북의 일부 군현 점령 → 관군에 패배

❸ 임술 농민 봉기(철종, 1862): 지배층의 수탈(삼정의 문란)에 대한 시정 요구, 단성과 진주(탐관오리 백낙신의 학정)를 시작으로 전국으로 확산 → 안핵사로 박규수 파견, 삼정 문제 해결을 위해 삼정이정청 설치

 **확인문제**

01 삼포왜란 이후 여진과 왜구의 침입에 대비하기 위해 □□□를 임시 기구로 설치하였으며 을묘왜변 이후 □□ 기구화가 되었으나 조선 후기 □□ □□□에 의해 폐지되었다.

02 선조 때 포수·사수·살수로 구성된 □□병이 주축이 된 □□□□이 설치되었는데 이는 상비군이 주축이었으며 직업 군인의 성격을 가졌다.

03 조선 후기 지방군인 □□군은 양반에서 노비까지 모든 신분으로 편성되고 농한기에는 생업에 종사하고 유사시에 전쟁에 동원되었다.

04 현종 때 일어난 □□예송은 효종 사망 시 자의 대비의 복상 기간을 두고 발생하였으며 남인은 3년 설, 서인은 기년설을 주장하였고 □□의 의견이 수용되었다.

05 □□환국은 송시열이 희빈 장씨의 아들의 원자 책봉에 반대하여 □□이 축출된 것을 말하며 이후 일어난 □□환국으로 인현 왕후가 복위하였으며 남인이 몰락하고 서인이 집권 세력이 되었다.

06 숙종 대에 □□□이 창설되면서 5군영이 완성되었다.

07 영조는 □□법을 실시하여 1년에 군포를 2필에서 1필만 징수하도록 하였다.

08 적극적 탕평책을 실시한 □□는 □□□□□를 실시하여 37세 이하 문신들을 규장각에 소속시켜 재교육하였다.

09 정조는 채제공의 건의를 받아들여 □□□□을 시행하였는데 이는 □□□을 제외한 시전 상인의 금난전권을 폐지하여 자유로운 상업 활동을 가능하게 하였다.

10 1811년 평안도 지역 차별과 지배층의 수탈로 인해 신흥 상공업 세력과 광산 노동자, 빈농 등이 규합하여 □□□의 난을 일으켰다.

11 철종 때 일어난 □□ 농민 봉기는 지배층의 수탈에 대한 시정 요구를 한 것이며 단성과 □□를 시작으로 전국으로 확산되었고 이를 수습하기 위해 정부에서 안핵사 □□□를 파견하였다.

1 75회 24번

(가) 왕에 대한 설명으로 옳은 것은? [2점]

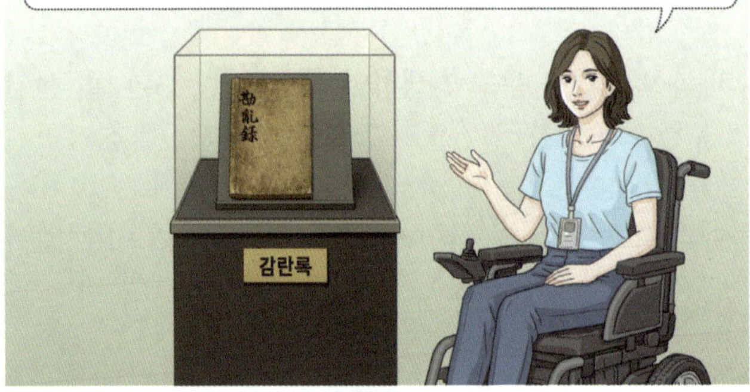

① 경기도에 한하여 대동법을 시행하였다.

② 수도 방어를 위하여 금위영을 창설하였다.

③ 탕평 교서를 반포하고 탕평비를 건립하였다.

④ 문신을 재교육하기 위한 초계문신제를 실시하였다.

⑤ 통치 체제를 정비하기 위해 대전회통을 편찬하였다.

해설

이인좌의 난 → 영조 💡2인자 영조💡

① 경기도에 대동법 시행 → 이원익 건의, 광해군 💡광동제약💡

② 금위영 창설 → 숙종 💡숙금💡

③ 탕평비 건립 → 영조 💡영평비💡

④ 초계문신제 → 정조 💡규수 탁초장 휘3통💡

⑤ 『대전회통』 → 흥선 대원군 💡흥흥💡

정답 ▶ ③

2 74회 22번

(가) 시기에 있었던 사실로 옳은 것은? [3점]

① 인조반정으로 북인 세력이 몰락하였다.

② 기축옥사로 이발 등 동인 세력이 축출되었다.

③ 양재역 벽서 사건으로 이언적 등이 화를 입었다.

④ 인현 왕후가 폐위되고 남인이 권력을 차지하였다.

⑤ 붕당의 폐해를 경계하기 위해 탕평비가 건립되었다.

해설

기해예송, 갑인예송 → 현종, 목호룡의 고변 → 경종

① 인조반정으로 북인 몰락 → 광해군 폐위

② 기축옥사로 동인 세력 축출 → 정여립 모반 사건, 서인 정철 주도, 선조 💡정기💡

③ 양재역 벽서 사건 → 을사사화 이후, 명종

④ 인현 왕후 폐위, 남인 집권 → 기사환국, 희빈 장씨 왕비 책봉, 숙종

⑤ 탕평비 건립 → 영조 💡영평비💡

정답 ▶ ④

(가) 왕의 재위 시기에 있었던 사실로 옳은 것은?　　[2점]

① 오페르트가 남연군 묘 도굴을 시도하였다.

② 이만손이 주도하여 영남 만인소를 올렸다.

③ 이시애가 길주를 근거지로 난을 일으켰다.

④ 홍경래 등이 봉기하여 정주성을 점령하였다.

⑤ 곽재우, 고경명 등이 의병장으로 활약하였다.

해설

김조순 → 안동 김씨, 순조의 장인, 세도 정치

① 오페르트의 남연군 묘 도굴 → 흥선 대원군, 1868년

② 이만손의 영남 만인소 → 1881년

③ 이시애의 난 → 세조

④ 홍경래, 우군칙의 난 → 순조, 1811년 ☀홍순경☀

⑤ 곽재우, 고경명–임진왜란 의병 → 선조

정답 ▶ ④

다음 자료를 활용한 탐구 활동으로 가장 적절한 것은?
[2점]

좌의정 채제공이 왕에게 아뢰었다. "빈둥거리는 무뢰배가 삼삼오오 떼를 지어 스스로 상점을 개설하고 일용품을 거래하는 일이 많아졌습니다. 그들은 큰 물건에서 작은 물건까지 싼값에 억지로 사들이기 일쑤입니다. 혹 물건 주인이 말을 듣지 않으면 난전(亂廛)으로 몰아서 결박하여 형조와 한성부로 끌고 가 혹독한 형벌을 당하도록 합니다. 이 때문에 물건 주인은 본전에서 밑지더라도 어쩔 수 없이 팔고 갑니다. 그리고 무뢰배들은 제각기 가게를 벌여놓고 배나 되는 값을 받습니다. 어쩔 수 없이 사야 하는 사람은 그 가게 외에서는 물건을 구할 수 없기 때문에, 물건 값이 날마다 치솟고 있습니다."

① 계해약조의 체결 과정을 확인한다.

② 오가작통법의 실시 목적을 파악한다.

③ 신해통공을 단행하게 된 배경을 조사한다.

④ 토지 소유자에게 결작을 부과한 이유를 살펴본다.

⑤ 풍흉에 따라 전세를 차등 부과하는 기준을 알아본다.

해설

채제공의 건의, 금난전권 폐지 → 정조, 신해통공

① 계해약조 → 세종, 삼포 개항(부산포/제포/염포)
　　☀세계☀ ☀광기☀

② 오가작통법 → 강도/유민 방지, 풍속 교화, 단종 때 시작 추정

③ 신해통공 → 정조, 육의전 제외 시전상인의 금난전권 폐지

④ 결작 → 영조의 균역법 시행 후 세수 부족 보충안, 어염선세, 선무군관포

⑤ 풍흉에 따라 전세 차등 부과 → 연분9등법, 세종의 공법, 전분6등법

정답 ▶ ③

DAY 7

학습 키워드

🔍 조선의 토지 제도와 수취 제도

🔍 조선의 농업, 상업, 수공업

🔍 조선의 유학과 실학

🔍 조선 후기의 문화

1391 공양왕, 과전법 제정
1466 세조, 직전법 실시 (수신전, 휼양전 폐지)
1470 성종, 관수관급제 시행
1556 명종, 직전법 폐지
1608 광해군, 대동법 실시(경기도)
1635 인조, 영정법 시행
1750 영조, 균역법 실시

조선의 경제와 사회

토지 제도

- **과전법(고려 공양왕~)**: 전·현직 관리, 경기도, 세습 X, 수신전·휼양전
- **직전법(세조)**: 현직 관리, 수신전·휼양전 폐지
- **관수관급제(성종)**: 관의 수조권 대행
- **직전법 폐지(명종)**: 녹봉만 지급

수취 제도

- **전세**: 과전법(십일조, 30두/1결) → 공법(세종, 전분 6등/연분 9등, 4~20두) → 영정법(인조, 4~6두 고정)
- **공납**: 호(戶)별 특산물, 방납 폐단 → 대동법(광해군, 선혜청, 이원익, 경기도, 쌀/베/동전, 12두/1결―공납의 전세화, 공인 등장, 상품 화폐 경제) → 효종(김육), 충청 확대 → 숙종, 함경/평안 제외 전국 시행
- **역**: 군역의 요역화(대립, 방군수포제) → 균역법(영조, 2필 → 1필), 보충: 결작 2두/선무군관포/어/염/선박세

농업

- 조선 후기 모내기법(이앙법) 전국 시행, 이모작, 광작, 부농 발생 ↔ 임노동자
- 지대 납부 변화(정률 타조법 → 정액 도조법), 상품 작물(고추/인삼/담배/목화), 구황 작물(감자/고구마)
- 농서(『농가집성』,『색경』) *전기: 『농사직설』, 『금양잡록』

상업

- **전기**: 농본주의, 시전상인(한성, 관허상인), 15C 후반 장시(지방 정기시장) 등장, 저화(지폐, 고려 말부터, 태종 때 사섬서 설치)
- **후기**: 신해통공(정조, 금난전권 X, 육의전 O)
- 사상(만상/내상/경강상인/송상―송방, 사개치부법) 성장
- 도고(독점적 도매상, 매점매석, 공인)의 출현
- 일부 장시의 상설화(전국 유통망 지닌 보부상)
- 개시(공)/후시(사) 무역
- 청(만상)/일(내상, 초량왜관)/청―일 중계(송상)
- 객주/여각(포구에서 중개/숙박/금융업)
- 숙종 때 상평통보 전국 유통 → 전황

수공업/광업

- 전기에는 관영수공업/민간 광산 개발 금지 → 대동법으로 수공업 제품/광물(은 등)의 수요 증가
- 후기에는 민영, 선대제 수공업(공인 등에게서 원료, 자금 선대)/민간 광산 개발, 잠채 성행, 설점수세제, <u>덕대</u>
  (광산 전문 경영인) 등장 💡<u>떡대</u>☆

신분 제도

- **양반**: 문/무, 후기에 수 증가(납속책/공명첩)–신향 vs 구향(향전)
- **중인**: 하급 관리, 서얼(후기에 통청 운동 – 💡<u>제공덕수</u>☆), 중인(소청 X, 시사–위항 문학)
- **상민**: 신량역천–봉수군/수군/역졸, 후기 부농/거상 → 신향
- **천민**: 노비(장례원, 매매/증여/상속의 대상), 백정(도축업 종사자 *고려 때 양인*),
  일천즉천 → 노비종모법 확정(영조) → 공노비 해방(순조)

1. 조선의 경제

(1) 토지 제도의 변화

❶ **과전법(고려 말 공양왕)**: 전·현직 관리에게 토지의 수조권 지급(경기 지방의 토지를 과전으로 지급), 원칙적 세습 불가(일부 토지는 수신전·휼양전 등으로 세습)

❷ **직전법(세조)**

- 배경: 세습되는 과전의 증가 → 새로운 관리에게 지급할 토지 부족
- 내용: 현직 관리에게만 토지의 수조권 지급, 수신전·휼양전 폐지
- 관수관급제(성종): 관리들의 수조권 남용으로 과도한 수취(농민 불만) → 지방 관청의 수조권 대행 → 국가의 토지 지배권 강화

❸ **직전법 폐지(명종)**: 관리에게 녹봉만 지급, 수조권 지급 제도의 소멸

(2) 수취 체제

❶ 수취 체제의 정비

전세 (조세)	• 초기: 토지 소유자에게 수확량의 1/10 징수(1결당 30두 정도) • 세종 때 공법 시행: 전분 6등법(토지 비옥도에 따라 6등급)과 연분 9등법(풍흉에 따라 9등급)에 따라 징수액에 차등(1결당 4~20두 부과)
공납	각 지역의 토산물을 현물로 징수, 각 군현에 종류와 수량 할당 → 수령이 가호마다 징수
역	군역(군사로 동원되거나 그 비용 부담), 요역(각종 토목 공사 등에 동원)

❷ 16세기 수취 체제의 문란

전세 (조세)	최저율의 세액을 적용하는 것이 관행화
공납	공물 징수 과정에서 방납의 폐단 심화 → 이이, 유성룡 등이 수미법 실시 주장
역	농민들의 요역 기피 → 군역의 요역화, 대립(다른 사람에게 대가를 주고 군역 대신 부담), 방군수포(국가에 포를 내고 군역 면제) 성행

❸ 수취 체제의 개편

- 영정법(인조): 풍흉에 관계없이 전세를 토지 1결당 4~6두로 고정 → 전세 인하로 지주 부담 감소, 부가세 증가로 농민 부담 증가
- 대동법

시행	광해군 때 이원익의 건의로 경기도에 처음 실시(선혜청 설치), 효종 때 김육의 건의로 충청도에 확대 시행, 점차 확대되어 숙종 때 평안도와 함경도를 제외한 전국에서 실시(방납 관련자들과 지주층의 반대로 전국적 시행에 많은 기간 소요)
내용	가호마다 토산물 징수 → 토지 결수에 따라 쌀, 삼베, 무명, 동전 등으로 징수(공납의 전세화)
결과	농민 부담 감소, 공인 등장(관수품 조달) → 상품 화폐 경제의 발전

• 균역법(영조): 1년에 군포 1필로 축소(군포 수입 보충을 위해 결작(1결당 2두), 어염세, 선박세, 선무군관포(1년 1필) 등을 징수) → 농민 부담 일시적 감소, 군포 징수 과정에서의 폐단 지속

(3) 조선 전기의 산업

❶ 농본주의

❷ 관영 수공업 중심

❸ 시전: 한성에 설치, 특정 상품의 독점 판매권 차지, 육의전

❹ 장시: 15세기 후반 등장, 16세기 중엽 전국 확대

❺ 화폐: 저화 등 보급 → 유통 부진

(4) 조선 후기 상품 화폐 경제의 발달

❶ 농촌 경제의 변화

• 농업 기술의 발달: 모내기법(이앙법) 확산 → 노동력 절감, 단위 면적당 생산력 증대, 벼와 보리의 이모작 확대

• 농업 경영 방식의 변화 ┬ 광작: 1인당 경작 면적 확대로 넓은 토지 경작 가능
　　　　　　　　　　├ 상품 작물(쌀의 상품화, 인삼·면화·담배·고추·채소 등), 구황 작물(감자·고구마) 재배
　　　　　　　　　　└ 지대 납부 방식 변화: 정율 지대인 타조법 → 정액 지대인 도조법

• 영향: 일부 농민이 부농으로 성장, 대다수는 품팔이꾼, 도시의 영세 상인, 임노동자로 몰락

❷ 수공업과 광업의 발달

수공업	• 도시 인구 증가, 대동법 시행 → 수공업 제품의 수요 증대 • 민영 수공업의 발달, 선대제 수공업(공인·상인에게서 자금과 원료를 미리 받아 제품 생산) 성행 　→ 18세기 말 이후 일부는 독립 수공업자로 성장
광업	• 수공업 발달에 따른 광물 수요 증대, 청과의 무역 증대(은 수요 증가) • 정책 변화: 민간 광산 개발 금지 → 17세기 이후 광산 개발 허용하고 세금 징수(설점수세제), 잠채(민간에서 몰래 광산 채굴) 성행 • 덕대(광산 전문 경영인)가 상업 자본을 끌어들여 혈주(채굴업자)와 노동자 고용 → 자본·경영·노동이 분리된 생산 방식 등장

❸ 상업 발달과 화폐 유통

• 사상의 성장: 육의전을 제외한 시전 상인의 금난전권 폐지(신해통공, 1791, 정조)로 활발하게 활동

　– 대표적 사상: 경강상인(한강), 송상(개성, 송방 설치, 사개치부법(회계처리법)), 만상(의주), 유상(평양), 내상(동래) 등

　– 상업 자본 축적 → 일부는 독점적 도매 상인인 도고로 성장

• 장시: 18세기 말 이후 일부가 상설 시장화, 보부상의 활동 → 각 장시를 하나의 유통망으로 연계

• 포구 상업: 조선 후기에 포구가 상업의 중심지로 성장, 선상의 활동

• 객주·여각: 포구와 큰 장시에서 활동하며 상품 매매 중개·운송·보관, 숙박·금융업에 종사

• 화폐 유통: 상업 발달, 조세·지대의 금납화 → 숙종 이후 상평통보가 전국적으로 유통, 어음·환 등 신용 화폐 등장, 전황(화폐를 고리대나 재산 축적의 수단으로 이용하여 유통 화폐 부족 현상) 발생

❹ **대외 무역**: 17세기 중반 이후 개시 무역(공무역)과 후시 무역(사무역) 발달

- 청과의 무역: 중강 개시·후시, 책문 후시 등에서 공무역과 사무역 전개, 은·인삼·무명 수출, 비단·약재·문방구 등 수입
- 일본과의 무역: 부산포의 왜관(두모포 → 초량)에서 이루어짐, 인삼·쌀 수출, 은·구리·황 등 수입
- 무역 상인: 만상(대청 무역), 내상(대일 무역), 송상(중계 무역)

2. 조선의 사회

(1) 조선 전기의 사회

❶ **신분 제도**: 법제적으로 양천제, 점차 반상제의 일반화

양인	양반	• 문무 관리와 그 자손, 과거 등을 통해 관직 진출 • 과전·녹봉·자기 소유의 토지·노비 등 경제적 기반 • 각종 국역 면제
	중인	• 역관·의관·율관·산관 등 기술관과 향리 등으로 구성 • 전문 기술과 행정 실무 담당 • 직역 세습 • 서얼은 중인과 같은 신분 대우(문과 응시 금지)
	상민	• 농업, 수공업, 상업 등 생산 활동에 종사, 조세와 국역 등의 의무, 법적으로 과거 응시 자격 • 신량역천: 신분은 양인이나 천역을 담당하는 계층(봉수군, 수군, 역졸 등)
천인	천민	• 노비(공노비·사노비)가 대다수 차지, 재산으로 취급, 매매·상속·증여의 대상, 일반적으로 부모 중 한쪽이 노비이면 그 자녀도 노비가 됨(일천즉천) • 백정(도축업, 고려 시대 양인), 광대, 무당 등

❷ **향촌 사회의 운영**

- 서원과 향약: 사림의 지위 강화에 기여

서원	• 선현 제사, 학문 연구 → 향촌에 성리학 보급, 공론 형성 • 중종 때 풍기 군수 주세붕이 최초로 백운동 서원(안향 배향) 설립 → 명종 때 이황의 건의로 국왕으로부터 소수 서원이라는 현판을 받음(사액 서원)
향약	중종 때 조광조의 시행 → 전국 확산, 풍속 교화·향촌 사회의 질서 유지

- 두레와 향도: 촌락의 농민 공동체 조직, 두레(공동 노동), 향도(상부상조의 역할)
- 유향소: 지방 사족 중심, 좌수와 별감을 선발하여 운영 → 여론 형성, 수령 보좌, 향리 감찰

(2) 조선 후기의 사회 변화

❶ **양반 중심의 신분 질서 동요**: 양반 수 증가, 상민과 노비 수 감소

- 양반층의 분화: 붕당 정치의 변질 → 권반, 향반, 잔반으로 분화
- 농민층의 분화: 광작, 상품 작물 재배 등으로 일부 농민이 부농층으로 성장, 대다수 농민은 품팔이꾼, 도시의 영세 상인, 임노동자로 전락

❷ 신분 상승을 위한 노력

중인	서얼	집단 상소 운동 → 정조 때 규장각 검서관으로 등용(박제가, 유득공, 이덕무, 서이수 등)
	기술직	• 철종 때 대규모 소청 운동(관직 진출 제한 철폐 요구) 전개했으나 실패 • 시를 짓고 즐기는 시사 조직 → 위항 문학 발달
상민		납속, 공명첩 매입, 족보 위조·매매 등 → 신분 상승 추구
노비		• 군공과 납속을 통한 신분 상승, 도망 노비의 증가 • 정부 정책의 변화: 노비종모법 시행(영조), 공노비 해방(순조, 1801)

❸ 향촌 지배 질서의 변화

• 향전 발생: 부농층(신향)의 향촌 지배권 도전 → 구향인 사족층과 향촌 주도권 다툼

• 결과: 사족의 향촌 지배권 약화, 수령과 향리의 권한 강화 초래

❹ 사회 변혁의 움직임

• 예언 사상의 대두: 『정감록』, 도참 등의 예언 사상 유행(말세 도래, 왕조 교체 등), 미륵 신앙 확산

• 천주교의 전래와 동학의 발생

천주교	• 17세기 중국을 왕래하는 사신들에 의해 서학으로 전래, 인간 평등·내세 신앙을 통해 빠르게 확산 → 제사 거부 등으로 정부의 탄압을 받음 • 신해박해(정조, 1791): 제사를 거부하고 신주를 불태운(폐제분주) 윤지충·권상연 처형 • 신유박해(순조, 1801): 이승훈·정약종 처형, 정약용 유배 → 황사영 백서 사건(천주교 박해 상황을 알리고 지원을 요청하는 백서를 베이징 주교에게 전달하려다 발각) → 천주교 박해 확대 • 병오박해(헌종, 1846): 조선인 최초의 천주교 사제 김대건 신부 순교
동학	경주 출신 최제우에 의해 창시(1860), 시천주·인내천 사상, 후천개벽 강조 → 혹세무민의 죄목으로 최제우 처형(1864)

확인문제

01 ☐☐ 법은 전·현직 관리에게 토지의 수조권을 지급하도록 하는 것으로 경기 지방의 토지를 과전으로 지급한 것이다.

02 세조 때 시작한 직전법은 성종 때 관에서 수조권을 대행하는 ☐☐☐☐ 제로 시행되었다.

03 ☐☐ 때 공법이 시행되었는데 이는 토지 비옥도에 따라 ☐등급, ☐☐에 따라 ☐등급으로 징수액에 차등을 두었다.

04 ☐☐ 법은 인조 때 시행된 수취 제도로 풍흉에 관계없이 전세를 토지 1결당 4~6두로 고정한 것이다.

05 대동법은 토지 결수에 따라 쌀, 삼베, 무명, 동전 등으로 징수하여 공납의 ☐☐화가 시행되었으며 대동법으로 인해 관수품을 조달하는 ☐☐이 등장하면서 상품 화폐 경제가 발전되었다.

06 균역법으로 부족해진 군포를 충당하기 위해 지주에게는 1결당 2두씩 ☐☐을, 부유한 양인에게는 ☐☐ ☐☐☐☐를 징수하였다.

07 조선 후기에는 농업 기술의 발달로 ☐☐☐법이 확산되어 벼와 보리의 이모작이 가능해졌다.

08 조선 후기에는 인삼·면화·담배·고추·채소 등의 ☐☐ 작물 재배와 감자·고구마 등 ☐☐ 작물의 재배가 이루어졌다.

09 조선 후기에 민영 수공업의 발달과 함께 공인·상인에게서 자금과 원료를 미리 받아 제품을 생산하는 ☐☐ ☐ 수공업이 성행하였다.

10 광업이 발달하면서 광산 경영 전문가인 ☐☐가 등장하였고 이들은 상업 자본을 끌어들여 혈주(채굴업자)와 노동자를 고용하여 경영하였다.

11 상업이 발달하면서 상업 자본이 축적되고 일부 상인은 독점적 도매 상인인 ☐☐로 성장하였다.

12 중종 때 풍기 군수 주세붕이 최초로 ☐☐☐ 서원을 설립하였고 명종 때 이황의 건의로 ☐☐ 서원이라는 현판을 받았다.

13 지방 사족을 중심으로 좌수와 ☐☐을 선발하여 운영한 유향소는 수령 보좌, ☐☐ 감찰 등을 맡았다.

14 정조는 박제가, 유득공, 이덕무, 서이수 등을 규장각 ☐☐☐으로 등용하였다.

15 19세기에는 『정감록』, 도참 등 ☐☐ 사상이 유행하였고 미륵 신앙이 확산되었다.

16 순조 때 천주교도 이승훈·정약종이 처형되는 ☐☐ 박해가 발생했는데 이후 베이징 주교에게 천주교 박해 상황을 알리는 백서를 전달하려다 발각된 ☐☐☐ 백서 사건이 일어났다.

17 ☐☐은 경주 출신 최제우에 의해 1860년에 창시되었으며 시천주·☐☐☐ 사상을 기반으로 하였다.

1 75회 26번

다음 상황이 나타난 시기의 경제 모습으로 옳지 <u>않은</u> 것은?
[2점]

> 비가 내리자 왕이 특별히 화성부에 이르기를, "흉년이 들었을 때 기근을 구제하는 데 서쪽 지방의 토란이나 남쪽 지방의 고구마보다 월등히 나은 것은 메밀이다. 내가 이 때문에 모내기의 시기를 놓치게 되면 반드시 메밀을 대신 파종하도록 권장하는 것이다."라고 하였다.

① 염포의 왜관을 통해 일본과 교역하였다.
② 상평통보를 발행하여 화폐로 사용하였다.
③ 관청에 물품을 조달하는 공인이 활동하였다.
④ 송상, 만상이 대청 무역으로 부를 축적하였다.
⑤ 덕대가 물주에게 자금을 받아 광산을 경영하였다.

2 74회 27번

밑줄 그은 '이 시기'의 경제 상황으로 옳은 것은? [1점]

① 백성에게 정전이 지급되었다.
② 초량 왜관을 통해 일본과 교역하였다.
③ 주전도감에서 해동통보가 발행되었다.
④ 벽란도가 국제 무역항으로 번성하였다.
⑤ 시장을 관리하기 위한 동시전이 설치되었다.

 **해설**

구황 작물, 고구마/토란/메밀 → 조선 후기

① 염포 왜관 → 조선 전기, 부산포/제포/염포
② 상평통보 → 조선 후기 화폐 활발 유통
③ 공인 등장 → 조선 후기 대동법
④ 송상, 만상 → 조선 후기 사상 성장
⑤ 덕대 등장 → 조선 후기 광산 전문 경영인

정답 ▶ ①

해설

시전과 난전의 대립, 도성 밖 난전의 활동 → 조선 후기

① 정전 지급 → 통일 신라 성덕왕
② 초량 왜관 → 조선 후기 일본과의 교역
③ 주전도감, 해동통보 → 고려 숙종 활해삼
④ 벽란도 → 고려 대외 무역항, 예성강 하구
⑤ 동시전 설치 → 신라 지증왕 지동시

정답 ▶ ②

밑줄 그은 '제도'에 대한 설명으로 옳은 것을 〈보기〉에서 고른 것은? [2점]

─── 〈보기〉 ───
ㄱ. 선혜청에서 관련 업무를 담당하였다.
ㄴ. 재정을 보충하기 위해 지주에게 결작을 부과하였다.
ㄷ. 관청에 물품을 조달하는 공인이 등장하는 배경이 되었다.
ㄹ. 어장세, 선박세 등이 국가 재정으로 귀속되는 결과를 가져왔다.

① ㄱ, ㄴ   ② ㄱ, ㄷ   ③ ㄴ, ㄷ   ④ ㄴ, ㄹ   ⑤ ㄷ, ㄹ

해설

이원익 건의, 경기도 시행, 방납 폐단, 현물 대신 쌀로 납부
→ 대동법

ㄱ. 선혜청 → 대동법 관리 관청
ㄴ. 결작 → 균역법 시행 후 재정 보충 방안, 2두/1결
ㄷ. 공인 → 대동법 시행 후 등장한 관청 물품 조달 상인
ㄹ. 어장세, 선박세 → 균역법 보충

정답 ▶ ②

(가)에 대한 탐구 활동으로 가장 적절한 것은? [1점]

서울에 있는 간사한 무리가 경주인(京主人)이라고 하며 각 도의 공물을 방납하면서 그 값을 두 배에서 수십 배까지 징수하였다. …… 영의정 김육이 [(가)]을/를 충청도에서 먼저 시험할 것을 청하였다. 왕이 여러 차례 신하들에게 의견을 물었으나 서로 엇갈렸다. 이때에 왕이 다시 김육 등 여러 신하들을 불러 그것이 편리한지 여부에 대한 의견들을 듣고 비로소 호서(湖西)에 먼저 행하기로 정하였다.

① 전시과에서 전지 지급 기준의 변화를 찾아본다.
② 일부 상류층에게 선무군관포를 거둔 목적을 알아본다.
③ 과전 지급 대상을 현직 관리로 제한한 까닭을 검색한다.
④ 풍흉에 관계없이 전세 부담액을 고정한 이유를 분석한다.
⑤ 관청에 물품을 조달하는 공인이 등장한 배경을 조사한다.

해설

방납 폐단 시정, 김육의 충청도 시행 건의 → 대동법

① 전시과 → 고려
② 선무군관포 → 균역법 시행으로 인한 재정 보충책
③ 과전 지급 대상을 현직 관리로 제한 → 직전법, 세조
④ 전세 부담액을 고정 → 영정법, 인조
⑤ 관청에 물품 조달하는 공인의 등장 → 대동법

정답 ▶ ⑤

조선의 문화

훈민정음

- 세종 창제 반포(1446), 『훈민정음 해례본』(유네스코 세계기록유산), 『용비어천가』('육룡이 나르샤~', 1445, 최초 훈민정음), 『석보상절』(세종 때 수양대군)

  『훈민정음운해』(1750, 신경준), 『언문지』(유희, 순조, 자모 연구)

유학자

- **정도전**: 재상 중심 정치, 『조선경국전』/『경제문감』/『불씨잡변』, 요동 정벌 추진, 1차 왕자의 난 X
- **이황**: 주리론, 동방의 주자(『주자서절요』, 일본 성리학에 영향), 도산서원, 『성학십도』 💡황도☆, 영남학파,

  사단칠정 논쟁 ↔ 기대승, 예안향약, 백운동 서원의 사액 건의(명종) → 소수서원, 동인 스승
- **이이**: 주기론, 『성학집요』, 『격몽요결』(입문서), 「동호문답」 💡이동호☆, 기호학파,

  10만 양병설/수미법 주장, 해주향약, 서인 스승, 구도장원공
- **유성룡**: 『징비록』, 훈련도감 설치 건의
- **김장생**: 『가례집람』(예학)
- **김육**: 효종 때 시헌력 도입 건의, 대동법 충청 확대
- **송시열**: 서인 영수, 효종 때 「기축봉사」 건의 북벌 주장, 기사환국 때 사사
- **윤휴**(『독서기』, 북벌, 남인)/**박세당**(『사변록』, 『색경』)—성리학 절대화에 반기 → 사문난적(by 노론)

  양명학: 지행합일, 실천 강조, 18C 정제두, 강화학파

실학(실사구시)

- **중농학파(경세치용)** 💡○○○☆
  - **유형원**: 『반계수록』, 균전론(토지 국유화 → 관리/선비/농민 신분에 따라 차등 재분배) 💡유형원균☆
  - **이익**: 한전론(『곽우록』/토지 매매 제한/영업전–X), 육좀(노비/과거/미신/양반/승려/태만–『성호사설』)

    💡이익에 한계☆ 💡이익 좀 줘☆
  - **정약용**: 여전론(토지 공동 소유/경작–노동력에 따라 분배) → 정전제(중앙 공동 경작), 💡여유당 정약용☆

    💡1표 2서☆ 『경세유표』, 『흠흠신서』, 『목민심서』, 신유박해 강진 유배,

    『마과회통』(홍역), 『아방강역고』(지리)

    『여유당전서』(1934~1938)—정인보 등
- **중상학파(이용후생/북학파)**
  - **유수원**: 사농공상 직업적 평등, 『우서』 💡유수우서☆

– 홍대용: 연행사, 『을병연행록』/『담헌서』/『의산문답』(실옹–허자)/『임하경륜』 ☀️용각산☆ ☀️이동호☆

　　　　　중국 중심 세계관 X–지전설/무한우주론/혼천의

– 박지원: 『열하일기』/『양반전』/『허생전』/『호질』, 수레/선박 이용 강조, 화폐 유통 필요

– 박제가: 수레/선박 이용 강조, 『북학의』–재물을 우물에 비유, 절약보다 소비 권장 ☀️제가 살게요☆

종교

- **불교**: 숭유억불(도첩제, 승려 수 관리), 『석보상절』(수양대군, 훈민정음), 간경도감(세조)
- **도교**: 소격서(중종 때 조광조 건의로 폐지), 초제 → 후기 도참사상(예언, 『정감록』) 유행
- **천주교**: 17C 서학으로 전래, 평등 강조, 제사 거부

  *박해: 신해(정조, 폐제분주, 윤지충/권상연 X)

  　　　신유(순조, 정약종/이승훈 처형, 정약용/정약전 유배, 황사영 백서 사건)

  　　　병오(헌종, 김대건 순교)
- **동학**: 서학 반대, 최제우 창시(1860), 혹세무민 처형(1864)

역사서

- 『고려사』: 문종, 기전체, 조선 건국 정당화(왕–세가, 우왕/창왕–열전)
- 『고려사절요』: 문종, 편년체
- 『동국통감』: 성종, 서거정, 고조선~고려 말, 편년체 ☀️국악4동☆
- 『승정원일기』, 『조선왕조실록』(사초/시정기), 『일성록』(정조 세손~1910): 편년체, 유네스코 세계기록유산
- 『동사강목』(안정복/독자적 정통론), 『해동역사』(한치윤/기전체/+외국 서적): 고조선~고려
- 『발해고』(유득공, 남북국)/『동사』(이종휘, 고구려): 만주 지역의 역사
- 『연려실기술』: 이긍익, 기사본말체, 조선사 실증 정리
- *『금석과안록』: 김정희(세한도–이상적, 완당/추사), 금석학, 황초령비/북한산비–진흥왕 순수비

지도/지리서

- **혼일강리역대국도지도**(태종): 화이사상, 동양 최고(最古) 세계지도
- 『동국여지승람』(성종): 서거정, 풍속 수록 ☀️국악4동☆
- 『동국지리지』(1615년경): 한백겸, 삼한 위치 고증

  *1708년(숙종 34)에 마테오 리치의 곤여만국전도 모사
- 『택리지』(1751): 이중환, 현지답사, 인물/사건/풍속/자연환경
- **동국지도**(영조): 정상기, 최초 100리 척 사용
- 『아방강역고』(1811): 정약용, 역사 지리서
- **대동여지도**(1861): 김정호, 정밀지도–10리마다 눈금, 22첩 목판

농서

- 『농사직설』(정초/세종), 『금양잡록』(강희맹/성종), 『구황촬요』(명종)
- 『농가집성』(신속/효종/이앙법)
- 『산림경제』(홍만선/숙종/상품작물), 『색경』(박세당/숙종/채소/과일 *사문난적)
- 『임원경제지』(서유구/농업 사전)

천문학/역법

- 천상열차분야지도(태조/별자리 지도), 혼천의(세종/천문 관측), 칠정산(세종/한양 기준)
- 청의 시헌력 도입(김육/효종), 지전설/무한우주론/혼천의(18C, 홍대용)

의약서

- 『의방유취』/『향약집성방』(세종, *『향약구급방』−고려)
- 『동의보감』(허준/광해군), 『침구경험방』(허임/인조)
- 『마과회통』(정약용/홍역)
- 『동의수세보원』(1894, 이제마/사상의학)

문학/공연

- 전기 : 『금오신화』(김시습/최초 한문 소설), 『동문선』(서거정/성종 💡국악4동☆)

    「관동별곡」/「사미인곡」(정철)
- 후기 : 한글 소설(『홍길동전』/『심청전』/『춘향전』), 사설시조, 판소리(신재효)

    탈춤/산대놀이 → 민중 오락으로 정착, 중인들의 시사, 책쾌(책 중개상)/세책가(책 대여점)/전기수 등장

공예품

- 분청 사기(회색 태토 위 백토/소박, 다양한 무늬) → 백자 → 청화 백자(후기, 코발트/회회청 안료)

미술

- 전기 : 몽유도원도(안견/안평대군 꿈), 고사관수도(강희안), 사군자, 초충도(신사임당/중기)
- 후기 : 진경산수화(정선−인왕제색도/금강전도)

    풍속도(김홍도−씨름/서당, 신윤복−월하정인, 김득신−파적도)

    영통동구도(강세황/서양화 기법/원근)

    세한도(추사 김정희), 민화(까치와 호랑이)

- 『지봉유설』(이수광, 『천주실의』, 인조)
- 『동국문헌비고』(영조)
- 『자산어보』(정약전, 흑산도 물고기)

건축

- **전기**: 종묘(왕/왕비 신주/유네스코 세계유산)
  사직(토지/곡식신)
  선농단(중국 신농씨/후직씨)
  합천 해인사 장경판전(유네스코 세계유산)
  서울 원각사지 10층 석탑(세조, 백탑, 개성 경천사지 10층 석탑의 영향)
  백운동 서원(최초 서원, 사액−소수 서원, 유네스코 세계유산)
- **후기**: 보은 법주사 팔상전(현존 유일 조선 목탑)
  김제 금산사 미륵전(견훤 유폐)
  구례 화엄사 각황전
  수원 화성(정조, 정약용, 장용영 외영, 유네스코 세계유산)

 **핵심이론**

1. 조선 전기의 문화

(1) 훈민정음

❶ 창제: 세종이 훈민정음 창제·반포(1446)

❷ 백성이 쉽게 배울 수 있는 문자의 필요성 → 유교 윤리 보급, 하급 관리의 행정 실무에 이용

❸ 『용비어천가』(조선 왕조의 창업 합리화), 『삼강행실도』 등 편찬

* 『훈민정음 해례본』이 유네스코 세계기록유산으로 등재

(2) 성리학의 발달

이황	이이
도덕적 행위의 근거로 인간 심성의 근원인 이(理)를 강조 (주리론)	기(氣)의 역할을 상대적으로 중시(주기론)
• 기대승과 사단칠정 논쟁 전개, 동방의 주자 • 일본 성리학 발달에 영향을 줌	현실적·개혁적 성향(수미법, 십만양병설 주장)
『성학십도』·『주자서절요』 등 저술	『성학집요』·『동호문답』·『격몽요결』(성리학 입문서) 저술
예안 향약 시행, 영남학파 형성, 도산 서원(이황의 학덕을 기리기 위해 건립)	해주 향약 시행, 기호학파 형성

(3) 불교와 도교

❶ 불교: 숭유억불 정책, 도첩제 실시(불교 통세), 『석보상절』 편찬(훈민정음, 세종 때 수양 대군이 편찬), 간경도감 설치(세조, 불교 경전을 훈민정음으로 번역, 왕실 내 불교 행사 주관)

❷ 도교: 소격서 설치, 초제 시행 → 중종 때 조광조의 건의로 소격서 폐지

(4) 편찬 사업

❶ 역사서

『고려사』(문종, 기전체) 『고려사절요』(문종, 편년체)	고려의 역사 정리, 조선 건국의 정당성 확보
『동국통감』(서거정, 성종, 편년체)	고조선~고려 말까지의 역사
『승정원일기』(편년체)	국왕의 비서 기관인 승정원에서 매일 취급한 문서와 사건을 기록한 일기, 유네스코 세계기록유산으로 등재
『조선왕조실록』(편년체)	태조~철종, 시정기(춘추관에서 각 관서들의 업무 기록을 정리한 기록물)·사초(실록 편찬의 근거가 되는 사료) 등을 토대로 편찬, 유네스코 세계기록유산으로 등재
의궤	왕실이나 국가의 행사와 관련된 내용을 그림과 글로 기록, 유네스코 세계기록유산으로 등재

❷ 지도·지리서

- 지도: 혼일강리역대국도지도(태종, 동양에서 현존 최고(最古)의 세계 지도), 팔도도(세종, 전국 지도)
- 지리서: 『동국여지승람』(성종, 『팔도지리지』를 참고하여 완성)

❸ 의례·윤리서

- 『삼강행실도』(세종, 글·그림으로 유교 윤리 설명)
- 『국조오례의』(성종, 국가·왕실의 각종 행사를 유교적 예법에 맞게 정리)

❹ 음악: 『악학궤범』(성종, 성현이 음악 이론 집대성)

❺ 서예: 송설체(안평 대군), 석봉체(한호)

(5) 과학 기술의 발전

❶ 농업: 『농사직설』(세종, 정초, 우리나라 최초로 우리 풍토에 맞는 농사법 정리), 『금양잡록』(성종, 강희맹이 직접 농사를 지으며 집필한 개인 농서), 『구황촬요』(명종, 기근 대비)

❷ 천문학·역법: 천상열차분야지도(태조, 고구려의 천문도를 바탕으로 돌에 새긴 별자리 지도), 『칠정산』(세종, 한양 기준의 역법서)

❸ 측정 기구: 세종 때 측우기(강우량 측정), 앙부일구(해시계), 자격루(물시계), 혼천의·간의(천체 현상 관측) 등 제작

❹ 의학: 『향약집성방』(세종, 우리 고유의 약재와 치료법 정리), 『의방유취』(세종, 의학 백과사전)

❺ 인쇄술: 태종(주자소 설치, 계미자 주조), 세종(갑인자 주조)

(6) 양반 문화의 발달

❶ 문학: 『동문선』(서거정, 성종) 편찬 → 16세기 시조와 가사 문학(정철의 「관동별곡」, 「사미인곡」) 유행, 『금오신화』(김시습, 최초 한문 소설)

❷ 공예: 15세기 분청 사기(회색 태토 위에 백토를 바르고 장식한 뒤 유약을 입혀 구운 자기) 유행 → 16세기 이후 백자 유행

❸ 그림: 15세기에 고사관수도(강희안), 몽유도원도(안견) → 16세기 사군자 유행, 초충도(신사임당)

고사관수도

몽유도원도

초충도

❹ **건축**: 15세기 궁궐, 관아, 성문 건축 중심 → 16세기 이후 서원 건축 활발

15세기	• 종묘: 역대 국왕과 왕비의 신주를 모시는 곳, 유네스코 세계유산 등재 • 사직단: 토지와 곡식의 신에게 제사를 지내는 곳 • 선농단: 농사짓는 법을 가르쳤다고 전해지는 신농씨와 후직씨에게 제사 • 합천 해인사 장경판전: 유네스코 세계유산 등재 • 서울 원각사지 10층 석탑: 세조, 대리석으로 제작, 백탑으로 불림, 고려 시대 개성 경천사지 10층 석탑 양식 모방
16세기	• 옥산 서원(경주), 도산 서원(안동) 등 유네스코 세계유산 등재

2. 조선 후기의 문화

(1) 실학의 발달

❶ 실학의 등장

• 배경: 예학의 발달(김장생, 『가례집람』), 성리학의 절대화·교조화(유교 경전의 재해석을 시도한 윤휴, 박세당 등이 사문난적으로 몰림) → 조선 후기 사회 문제 해결 능력 상실

• 양명학의 수용: 일부 소론 중심으로 양명학 연구 → 18세기 정제두에 의해 체계화, 강화 학파 형성, 지행합일과 치양지의 실천성 강조

❷ **농업 중심의 개혁론(중농학파, 경세치용 학파)**: 토지 제도 개혁을 통한 자영농 육성

유형원	• 『반계수록』 저술 • 균전론: 모든 토지 국유화, 신분에 따라 토지 차등 분배 • 양반 문벌 제도·노비제·과거제 등의 개혁 주장
이익	• 『성호사설』, 『곽우록』 저술 • 한전론: 한 가구의 생계에 필요한 최소한의 땅을 영업전으로 설정, 토지 매매의 제한 주장 • 노비제·과거제 등의 폐단 비판(6가지 좀)
정약용	• 『경세유표』, 『목민심서』, 『흠흠신서』 저술 • 실학 집대성 • 여전론: 토지의 공동 소유 및 공동 경작, 노동량에 따른 수확물 분배, 정전제를 현실에 맞게 실시할 것을 주장

❸ **상공업 중심의 개혁론(중상학파, 이용후생 학파, 북학파)**: 상공업 진흥, 청 문물 수용을 통한 부국강병

유수원	『우서』 저술, 사농공상의 직업적 평등과 전문화 주장
홍대용	『의산문답』·『담헌서』 저술, 기술 혁신, 지전설·무한 우주론 주장 → 중국 중심의 세계관 극복
박지원	『열하일기』 저술, 수레와 선박 이용 및 화폐 유통 강조, 양반의 비생산성 비판(『양반전』·『허생전』 저술)
박제가	『북학의』 저술(재물을 우물에 비유, 절약보다 소비 권장), 수레와 선박 이용 등 주장

❹ **국학 연구**

역사	• 『동사강목』(안정복): 단군~고려의 역사 서술, 우리 역사의 독자적 정통론 주장 • 『해동역사』(한치윤): 국내외 다양한 자료를 참고하여 고조선~고려의 역사를 실증적으로 서술, 기전체 • 『동사』(이종휘): 고구려 중심의 서술 → 고대사 연구의 시야를 만주로 확대 • 『발해고』(유득공): 발해의 역사를 우리 역사에 편입, 남북국 용어 처음 사용 • 『연려실기술』(이긍익): 조선의 정치와 문화를 실증적으로 정리, 기사본말체(사건의 원인과 전개, 결과를 중심으로 체계적으로 기록) • 『금석과안록』(김정희): 황초령비와 북한산비 비문을 해독하여 진흥왕 순수비임을 밝힘

지리·지도	• 『택리지』(이중환): 각 지방의 자연환경, 인물, 풍속 등을 기록한 인문 지리서 • 『동국지리지』(한백겸): 삼한의 위치와 고대 지명을 새롭게 고증한 역사 지리서 • 『아방강역고』(정약용): 우리나라 강역에 관한 역사 지리서 • 동국지도(정상기): 최초로 100리 척도 사용 • 대동여지도(김정호): 산맥·하천·포구·도로망 등을 자세히 표현, 10리마다 눈금 표시, 22첩 목판본
국어	『훈민정음 운해』(신경준), 『언문지』(유희, 우리말 음운 연구)
백과사전	• 『지봉유설』(이수광): 마테오 리치의 『천주실의』 소개 • 『동국문헌비고』: 영조 때 우리나라의 역대 문물 정리 • 『자산어보』(정약전): 흑산도 연해의 해양 생물을 조사하여 정리

(2) 서양 문물의 수용과 과학 기술의 발달

❶ 서양 문물의 수용: 세계 지도인 곤여만국전도(마테오 리치) 전래 → 조선의 세계관 확대에 영향

❷ 과학 기술의 발달

- 천문학·역법: 지전설, 무한 우주론(홍대용), 청에서 시헌력 도입(효종, 김육)
- 의학: 『동의보감』(허준), 『침구경험방』(허임), 『마과회통』(정약용, 홍역에 관한 의서), 『동의수세보원』(이제마, 체질 연구를 통한 사상 의학 확립)
- 농업: 『농가집성』(효종, 신속, 모내기법 보급에 기여), 『색경』(숙종, 박세당, 채소·과수·화초 재배법 소개), 『산림경제』(숙종, 홍만선, 농업·가정생활 지침서), 『임원경제지』(서유구, 농촌 생활 전반을 다룬 정책서)
- 기술: 정약용이 한강에 배다리 설계, 거중기 제작(중국의 『기기도설』 참고, 수원 화성 건설에 이용)

(3) 문화의 새 경향

❶ 서민 문화의 발달: 상공업 발달, 서민의 경제력 향상, 서당 교육 확대, 서민 의식 향상 등

❷ 다양한 문예 활동

문학	• 한글 소설(『홍길동전』, 『춘향전』 등), 사설시조, 한문학(박지원의 『양반전』, 『허생전』), 공연(판소리·탈춤 성행) • 책쾌(책 판매), 전기수(소설을 직업적으로 낭독하는 사람), 세책가(책 대여점) 등장
건축	• 17세기: 서원 건축 활발(안동 병산 서원, 괴산 화양 서원), 구례 화엄사 각황전, 보은 법주사 팔상전(현존하는 유일한 조선 시대 목탑), 김제 금산사 미륵전 → 규모가 큰 다층 건축물 건립, 양반 지주층의 경제력 반영 • 18세기: 논산 쌍계사, 부안 개암사(부농층과 상인의 지원), 수원 화성 등
공예	청화 백자(회회청 등 코발트 안료를 사용하여 푸른색으로 그림을 그려 넣은 자기) 유행
회화	• 진경 산수화: 정선이 개척(인왕제색도, 금강전도), 우리 자연을 사실적으로 표현 • 풍속화: 일상적인 생활 모습 묘사, 김홍도(서당, 씨름), 신윤복(단오풍정, 월하정인), 장승업(호취도), 김득신(김홍도의 화풍 계승, 파적도, 노상알현도) • 서양 화풍 도입: 강세황(서양 수채화 기법을 동양화와 접목, 원근법 도입, 영통동구도) • 민화: 작자 미상, 소박한 소망과 기원 표현, 생활공간 장식
서예	김정희(세한도): 추사체 창안

인왕제색도

금강전도

씨름

서당

월하정인

세한도

파적도

01 조선 전기 성리학자로 도덕적 행위의 근거로 주리론을 강조한 ☐☐은 기대승과 사단칠정 논쟁을 벌였다. 그의 대표 저술로는 『성학☐☐』가 있다.

02 이이는 기(氣)의 역할을 상대적으로 중시한 주기론을 내세웠으며 『성학☐☐』, 『☐☐문답』 등을 저술하였다. 기호학파를 형성하고 ☐☐ 향약을 시행하였다.

03 세조는 ☐☐☐☐을 설치하여 불교 경전을 훈민정음으로 번역하고 왕실 내 불교 행사를 주관하도록 하였다.

04 도교의 제사를 관장하는 ☐☐☐는 중종 때 조광조의 건의로 폐지되었다.

05 승정원에서 매일 취급한 문서와 사건을 기록한 『☐☐☐☐☐』, 태조부터 철종까지 시정기와 사초를 토대로 편찬한 『☐☐☐☐☐☐』은 모두 유네스코 세계기록유산으로 등재되었다.

06 ☐☐☐☐☐☐☐☐ 지도는 태종 때 만들어진 세계 지도로 동양에서 현존 최고(最古)의 지도이다.

07 성종 때 국가·왕실의 각종 행사를 유교적 예법에 맞게 정리한 『☐☐☐☐☐』가 편찬되었다.

08 조선 초기 대표적인 농서로는 세종 때 우리나라 최초로 우리 풍토에 맞는 농사법을 정리한 『☐☐☐☐』, 강희맹이 직접 농사를 지으며 집필한 개인 농서인 『☐☐☐☐』, 명종 때 기근을 대비하기 위해 편찬한 『☐☐☐☐』 등이 있다.

09 세종 때 우리 고유의 약재와 치료법을 정리한 책은 『향약☐☐☐』이다.

10 태종은 주자소를 설치하여 ☐☐☐를 주조하고 이후 세종은 ☐☐☐를 주조하였다.

11 세조 때 지어진 ☐☐☐☐ 10층 석탑은 고려 시대 개성의 경천사지 10층 석탑 양식을 모방한 것이다.

12 ☐☐학은 18세기 정제두에 의해 체계화되었으며 ☐☐ 학파를 형성하고 ☐☐합일과 치양지의 실천성을 강조하였다.

13 조선 후기 실학이 발달하면서 유형원은 ☐☐론을 내세워 모든 토지를 국유화하여 신분에 따라 토지를 차등 분배하자는 주장을 하였고 ☐☐은 ☐☐론을 통해 한 가구의 생계에 필요한 최소한의 땅을 영업전으로 설정하여 토지 매매의 제한을 주장하였다.

14 중상학파 ☐☐☐은 『의산문답』, 『담헌서』를 저술하고 지전설·무한우주론을 주장하였으며, ☐☐☐는 재물을 우물에 비유해 절약보다 ☐☐를 권장하였다.

15 유득공은 『☐☐☐』에서 '남북국'이라는 용어를 처음 사용하였다.

16 김정희는 『금석과안록』에서 황초령비와 ☐☐☐비 비문을 해독하여 ☐☐왕 순수비임을 밝혔다.

17 ☐☐☐은 한강에 배다리를 설계하고 거중기도 제작하였으며 이를 ☐☐ 화성 건설에 이용하였다.

18 우리 자연을 사실적으로 표현한 ☐☐ 산수화는 ☐☐이 개척하였으며 대표적인 작품으로는 인왕제색도와 금강전도가 있다.

정답 ▶ 01 이황, 십도 **02** 집요, 동호, 해주 **03** 간경도감 **04** 소격서 **05** 승정원일기, 조선왕조실록 **06** 혼일강리역대국도 **07** 국조오례의 **08** 농사직설, 금양잡록, 구황촬요 **09** 집성방 **10** 계미자, 갑인자 **11** 원각사지 **12** 양명, 강화, 지행 **13** 균전, 이익, 한전 **14** 홍대용, 박제가, 소비 **15** 발해고 **16** 북한산, 진흥 **17** 정약용, 수원 **18** 진경, 정선

1 74회 26번

밑줄 그은 '이 시기'에 볼 수 있는 모습으로 적절하지 않은 것은? [1점]

모시는 글

우리 박물관에서는 전국의 주요 탈춤을 한자리에서 만날 수 있는 공연을 마련하였습니다. 상품 화폐 경제의 발달과 서당 교육이 확대되던 이 시기에 성행한 탈춤 공연을 통해 해학과 풍자 속에 담긴 서민들의 삶과 애환을 느껴보시기 바랍니다.

◆ 공연순서 ◆

1부 봉산탈춤	2부 송파산대놀이
3부 고성오광대	4부 수영야류

① 판소리 흥보가를 구경하는 농민

② 주자소에서 계미자를 만드는 장인

③ 옥계 시사에서 시를 낭송하는 중인

④ 세책가에서 춘향전을 빌리는 부녀자

⑤ 호랑이를 소재로 민화를 그리는 화가

해설

상품 화폐 경제 발달, 탈춤/산대놀이 공연 → 조선 후기

① 판소리 흥보가 → 조선 후기

② 주자소 계미자 → 태종

③ 중인의 시사 조직 → 조선 후기

④ 세책가, 『춘향전』 → 조선 후기

⑤ 민화 → 조선 후기

정답 ▶ ②

2 72회 23번

(가)에 들어갈 작품으로 옳은 것은? [1점]

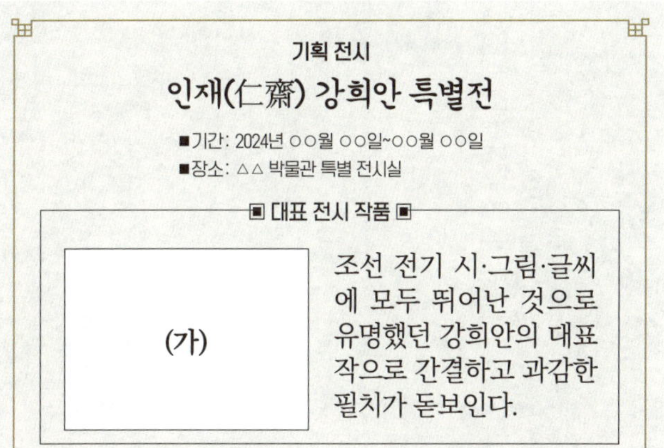

기획 전시

인재(仁齋) 강희안 특별전

■ 기간: 2024년 ○○월 ○○일~○○월 ○○일
■ 장소: △△ 박물관 특별 전시실

■ 대표 전시 작품 ■

(가)

조선 전기 시·그림·글씨에 모두 뛰어난 것으로 유명했던 강희안의 대표작으로 간결하고 과감한 필치가 돋보인다.

①  ② 

③  ④ 

⑤ 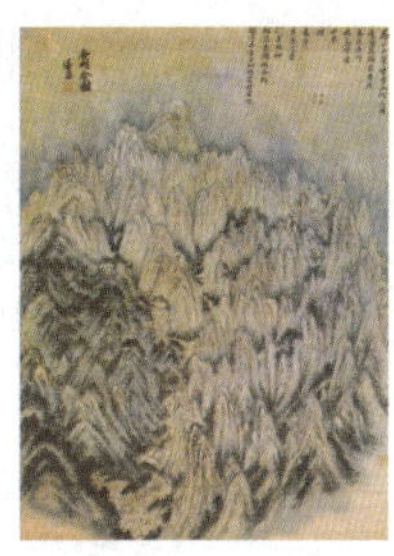

해설

강희안의 고사관수도 – 조선 전기 미술

① 전기 – 매화초옥도 → 조선 후기

② 신윤복 – 월하정인 → 조선 후기

③ 김홍도 – 송석원시사야연도 → 조선 후기

④ 강희안 – 고사관수도 → 조선 전기

⑤ 정선 – 금강전도 → 조선 후기

정답 ▶ ④

DAY 8

학습 키워드

- 🔍 흥선 대원군의 통상 수교 거부 정책
- 🔍 강화도 조약과 서구 열강과의 수교
- 🔍 정부의 개화 정책 추진
- 🔍 동학 농민 운동
- 🔍 근대적 개혁의 추진(갑오·을미개혁)
- 🔍 독립협회와 대한 제국
- 🔍 일제의 국권 침탈과 국권 수호 운동

1863 고종 즉위, 흥선 대원군 집권
1866 병인박해/제너럴 셔먼호 사건/병인양요
1871 신미양요
1876 강화도 조약
1882 임오군란
1884 갑신정변
1894 동학 농민 운동
1905 을사늑약
1907 정미의병
1910 한일 병합 조약

강화도 조약~광무 개혁

고종

- 12세에 즉위, 10년간 흥선 대원군의 섭정

흥선 대원군: 섭정(1863~1873), 1873년 최익현 계유상소 ➡ 고종 친정

- **왕권 회복 ↔ 세도정치**: 경복궁 중건(원납전, 당백전, 묘지림 벌목), 비변사 혁파(의정부/삼군부 부활),
  『대전회통』, 『육전조례』(6조 사무), 서원(47개 제외)/만동묘(숙종, 만력제) 철폐
  『경국대전』–『속대전』–『대전통편』–『대전회통』
- **민생 안정 ↔ 삼정 문란**: 전정(양전 사업, 은결 색출)
  - 군정(호포제–호 단위 포 부과 → 양반 반발)
  - 환곡(사창제–마을 단위 자치)
- **통상 수교 거부 ↔ 서세동점(이양선)** 💡유~병제병오신척☆
  - **신유박해**(1801, 순조): 이승훈/정약종 처형, 정약용/정약전 유배 → 황사영 백서 사건 💡유황오리☆
  - **병인박해**(1866): 러시아 남하 견제, 프랑스 교섭 실패
  - **제너럴 셔먼호 사건**: 미국 상선 대동강 침범, 평안 감사 박규수/평양 관민 저항
  - **병인양요**: 프랑스 로즈 함대, 양헌수–정족산성, 한성근–문수산성, 퇴각하며 의궤 등 외규장각 도서 약탈
  - **오페르트 도굴 사건**(1868): 독일 상인, 남연군 묘 도굴 미수, 덕산/예산
  - **신미양요**(1871): 제너럴 셔먼호 사건 배상 & 통상 요구 거부, 미국 로저스 제독, 어재연–광성보, 수(帥)자기
    약탈
  - **척화비 건립**(1871): 주화매국

강화도 조약(1876, 조일 수호 조규)

- **계유상소**(1873): 최익현, 흥선 대원군 하야–고종(민비) 친정
- **통상 개화론 대두**: 박규수(안핵사/평안 감사), 유홍기, 오경석(역관, 『해국도지』, 『영환지략』 도입)
- **위정척사파**
  - –1860년대: 통상 반대, 기정진/이항로, 척화주전
  - –1870년대: 개항(1876) 반대, 최익현, 왜양일체론, 지부복궐상소
  - –1880년대: 개화 반대, 이만손
- **운요호 사건**(1875, 포함 외교) → 강화도 조약(연무당) 💡요강☆

- 조일 수호 조규 내용

  - 조선은 자주국(청 X), 부산(+ 원산/인천) 개항, 해안 측량권/영사 재판권−치외법권(불평등)

  - 최초 근대적 조약(최혜국 대우 X → 조미 최초)

  김기수(1876, 1차 수신사, 『일동기유』) 💡 김기수신사☆

  *조일 수호 조규 부록(1876): 일본인 거류지 개항장 10리 제한(한행이정, 내지 통상 → 조청), 일본 화폐 유통

  *조일 무역 규칙(1876): 무관세(두모포 수세 사건, 1878), 무항세, 무제한 곡물 유출

  💡 무역 규칙은 무무무☆

  💡 (강화도 조약 때문에) 10엔도 없어 없어 없어(무무무) (부)원인을 (파)해치자!!☆

개화 정책

- **통리기무아문(1880)**: 개화 정책 총괄 기구, 통리기무아문*2=12사 *의정부*2=6조
- **2차 수신사(1880)**: 김홍집 →『조선책략』(황준헌, 대러 견제−친중/결일/연미) ↔ 영남 만인소(이만손, 1881)

  → 조미 수호 통상 조약(1882.5.): 서양과 맺은 최초 조약, 거중 조정, 최혜국 대우(최초), 관세 O
- **조사시찰단(1881)**: 박정양/어윤중 💡 양어치☆
- **영선사(1881)**: 청, 김윤식, 근대 무기 제조술(기기국)/군사 훈련법 → 귀국(1882) 후 기기창 설치(1883)
- **보빙사(1883)**: 조미 수호 통상 조약(1882) 답방, 민영익/홍영식/서광범/유길준(『서유견문』), 아서 대통령 접견

  *수신사−영선사−보빙사 💡 수영모(보)☆
- **근대 시설**: 기기창(무기, 1883), 박문국(한성순보, 1883), 전환국(화폐, 1883), 우정총국(우편, 1884)
- **군제 개혁**: 5군영 → 2영(무위영/장어영), 신식 군대 별기군 창설(일본인 교관, 1881) → 13개월 밀린 급여,

  겨와 모래, 구식 군대 차별 → 임오군란(1882)

임오군란(1882.6.) 💡 이모(임오)는 포청천☆

- 구식 군인 차별 + 곡물 가격 상승 → 군인+하층민 → 궁궐/선혜청/일본 공사관 공격

  → 민비 피신, 대원군 컴백 → 청 진압/대원군 납치/간섭(군사−위안스카이, 외교−묄렌도르프, 내정−마건상)

  → 제물포 조약(조일, 1882.7.17.): 배상금/공사관에 일본군 경비병 주둔

  → 조일 수호 조규 속약(1882.7.17., 한행이정 50리 → 2년 후 100리)

- **조청 상민 수륙 무역 장정(1882.8.23.)**: 영사 재판권(치외법권), 내지(한성/양화진) 통상 허용(최초)

  *강화도(1876)−조미(1882)−임오군란(1882)−제물포(1882)−조청(1882) 💡 강미란☆
- 조일 통상 장정(1883, 관세/방곡령 O, 최혜국 대우) ↔ 상회사 설립(1883, 대동상회/장통상회)

  *영/독(1883)−이/러(1884)−갑신정변(1884)−프(1886, 천주교 허용) 💡 영독이러갑프☆

갑신정변(1884, 위로부터의 개혁) 갑한텐

- 개화파의 분화
  - 온건(김홍집/김윤식/어윤중/청과 우호/동도서기/양무운동) vs
    급진(김옥균/박영효/홍영식/청 간섭 탈피/개화당/문명개화/메이지 유신)
- **배경**: 청 간섭 심화, 김옥균의 개화 자금 차관 실패, 급진 개화파 입지 위축, 청프 전쟁/일본 협조 약속
- **과정**: 우정총국 개국 축하연, 반대파 제거, 신 정부 수립
  14개 조 개혁 정강(대원군 송환/호조로 재정 일원화/지조법 개혁/혜상공국 혁파/문벌 폐지/평등권
  제정) → 청군 개입, 일본군 도주, 삼일 천하 → 주동자 사망/망명
- **결과**: 한성 조약(1884, 조일, 배상금, 공사관 신축비)
  톈진 조약(1885, 청일, 이홍장/이토 히로부미, 동시 철수, 재파병 때 통보 → 1894, 동학 농민 운동)
- **한계**: 일본 지원 의존, 민중의 지지 X(개혁 정강에 토지 균분 내용 X)
- *보부상 관련 기구: 혜상공국(1883~1885, 전담 기구), 황국협회(1898, 어용단체)*

거문도 사건(1885) 바로 점령

- 청 간섭 심화, 조러 수호 통상 조약(1884)＋비밀 협약＝친러 → 영국의 거문도 불법 점령(청 중재로 철수/
  1885~1887) → 조선 중립화론(독일 부영사 부들러, 유길준)
- *유길준: 한국 최초 미국 유학생, 조사시찰단/보빙사/『서유견문』/『노동야학독본』/『대한문전』*

동학 농민 운동(1894, 반봉건/반외세) 삼보고백 토룡전복 논공치기

- 개항 이후 외세 침탈(일, 청, 열강) 강화, 쌀값 폭등(일본으로 양곡 유출, 미면 교환), 탐관오리 횡포
- 2대 교주 최시형의 교단 정비(포접제/『동경대전』/『용담유사』)
- 삼례(1892)-서울(복합 상소)-보은(1893) 집회(척왜양, 교조 신원, 최제우(복술))
  → 고부 농민 봉기(조병갑/만석보/전봉준/사발통문, 1894.1.)
  → 새 군수/안핵사 이용태 파견-이용태의 교도 탄압
  → 무장/백산 봉기(1차 봉기/반봉건/4대 강령/보국안민/제폭구민)
  → 황토현/황룡촌 전투 승리
  → 전주성 점령(청군 투입/일본 파병-톈진 조약)-전주화약(집강소 설치, 폐정 개혁안-토지 균분/과부 재
    가, 정부의 교정청 설치)
  → 농민군 자진 해산
  → 일본의 경복궁 점령(청일 전쟁/1차 갑오개혁)
  → 논산에서 남접(전봉준)/북접(손병희) 집결(2차 봉기/반외세)-공주 우금치 전투 패배-전봉준 체포

- *만석보(조병갑)/만부교(태조 왕건)/만동묘(숙종 때 설치, 흥선 대원군 때 철폐)*
- *동학 농민 혁명 기록물: 유네스코 세계기록유산*

1차 갑오개혁(1894, 경복궁 점령/청일 전쟁 시작과 거의 동시) 개혁=폐지 다수

- 김홍집 내각(＋흥선 대원군 섭정)
- **신설/변경**: 군국기무처(개혁 총괄 기구, 오로지 1차 갑오개혁 때)

  청 연호 폐지–개국기년 사용

  궁내부(왕실 사무 분리), 6조 → 8아문(재정 일원화–탁지아문)

  조세 금납화, 은본위 화폐제도(*금본위–메가타의 화폐 정리 사업), 도량형 통일, 경무청 설치
- **폐지**: 과거제(→ 선거조례), 신분제, 공사 노비제, 연좌제, 고문, 과부 재가 금지, 조혼

2차 갑오개혁(1894~1895, 청일전쟁 거의 이겨 감)

- 김홍집/박영효(친일) 연립내각
- 의정부 8아문 → 내각 7부, 홍범 14조(고종/종묘) 홍이장군 발표 2차*7부=14조
- 지방관 권한 축소(8도 → 23부/재판소 설치), 교육입국 조서 발표(한성사범학교 설립, 1895)

을미개혁(1895) 을미의 찐친 양양이는 위생적이야

- **배경**: 청일 전쟁 일본 승리 → 시모노세키 조약(조선 자주독립국 인정, 배상금, 랴오둥반도/타이완 할양)

  → 삼국 간섭(러/프/독) → 랴오둥반도 반환 → 친러 정책(중심에 명성 황후)

  → 을미사변(명성 황후 시해, 경복궁 건청궁) → 을미개혁
- **내용**: 김홍집 내각, 군제 개편(친위대–중앙/진위대–지방)

  태양력 사용, 연호 건양(*법흥왕–건원/선왕–건흥), 단발령, 종두법 시행, 우체사 설립(우편 사무 재개)
- *을미의병: 명성 황후 시해/단발령 → 이소응/유인석(유생)–아관파천 후 고종의 단발령 철폐와 해산 권고

  을미의병의 이유는 단발령

아관파천(1896)/독립협회(1896~1898)/광무 개혁(대한 제국, 1897~1907)

- 신변의 위협을 느낀 고종의 러시아 공사관 피신(1896, 지방 23부 → 한성부와 13도)–열강의 이권 침탈 극대화
- 서재필 귀국, 독립신문(최초 민간, 순한글/영문), 독립협회/독립문 설립(*독립공채 X–임정)
- 고종 환궁(경운궁/덕수궁) → 광무(연호) 개혁(구본신참, 환구단/원구단 황제 즉위식, 대한 제국 선포)
- 독립협회의 만민 공동회(러시아 군사 교관/재정 고문 철수, 러시아 절영도 조차 요구 저지, 한러 은행 X)
- 관민 공동회(초대 주미 공사 역임 내부대신 박정양 참여, 헌의 6조(입헌군주제, 탁지부로 재정 일원화)

  독립허니 결의–중추원 관제 개편/의회 설립 추구
- 독립협회 해산(by 황국협회/보부상 단체, 1898)
- 대한국국제(1899) 발표 국국, 원수부 설치(황제 직속의 최고 군통수기관, 1899)
- 양지아문 설치–양전 사업/지계아문 설치–지계(근대적 토지 소유문서) 발급
- 상공/실업 학교 설립

- 한청 통상 조약(1899), 전차(1899)
- 철도 개설(경인선, 1899 *경부선-1905, 경의선-1906), 광제원(국립병원, 1900) 설립

*1900년 이후 대한 제국

- 대한 제국 칙령 제41호(독도 영유권, 1900)

  → 시마네현 고시 제40호(러일 전쟁 중 일본의 독도 불법 편입, 1905)

- 간도 관리사 파견(이범윤, 1903~1905) → 간도 협약(일본이 남만주 철도부설권 얻고 청 영토 인정, 1909)

1. 흥선 대원군의 개혁 정치와 통상 수교 거부 정책

(1) 19세기 조선의 정세

❶ 대내: 세도 정치로 혼란, 농민 봉기, 동학과 천주교의 확산

❷ 대외: 이양선의 출몰, 청·일본의 문호 개방, 러시아의 연해주 차지

(2) 흥선 대원군의 개혁 정책

왕권 강화	• 통치 체제 정비: 세도 정치 타파, 소외되었던 정치 세력과 종친 등용, 『대전회통』·『육전조례』(6조 사무) 편찬, 비변사 축소·폐지 → 정치(의정부)와 군사(삼군부) 업무 분리 • 경복궁 중건: 원납전 강제 징수, 성문의 통행세 징수, 당백전 발행(물가 폭등), 양반 묘지림 벌목, 백성의 노동력 동원 → 양반과 농민의 반발
민생 안정	• 삼정의 개혁: 전정(양전 사업, 은결 색출), 군정(호포제 실시 → 양반에게도 군포 징수), 환곡(주민 자치로 운영되는 사창제 실시) • 서원 철폐: 지방 사족의 세력 기반으로 변질(농민 수탈, 면세 특권) → 만동묘(숙종, 만력제) 철폐, 전국의 서원 중 47개소만 남김

(3) 통상 수교 거부 정책과 양요

병인박해 (1866)	흥선 대원군이 러시아 남하를 견제하기 위해 프랑스와 교섭했으나 실패 → 천주교 금지 여론 고조 → 프랑스 선교사 9명과 8천여 명의 천주교도 처형
제너럴 셔먼호 사건(1866)	미국 상선 제너럴 셔먼호기 대동강을 거슬러 와 통상 요구 → 거부하자 무력 충돌 → 평양 감사 박규수와 관민의 저항으로 제너럴 셔먼호 침몰
병인양요 (1866)	병인박해를 구실로 프랑스군(로즈 제독 함대)의 강화도 침략 → 문수산성(한성근), 정족산성(양헌수)에서 조선군 항전 → 프랑스군 철수, 퇴각 중 의궤 등 외규장각 도서 약탈
오페르트 도굴 사건(1868)	독일 상인 오페르트의 통상 요구 → 조선 정부의 거부 → 오페르트가 남연군(흥선 대원군의 아버지)의 묘(충남 덕산) 도굴 시도, 실패 → 서양인에 대한 반감 확산
신미양요 (1871)	제너럴 셔먼호 사건을 구실로 미국이 배상금 지불과 통상을 요구하자 거부 → 미군(로저스 제독 함대)의 강화도 침략 → 어재연이 이끄는 조선 수비대가 광성보에서 항전(어재연 장군의 수(帥)자기 탈취) → 조선의 강경한 태도에 미군 철수 → 전국에 척화비 건립(1871)

2. 강화도 조약

(1) 개항의 배경

❶ 흥선 대원군의 하야(1873, 최익현의 계유상소) → 고종의 친정, 통상 수교 거부 정책 완화

❷ 통상 개화론 대두: 박규수, 오경석(역관, 『해국도지』·『영환지략』 소개), 유홍기 등이 자주적 문호 개방, 서양 문물 수용 주장

❸ 일본의 포함 외교: 일본이 보낸 서계(외교 문서) 접수 거부 → 일본에서 정한론(조선 침략론) 대두 → 운요호 사건(1875)

(2) 강화도 조약(조일 수호 조규, 1876, 강화도 연무당)

성격	조선이 맺은 최초의 근대적 조약, 불평등 조약
내용	조선이 자주국임을 규정(청의 간섭 배제 의도), 부산 외 2개 항구(원산, 인천) 개항, 해안 측량권 허용, 영사 재판권(치외 법권) 인정
부속 조약	• 조일 수호 조규 부록(1876): 개항장에서 일본인 거류지 설정(개항장 10리 이내), 일본 화폐 유통 인정 • 조일 무역 규칙(1876): 양곡의 유출, 수출입 상품에 대한 무관세(1878년 두모포 수세 사건), 무항세 허용

(3) 서구 열강과의 수교

❶ 조미 수호 통상 조약(1882)

배경	『조선책략』(황준헌, 러시아 견제를 위해 친중국·결일본·연미국 주장) 유포와 청의 알선 → 서양 국가와 맺은 최초의 조약
내용	영사 재판권, 최혜국 대우, 거중 조정, 관세 조항 규정
영향	미국 공사의 서울 부임 → 미국에 보빙사 파견(1883)

❷ 기타 서양 열강과의 수교: 영국·독일(1883), 러시아(1884, 청의 알선 없이 직접 수교), 프랑스(1886, 천주교 공인 문제로 지연) → 영사 재판권과 최혜국 대우를 인정한 불평등 조약

3. 개화 정책 추진

(1) 정부의 개화 정책

❶ 통리기무아문 설치(1880): 개화 정책 총괄, 12사(실무 담당) 설치

❷ 군사 제도 개편: 5군영을 2영(무위영과 장어영)으로 개편, 신식 군대인 별기군 창설(일본인 교관 초빙)

❸ 근대 시설 설치: 기기창(근대 무기 제조, 1883), 박문국(인쇄 업무, 한성순보 발행, 1883), 전환국(화폐 발행, 1883), 우정총국(우편 사무, 1884)

(2) 외교 사절과 시찰단의 파견

❶ 수신사: 강화도 조약 체결 이후 일본에 1차 수신사(1876, 김기수, 『일동기유』), 2차 수신사(1880, 김홍집, 『조선책략』 도입), 3차 수신사(1882, 박영효) 파견

❷ 조사 시찰단(1881): 박정양, 어윤중, 홍영식 등이 비밀리에 파견, 일본의 근대 문물 시찰

❸ 영선사(1881): 청의 톈진 기기국에 김윤식의 인솔로 학생과 기술자 파견 → 귀국 후 기기창 설치

❹ 보빙사(1883): 미국과 수교 후 민영익·홍영식·서광범·유길준(『서유견문』) 등이 답방

4. 개화 정책에 대한 반발

(1) 위정척사 운동의 전개

구분	1860년대	1870년대	1880년대	1890년대
배경	서양의 통상 요구	강화도 조약 체결	개화 정책 추진, 『조선책략』 유포	을미사변, 을미개혁(단발령 공포)
활동	통상 반대(척화주전론)	개항 반대(왜양일체론)	개화 정책 반대, 미국과의 수교 반대 (영남 만인소)	항일 의병 운동 전개
주요 인물	이항로, 기정진	최익현(지부복궐상소)	이만손, 홍재학	유인석, 이소응

(2) 임오군란(1882)

❶ 배경: 개화 정책에 불만, 쌀값 폭등으로 하층민의 생활고, 구식 군인에 대한 차별 대우

❷ 전개: 구식 군인 봉기, 도시 하층민 가세 → 정부 고관, 일본 공사관, 선혜청, 궁궐 공격(명성 황후가 장호원으로 피신) → 흥선 대원군 재집권(개화 정책 중단, 통리기무아문·별기군 폐지) → 민씨 일파의 요청으로 청군 개입 → 군란 진압, 흥선 대원군 납치, 민씨 세력 재집권

❸ 결과

• 청의 내정 간섭: 청군(위안스카이) 주둔, 마건상(내정)·묄렌도르프(외교) 고문 파견

• 조청 상민 수륙 무역 장정 체결: 조선을 청의 속국으로 규정, 청 상인의 특권 보장(영사 재판권 인정, 한성과 양화진에 점포 개설 허용, 내지 통상 가능)

• 일본과 제물포 조약 체결: 배상금 지불, 일본 공사관 경비를 위한 일본군 주둔 허용

  * 조일 수호 조규 속약(1882): 일본인의 한행이정이 50리까지 확대

5. 갑신정변과 국내외 정세의 변화

(1) 개화파의 형성과 분화

❶ 개화파의 형성: 1870년대 초반 박규수, 오경석, 유홍기 등의 지도를 받은 김옥균, 박영효, 김홍집 등이 개화 정책에 참여

❷ 개화파의 분화: 임오군란을 전후한 시기 개화의 방법, 청에 대한 입장을 둘러싸고 분화

구분	온건 개화파	급진 개화파
대표 인물	김홍집, 김윤식, 어윤중	김옥균, 박영효, 홍영식, 서광범
대청 외교	청과 전통적 우호 관계 유지	청의 내정 간섭 탈피
개혁 모델	청의 양무 운동	일본의 메이지 유신
개혁 방향	전통 질서를 유지하면서 서양 과학 기술 수용 (동도서기론)	서양 과학 기술뿐만 아니라 근대 사상과 제도 수용 (문명개화론)

(2) 갑신정변(1884)

❶ 배경: 김옥균이 일본 차관 도입에 실패(급진 개화파의 개혁 주도권 상실, 입지 축소), 청군의 일부 병력 철수(청프 전쟁)

❷ 전개: 우정총국 개국 축하연을 기회로 정변을 일으킴 → 민씨 일파 제거, 신정부 수립, 개혁 정강 발표 → 청군 개입, 일본군의 철수 → 3일 천하로 종결

❸ 개혁 정강: 흥선 대원군 송환 요구, 청과의 사대 관계 청산, 내각 제도(국왕의 전제권 제한), 호조로 재정 일원화, 지조법 개혁, 혜상공국(보부상 전담 기구) 혁파, 문벌 폐지, 인민 평등권 확립, 능력에 따른 인재 등용 등

❹ 결과: 청의 내정 간섭 심화, 한성 조약(조선·일본, 일본 공사관 신축 비용 부담과 배상금 지불), 톈진 조약(청·일본, 양국 군대의 공동 철수와 조선 파병 시 상호 통보 규정)

❺ 의의와 한계: 근대 국민 국가 건설을 위한 최초의 정치 개혁 운동, 일본에 의존, 민중의 지지를 받지 못함

(3) 갑신정변 이후 국내외 정세

❶ 조선을 둘러싼 열강의 대립: 청의 내정 간섭 심화, 청·일의 대립, 러시아의 개입(조·러 밀약 추진) → 러시아의 남하 견제를 구실로 영국이 거문도 불법 점령(거문도 사건, 1885~1887)

❷ 조선 중립화론 제기: 조선 주재 독일 부영사 부들러, 유길준 → 정책에 반영되지 않음

6. 동학 농민 운동(1894)

(1) 배경

❶ 농민층의 반감 고조: 지배층의 수탈과 외세의 침탈로 농촌 경제 악화

❷ 동학의 교세 확장

• 교단 정비: 2대 교주 최시형의 포접제 정비, 『동경대전』·『용담유사』 간행

• 교조 신원 운동: 교조(최제우) 신원과 포교의 자유 주장, 삼례 집회 → 서울 복합 상소 → 보은 집회(척왜양창의, 정치적 구호)

(2) 동학 농민 운동의 전개

❶ 고부 농민 봉기(1894.1.): 고부 군수 조병갑의 탐학과 수탈(만석보 축조, 수세 강제 징수) → 전봉준 등의 주도로 봉기(사발통문) → 고부 관아 점령 → 정부가 군수 새로 임명, 사태 수습을 위해 안핵사 파견

❷ 동학 농민군의 1차 봉기(1894.3.): 안핵사 이용태가 봉기 관련자 탄압 → 전봉준·손화중이 무장에서 봉기 → 백산에서 4대 강령 발표 후 보국안민과 제폭구민의 기치 아래 봉기 → 황토현·황룡촌 전투 승리 → 전주성 점령(1894.4.)

❸ 전주 화약과 집강소 설치

• 배경: 정부가 청에 원병 요청 → 청·일이 조선에 군대 파견(톈진 조약) → 정부와 농민군의 화의

• 전주 화약 체결(1894.5.): 정부의 폐정 개혁 약속과 농민군의 자진 해산, 전라도 일대 집강소 설치(폐정 개혁안 실천), 정부의 교정청 설치와 청·일 군대 철수 요구

＊폐정 개혁안: 탐관오리 처벌, 토지의 평균 분작, 차별적 신분 제도와 악습 폐지(과부 재가 허용) 등

❹ 동학 농민군의 2차 봉기(1894.9.): 일본군의 경복궁 점령, 청일 전쟁 발발 → 동학 농민군 재봉기, 남접(전봉준)·북접(손병희) 연합 부대가 논산에 집결 → 공주 우금치 전투에서 패배(1894.11.) → 전봉준 등 지도자 대부분 체포

(3) 의의

반봉건·반외세 성격의 민족 운동, 동학 농민군의 요구가 일부 갑오개혁에 반영

7. 근대적 개혁의 추진

(1) 갑오개혁

제1차 갑오개혁 (1894.6.)	• 제1차 김홍집 내각 수립, 흥선 대원군 섭정, 군국기무처 설치 • 일본의 간섭을 최대한 배제, 갑신정변의 정강과 동학 농민군의 개혁 요구 반영 • 정치: 개국 기년 사용(중국 연호 폐지), 궁내부 설치(왕실과 정부 사무 분리), 6조를 8아문으로 개편, 과거제 폐지, 경무청 설치 • 경제: 탁지아문으로 재정 일원화, 도량형 통일, 은 본위 화폐 제도 확립, 조세의 금납화 • 사회: 공·사노비제 폐지, 과부의 재가 허용, 조혼 금지, 고문과 연좌제 폐지
제2차 갑오개혁 (1894.12.)	• 청일 전쟁에서 승세를 잡은 일본의 간섭 본격화 → 제2차 김홍집 내각(김홍집·박영효 연립 내각), 군국기무처 폐지, 고종이 독립서고문과 홍범 14조 반포 • 정치: 내각제 시행, 8아문 → 7부로 조직, 지방 제도 개편(8도 → 23부), 재판소 설치, 지방관의 권한 축소(사법권과 군사권을 없앰) • 경제: 예산 제도 시행, 징세서(조세 징수) 설치, 육의전 폐지, 상리국(1885, 혜상공국 개칭) 폐지 • 사회: 교육 입국 조서 반포 → 한성 사범 학교, 소학교, 외국어 학교 관제 마련

(2) 을미개혁(1895)

❶ 배경: 일본이 청일 전쟁에서 승리한 후, 시모노세키 조약을 체결히여 랴오둥반도 차지 → 러시아가 주도한 삼국 간섭(러·프·독)으로 일본이 랴오둥반도 반환 → 조선의 친러 정책 추진 → 박영효 실각, 일본으로 망명 → 일본이 친러 정책을 주도하던 명성 황후 시해(을미사변, 1895.8.) → 제3차 김홍집 내각(친일 내각)이 구성되어 개혁 추진

❷ 개혁 내용
• 태양력 채택
• 건양 연호 사용
• 단발령 실시
• 군제 개편(중앙에 친위대, 지방에 진위대 설치)
• 종두법 시행
• 우편 사무 재개

❸ 개혁에 대한 반발: 을미사변과 단발령에 저항하여 각지에서 의병 봉기(을미의병)

❹ 개혁 중단: 아관파천(1896) 직후 고종이 단발령을 철회하고 의병 해산 권고 조칙을 내림(친일 내각 붕괴)

8. 독립협회와 대한 제국

(1) 독립협회

❶ **창립**: 아관파천 이후 열강의 이권 침탈 심화 → 서재필이 독립신문 창간(정부 지원), 독립문 건립 명목으로 독립협회 창립(1896, 초기 관료·지식인 중심 → 일반 시민 참여)

❷ **활동**

- 민중 계몽 운동: 대조선 독립협회 회보 간행, 독립관에서 강연회·토론회 개최, 만민 공동회 개최
- 자주 국권 운동: 러시아 군사 교관·재정 고문 철수, 러시아의 절영도 조차 요구 철회, 한러 은행 폐쇄
- 관민 공동회 개최: 헌의 6조 결의(입헌 군주제 지향, 탁지부로 재정 일원화, 피고의 인권 존중 등)
- 의회 설립 운동: 정부와 협상하여 개편된 중추원 관제 반포

❸ **해산**: 보수세력이 독립협회가 공화정을 추진한다고 모함 → 고종이 황국협회와 군대를 동원하여 독립협회를 탄압하고 해산(1898.12.)

(2) 대한 제국과 광무개혁

❶ **대한 제국의 수립**: 고종의 환궁 요구 여론 고조, 독립협회의 활동, 러·일 간 세력 균형, 자주독립 국가 수립의 필요성 자각 → 고종의 경운궁(덕수궁) 환궁, 광무 연호 제정 → 환구단에서 황제 즉위식 거행, 대한 제국 선포(1897)

❷ **대한국 국제(1899)**: 독립협회 강제 해산 후 반포, 대한 제국이 자주 독립국임을 천명, 황제의 무한한 군주권 규정

❸ **광무개혁**: 구본신참의 원칙에 따른 점진적 개혁 추구

- 정치: 궁내부 확대(황제권 강화)
- 군사: 원수부 설치(황제가 군 통수권 장악), 무관 학교 설립, 친위대·진위대 병력 증가
- 경제: 양지아문·지계아문 설치(양전 사업, 근대적 토지 소유 증명서인 지계 발급), 근대적 공장과 회사 설립, 민간 주도로 금융 기관 설립(한성 은행, 대한 천일 은행)
- 사회: 각종 실업 학교 설립, 근대 시설 확충(전화 가설, 전차·경인선 개통), 광제원(국립 병원) 설립
- 외교: 한청 통상 조약(1899, 청과 대등한 관계에서 체결된 근대적 조약)

❹ **간도와 독도 문제**

간도	• 간도 관리사로 이범윤 임명(1903), 간도를 함경도의 행정 구역으로 편입 • 간도 협약(1909): 일제가 남만주 철도 부설권을 조건으로 간도를 청의 영토로 인정(을사늑약으로 대한 제국은 외교권이 없어 협약 체결 과정에 참여하지 못함)
독도	• 대한 제국 칙령 제41호(1900, 울릉도와 독도에 대한 영유권을 밝힘) • 러일 전쟁 중 일본이 독도를 불법적으로 편입(1905, 시마네현 고시 제40호)

확인문제

01 흥선 대원군은 ☐☐제를 실시하여 양반에게도 군포를 징수하였으며 환곡의 폐단을 없애기 위해 주민 자치로 운영되는 ☐☐제를 실시하도록 했다.

02 병인양요 때 프랑스군이 퇴각하던 중 ☐☐ 등 외규장각 도서를 약탈하였다.

03 ☐☐☐☐는 제너럴 셔먼호 사건을 구실로 미국이 배상금 지불과 통상을 요구하면서 발생하였다. 미군이 강화도를 침략했을 때 ☐☐☐이 이끄는 조선 수비대가 광성보에서 항전하였다.

04 1876년에 연무당에서 맺은 ☐☐☐ 조약은 조선이 자주국임을 규정하였으며 ☐☐ 외 2개 항구의 개항을 요구하였다.

05 1880년에 설치된 ☐☐☐☐☐☐은 개화 정책을 총괄하는 기구로 12사를 두었다.

06 개화 정책이 추진되면서 군사 제도가 개편되었는데 5군영을 ☐☐☐, 장어영의 2영으로 개편하였고 신식 군대인 ☐☐군을 창설하였다.

07 일본과 강화도 조약을 체결한 후 1차 수신사로 ☐☐☐가 일본에 파견되었고 일본에 다녀온 뒤 일본의 문물을 시찰하고 『☐☐☐☐』를 집필하였다.

08 임오군란의 결과로 ☐☐ ☐☐ ☐☐ ☐☐ 장정이 체결되었으며 이는 조선을 청의 속국으로 규정하고 청 상인의 특권을 보장하는 내용을 담았다.

09 1884년 김옥균 등 급진개화파가 주축이 되어 일어난 ☐☐☐☐의 결과로 조선은 일본과 ☐☐ 조약을, 일본과 청 사이에는 ☐☐ 조약을 맺게 되었다.

10 동학 농민군은 황토현과 황룡촌 전투에서 승리한 뒤 전주성을 점령하였고 정부와 ☐☐ 화약을 체결하였다. 이후 폐정 개혁안을 실천하기 위한 ☐☐☐가 설치되었으며 정부도 자주적 개혁을 추진하기 위해 ☐☐☐을 설치하였다.

11 제1차 갑오개혁 당시 개혁을 추진하는 최고 기구인 ☐☐☐☐☐가 설치되었다.

12 제2차 갑오개혁에서 고종은 ☐☐ 14조를 발표하고 이때 중앙 조직 8아문은 ☐부로, 지방 행정 구역 8도는 ☐☐부로 개편하였다.

13 을미개혁으로 '☐☐'이라는 연호를 제정하고 태양력을 채택하였으며 군제는 ☐☐대와 ☐☐대를 설치하였다.

14 고종은 ☐☐궁으로 환궁하여 '☐☐'라는 연호를 제정하고 환구단에서 황제 즉위식을 거행하면서 ☐☐☐☐을 선포하였다.

1 75회 28번

(가) 사건에 대한 설명으로 옳은 것은? [2점]

> 　　김옥균 등은 청이 우리 자주권을 침해하는 데 분노하여 일본 공사와 [(가)]을/를 일으켜 '일본당'으로 지목되었다. [(가)]이/가 실패하자 온 나라가 그를 역적이라 하였다. 나는 조정에 몸을 담고 있어 그를 토벌하여 죽여야 한다는 것 외에 다른 목소리를 낼 수 없었다. 그러나 김옥균과 나의 마음은 그 뜻이 다른 데 있는 것이 아니라 나라를 사랑하는 데서 나온 것이었다.
>
> － 『속음청사』 －

① 개혁 추진 기구로 교정청이 설치되었다.

② 전개 과정에서 홍범 14조가 반포되었다.

③ 통리기무아문이 신설되는 배경이 되었다.

④ 김기수가 수신사로 파견되는 결과를 가져왔다.

⑤ 청일 간에 톈진 조약이 체결되는 계기가 되었다.

해설

김옥균, 청의 자주권 침해 반대, 일본 공사의 지원 → 갑신정변 (1884)

① 교정청: 동학 농민 운동 때 정부가 설치 ↔ 집강소는 농민군이 설치

② 홍범 14조 → 2차 갑오개혁(1894~1895)의 기본 강령
　💡홍2장군💡

③ 통리기무아문 → 본격 개화 추진 기구(1880)

④ 김기수 → 1차 수신사, 『일동기유』, 강화도 조약(1876)
　💡김기수신사💡

⑤ 청일 간에 톈진 조약 → 갑신정변의 결과, 조일 간에는 한성 조약 💡갑한톈💡

정답 ▶ ⑤

2 72회 31번

밑줄 그은 '사건' 이후에 전개된 사실로 옳은 것은? [2점]

> 조선왕 전하께
>
> …… 9월 말에 평양의 대동강에서 좌초한 미국 상선에 승선한 사람들이 살해당했고 배가 불살라졌다는 고통스럽고 놀랄 만한 <u>사건</u>이 있었다고 들었습니다. 본 총병은 본국 수사제독의 위임으로 파견되어 상세히 조사하라는 명을 받았습니다. 과연 이러한 일이 있었는지, 사실인지 아닌지, 생존자가 몇 사람인지 등을 귀국에서 신속히 조사해 분명히 답해주시길 부탁드립니다.
>
> - 미국 군함 와추세트(Wachusett) 수사총병 슈펠트(Shufeldt) -

① 홍경래가 난을 일으켰다.

② 임술 농민 봉기가 일어났다.

③ 황사영 백서 사건이 발생하였다.

④ 어재연이 광성보 전투에서 전사하였다.

⑤ 청의 요청으로 나선 정벌에 조총 부대를 파견하였다.

해설

평양 대동강에서 좌초한 상선 → 제너럴 셔먼호 사건(1866)
　💡유~병제병오신척💡

① 홍경래·우군칙의 난 → 1811년(순조) 💡홍순경💡

② 임술 농민 봉기 → 1862년(철종), 유계춘 ↔ 백낙신, 안핵사 박규수, 삼정이정청 설치

③ 황사영 백서 사건 → 신유박해(1801) 다음 💡유황오리💡

④ 어재연의 광성보 전투 → 신미양요(1871)의 원인은 제너럴 셔먼호 사건 💡미국 어메리카💡 💡광어💡

⑤ 청의 요청으로 나선 정벌에 조총 부대 파견 → 효종, 변급/신류 💡변신💡

정답 ▶ ④

(가), (나) 조약 사이의 시기에 볼 수 있는 모습으로 가장 적절한 것은? [3점]

> (가) 부산항에서 일본국 인민이 통행할 수 있는 도로 이정(里程)은 부두로부터 기산하여 조선 이법(里法)으로 동서남북 직경 10리로 정한다. 동래부는 이정 밖에 있지만 특별히 왕래할 수 있다. 일본국 인민은 마음대로 통행하며 조선 토산물과 일본국 물품을 사고팔 수 있다.
>
> (나) 통상 지역에서 조선 이법 100리 이내, 혹은 장래 양국 관원이 서로 의논하여 정하는 경계 안에서 영국 인민은 여행증명서 없이 마음대로 돌아다닐 수 있다. 여행증명서를 지닌 영국 인민은 조선 각지를 돌아다니며 통상하거나, 각종 화물을 들여와 팔거나(단, 조선 정부가 불허한 서적·인쇄물 등은 제외), 일체 토산물을 구매할 수 있다.

① 거문도를 불법으로 점거하는 영국 군인

② 남연군 묘의 도굴을 시도하는 독일 상인

③ 부산 절영도의 조차를 요구하는 러시아 공사

④ 조청 상민 수륙 무역 장정을 체결하는 청 관리

⑤ 톈진 조약에 따라 조선에서 철수하는 일본 군인

(가)에 대한 탐구 활동으로 가장 적절한 것은? [1점]

① 삼국 간섭의 결과를 알아본다.

② 척화비가 건립된 계기를 조사한다.

③ 선주 화약이 체결되는 과정을 살펴본다.

④ 영국이 거문도를 점령한 목적을 분석한다.

⑤ 외규장각 도서가 약탈된 배경을 찾아본다.

 **해설**

(가) 한행이정 10리 – 조일 수호 조규 부록(1876)

　💡강화도 조약 때문에 10엔도 없어 없어 없어💫

(나) 조영 수호 통상 조약(1883)

　💡영/독(1883)이/러(1884)/갑(1884)/프(1886)💫

① 거문도 사건 → 1885년 💡바로 점령💫

② 남연군 묘 도굴 미수 → 1868년

③ 러시아의 부산 절영도 조차 요구 → 독립협회의 저지, 1898년

④ 조청 상민 수륙 무역 장정 → 임오군란(1882) 후 체결

　💡임오는 포청천💫

⑤ 톈진 조약 → 갑신정변 후 1885년 💡갑한텐💫

정답 ▶ ④

 **해설**

전봉준, 조병갑, 사발통문, 고부 봉기 → 동학 농민 운동

① 삼국 간섭: 청일 전쟁 → 시모노세키 조약 – 랴오둥반도 할양 → 삼국 간섭(러/프/독) → 랴오둥반도 반환 → 을미사변

② 척화비 건립(1871) → 신미양요 이후 💡유~병제병오신척💫

③ 전주 화약 → 동학 농민 운동 💡삼보고백 토룡전복 논공치기💫

④ 거문도 점령(1885): 갑신정변 후 청의 간섭 심화 → 조선 친러 정책 → 영국의 거문도 점령 💡바로 점령💫

⑤ 외규장각 도서: 병인양요 때 퇴각하던 프랑스 군대의 약탈

정답 ▶ ③

16강 국권 피탈 과정과 개항 이후의 경제와 문화

열강의 이권 침탈

- 금광채굴권: 운산(미국), 은산(영국), 당현(독일), 경성/경원(러시아)
- 철도 부설권: 경인선(미 → 일, 1899), 경부선(일, 1905), 경의선(프 → 일, 1906)
- 삼림 채벌권: 압록강/울릉도(러시아)
- 용암포 사건(1903): 러시아의 용암포 조차 요구 → 일본, 영국의 반대 (*절영도 조차 요구 저지-독립협회, 1898)

러일 전쟁과 국권 피탈 ☀정일(04)이(05) 특강 신(07)기(09)합(10)니다☀

- 러일 전쟁: 일본의 선공(1904.2.)
- 한일의정서: 전략상 필요한 지점 임의 사용/군사적 요충지
- 제1차 한일 협약(1904.8.): 고문 파견, 외교-스티븐스/재정-메가타 (*화폐 정리 사업)
- 가쓰라-태프트 밀약: 미국의 필리핀 통치 ☀가영포을☀

  2차 영일 동맹: 영국의 인도 통치

  포츠머스 강화 조약: 러시아의 조선 포기
- 을사늑약(제2차 한일 협약, 1905.11.): 덕수궁 중명전, 전쟁 승리 후 강제 체결, 통감(이토 히로부미)부 설치, 외교권 박탈
- 헤이그 특사 파견(1907): 네덜란드 헤이그 만국 평화회의에 3리 파견(이준/이위종/이상설)
- 고종 강제 퇴위/순종 즉위
- 한일 신협약(정미7조약, 1907): 일본인 차관 임명, 통감 권한 확대, 통감의 승인/동의, 군대 해산-부속 각서
- 기유각서(1909): 사법권/감옥 사무 처리권 박탈
- 한일 병합 조약(1910.8.29.): 경술국치, 총독(데라우치)부 설치
- *시마네현 고시 제40호(1905.2.): 러일 전쟁 중 일본이 독도를 불법 편입

우리의 저항

[을사늑약(1905.11.17.) 체결]
- 시일야방성대곡(1905.11.20.): 황성신문 주필 장지연의 논설 → 신문지법 제정(1907) (*서당 규칙, 1918)
- 의거: 민영환(자결)

  나철/오기호(1907, 오적 암살단/자신회 조직)

  장인환/전명운(1908, 스티븐스 저격, 샌프란시스코) ☀장전☀

이재명(1909, 이완용 공격, 명동성당)

안중근(1909, 이토 히로부미 처단, 하얼빈, 「동양 평화론」)

- **특사**: 미국에 헐버트, 헤이그에 3리 파견

[애국 계몽 운동] 💡4567 보정자신☆

- **보안회(1904)**: 일본의 황무지 개간권 요구 반대(= 농광 회사) 💡황무지의 보안광☆
- **헌정연구회(1905)**: 독립협회 계승, 입헌군주제 주장, vs 일진회 💡헌헌☆
- **대한자강회(1906)**: 고종 강제 퇴위 반대, 월보 발행 💡강강☆
- **신민회(1907)**: 비밀결사(*신간회는 공개), 공화정 지향

  교육(대성 학교–안창호/평양, 오산 학교–이승훈/정주) 💡안대☆ 💡오이☆

  산업(자기 회사, 태극 서관)

  국외 독립운동 기지(서간도/삼원보/신흥 강습소) 건설

  대한매일신보(1904, 양기탁)를 기관지로 활용

  105인 사건(데라우치 암살 혐의 날조)으로 해체(1911, *신간회는 1927~1931)

[의병]

- **을미의병(1895)**: 명성 황후 시해＆단발령 → 이소응, 유인석 → 단발령 철회/고종의 권고로 해산

  💡을미의병 이유는 단발령☆
- **을사의병(1905)**: 을사늑약 반대, 최익현(유생), 신돌석(평민), 민종식(전직 관리)

  💡10년 지나 최신식☆
- **정미의병(1907)**: 고종 강제 퇴위/군내 해산(박승환 자결)–전력 최강/13도 창의군 결성

  국제법상 교전단체 인정 요구, 서울 진공 작전 시도(1908), 이인영/허위

  💡전력이~허!☆
- **호남 의병**: 남한 대토벌 작전(1909) → 간도/연해주 이동, 무장 투쟁

개항 이후의 사회, 경제, 문화 정리/보충

[1883년] 군란(1882)과 정변(1884) 사이 💡빙순(수)을 동원하라!☆

- 보빙사 파견
- 한성순보(관영, 박문국 *기기창/전환국) 발행
- 동문학(관립 외국어 교육) 설립
- 원산학사(최초 근대 사립 교육 기관/덕원-원산 *1880년 원산 개항) 설립

[1885~1890년]

- **광혜원(1885)**: 최초 근대식 병원, 알렌 → 제중원 (*갑신정변(1884) 때 민영익 치료)
- **개신교 사립 학교**: 배재 학당(1885, 아펜젤러), 이화 학당(1886, 스크랜튼)

- **전신**(1885, 인천~서울~의주), **전등**(1887, 경복궁)
- **육영공원(1886)**: 최초 관립 근대 교육, 고관 자제, 헐버트/길모어/벙커 💡육6☆
- **한성주보(1886)**: 관영, 국한문/최초 상업 광고
- **방곡령(1889, 1890)**: 황해/함경 → 실패, 배상금(*1883년 조일 통상 장정) 💡방구☆

*헐버트: 을사늑약 후 미국 특사, 헤이그 특사 지원, 『사민필지』(한글로 된 세계 지리 교과서) 집필

[1890~1900년]

- **교육 입국 조서 발표(1895)**: 2차 갑오개혁, 한성사범학교 설립 💡이2☆
- **민족계 은행 설립**: 조선 은행(1896), 한성 은행(1897), 대한 천일 은행(1899) ← 화폐 정리 사업(1905) 때 몰락
- 러시아의 절영도 조차 요구 저지, 한러 은행 폐쇄(1898, 독립협회/만민공동회)
- 황국중앙총상회 조직(1898, 시전상인 상권 수호 운동) *상회사(대동/장통상회) 1883년
- 한성 전기 회사(1898), 전차(1899, 서대문~청량리), 경인선(1899, 노량진~제물포)
- **황성신문(유림)/제국신문(부녀자)(1898)** 💡황제1898☆
- **여권통문(1898)** 발표: 황성/독립신문 보도, 북촌 양반 여성, 최초 여성 인권선언

[1900~1910년]

- **황무지 개간권 요구 반대(1904)**: 보안회, 농광 회사
- **대한매일신보 창간(1904)**: 의병 투쟁 호의, 국채 보상 운동 지원
- **화폐 정리 사업(1905)**: 재정 고문 메가타, 상평통보/백동화 → 제일은행권(등가 교환 X), 상인/은행 타격,

  금본위제(*은본위제-1차 갑오개혁 💡금가☆ 💡은오☆)
- 경향신문(1906, 천주교, 순한글)/만세보(1906, 천도교, 동학 3대 교주 손병희, 국한문 혼용) 창간
- **국채 보상 운동(1907)**: 메가타 부임 이후 차관 확대, 대구의 서상돈/김광제 주도 💡돈광☆

  금연/금주/비녀/반지, 대한매일신보의 지원 💡한국체대☆

  국채 1,300만 원(*민립대학-1,000만 원), 통감부 방해로 중단(*물산 장려 운동-총독부)
- **국문연구소(1907)**: 학부 아래, 주시경/지석영(*조선어연구회-1921/조선어학회-1931)
- **동양 척식 주식회사(1908)**: 토지 수탈
- **원각사(1908)**: 최초 서양식 극장, 신소설 『은세계』 상연 💡ㅇㅇ=8☆
- 신채호(『독사신론』, 민족주의 사학, 1908), 박은식(「유교구신론」, 양명학, 1909), 한용운(『조선 불교 유신론』, 1910)
- 대종교(나철/오기호, 1909, 국외 무장 독립 투쟁 → 북간도 중광단, 1911)

*최초 합법 이민(1902, 하와이 사탕수수 농장)-사진결혼 → 독립운동 지원

*신문 총정리

한성순보(1883, 최초)-한성주보(1886, 최초 광고)-독립신문(1896, 최초 민간, 한글/영문)-제국신문(1898, 순한글, 서민/부녀자)-황성신문(1898, 남궁억, 국한문, 유림, 장지연의 「시일야방성대곡」-1905)-대한매일신보(1904, 양기탁/베델, 국채 보상 운동 적극 지원)-만세보(1906, 천도교)-신문지법(1907, 탄압)

1. 일제의 국권 침탈과 국권 수호 운동

(1) 일제의 국권 침탈 과정

❶ 러일 전쟁 발발(1904.2.): 한반도를 둘러싼 러·일 간 대립 격화(용암포 사건, 1903) → 대한 제국의 국외 중립 선언 → 일본의 기습 공격으로 전쟁 시작

❷ 한일 의정서(1904.2.): 일본이 한반도 내에서 군사적 요충지 사용권 확보

❸ 제1차 한일 협약(1904.8.): 외교·재정 분야에 일본이 추천하는 외국인 고문 임명(고문 정치) → 외교 고문 스티븐스, 재정 고문 메가타 파견

❹ 일본의 한국 지배에 대한 열강의 인정: 가쓰라·태프트 밀약(1905.7., 일본과 미국이 각각 한국과 필리핀에 대한 우월한 이익을 상호 인정), 제2차 영일 동맹(1905.8., 인도와 한국에 대한 각자의 특수 이익을 상호 인정)

❺ 러일 전쟁의 종결: 포츠머스 강화 조약(1905.9.) → 일본이 한국에 대한 독점적 지배권 확보

❻ 제2차 한일 협약(을사늑약, 1905.11.): 대한 제국의 외교권 박탈, 통감부 설치(초대 통감 이토 히로부미 부임) → 고종의 헤이그 특사 파견(1907)

❼ 한일 신협약(정미7조약, 1907.7.): 고종의 강제 퇴위, 순종 즉위 후 강제로 체결 → 통감의 내정 간섭 권한 강화, 행정 각 부에 일본인 차관 임명(차관 정치), 부속 각서에 따라 대한 제국 군대 해산(박승환 자결)

❽ 기유각서(1909.7.): 사법권과 감옥 사무 처리권 박탈

❾ 한일 병합 조약(경술국치, 1910.8.): 일제가 대한 제국의 국권 강탈 → 조선 총독부 설치(초대 총독 데라우치 부임)

(2) 항일 의병 운동

❶ 을사늑약에 대한 항거

• 언론의 규탄: 황성신문에 「시일야방성대곡」(장지연) 게재

• 자결: 민영환 등 우국지사의 자결

• 의거: 오적 암살단 자신회 조직(1907, 나철·오기호), 미국 샌프란시스코에서 스티븐스 저격(1908, 장인환·전명운), 하얼빈에서 이토 히로부미 처단(1909, 안중근, 「동양평화론」), 이완용 처단 시도(1909, 이재명, 명동성당)

• 고종의 대응: 을사늑약 무효 선언, 미국에 특사 파견(헐버트), 만국 평화 회의에 헤이그 특사 파견(이상설·이준·이위종)

❷ 의병 운동의 전개

을미의병 (1895)	• 배경: 을미사변(명성 황후 시해), 단발령 시행 • 주도: 유인석, 이소응 등 유생층 • 해산: 단발령 철회와 고종의 해산 권고에 따라 대부분 활동 중단
을사의병 (1905)	• 배경: 을사늑약 체결 • 주도: 민종식(전직 관리), 최익현(유생), 신돌석(평민 출신) 등 • 특징: 평민 의병장 지휘 부대의 활약

| 정미의병
(1907) | • 배경: 고종의 강제 퇴위, 대한 제국의 군대 해산
• 특징: 해산 군인의 가담으로 전투력 강화 → 의병 전쟁으로 발전, 각국 영사관에 의병을 국제법상 교전
  단체로 인정할 것을 요구
• 의병 연합: 13도 창의군 결성(총대장 이인영, 군사장 허위) → 서울 진공 작전(1908, 실패) |
| 호남 의병의
활약 | 일제의 남한 대토벌 작전(1909)으로 위축 → 만주·연해주로 근거지 이동, 무장 독립 투쟁으로 계승 |

(3) 애국 계몽 운동: 을사늑약 전후 관료·지식인 주도, 점진적 실력 양성을 통한 국권 회복 추구

❶ 보안회(1904): 일제의 황무지 개간권 요구 반대 운동 전개(철회)

❷ 헌정 연구회(1905): 독립협회 계승, 의회 설립을 통한 입헌 정체 수립 추구, 친일 단체 일진회 규탄

❸ 대한 자강회(1906): 헌정 연구회 계승, 전국에 지회 설치, 월보 간행 → 고종 강제 퇴위 반대 운동을 전개하다가
일제의 탄압으로 해산(1907)

❹ 신민회(1907)

- 결성: 안창호, 양기탁, 이동휘 등을 중심으로 조직된 비밀결사
- 목표: 국권 회복과 공화 정체의 근대 국가 건설 → 실력 양성과 무장 독립 전쟁 준비
- 활동: 대중 계몽 활동, 민족 교육 실시(대성 학교, 오산 학교 설립), 민족 산업 육성(자기 회사, 태극 서관 운영), 국
  외 독립운동 기지 건설(서간도 삼원보에 신흥 강습소 설립)
- 해체: 일제가 날조한 105인 사건으로 와해(1911)

2. 개항 이후의 경제와 문화

(1) 열강의 경제 침탈

❶ 개항 초기 일본 상인의 무역 독점

- 강화도 조약 및 부속 조약에 의해 허용된 특권(영사 재판권, 무관세, 일본 화폐 사용 등)을 이용
- 거류지 무역: 개항장 10리 이내로 제한 → 조선 상인(객주, 여각, 보부상 등)을 중개로 교역

❷ 일본과 청의 무역 경쟁: 임오군란 이후 청 상인의 진출 본격화 → 청·일 상인의 상권 경쟁 치열 → 청일 전쟁 후
일본의 상권 장악

- 조청 상민 수륙 무역 장정(1882): 청 상인의 특권 보장(양화진·한성에 점포 개설, 영사 재판권, 내지 통상 허용) →
  조선 상인 타격
- 조일 통상 장정(1883): 일본 상품에 대한 관세 부과, 방곡령 규정(1개월 전 통지), 최혜국 대우

❸ 열강의 이권 침탈: 아관파천 이후 최혜국 대우 규정을 이용하여 여러 이권 차지

- 러시아: 압록강·울릉도 등의 삼림 채벌권, 절영도 조차 요구, 한러 은행 설립, 용암포 불법 점령
- 미국: 운산 금광 채굴권, 경인선 부설권(미국 → 일본)
- 프랑스: 경의선 부설권(프랑스 → 일본)
- 일본: 경부선, 경원선 부설권
- 독일: 당현 금광 채굴권

❹ 일본의 금융·재정 지배

차관 강요	각종 개혁 및 시설 개선 명목으로 차관 제공 → 대한 제국 재정의 예속화
금융 지배	주요 대도시에 일본 제일 은행 지점을 설치 → 대한 제국 정부의 세관 업무 및 국고 처리 업무 위탁 관리
화폐 정리 사업 (1905)	• 일본인 재정 고문 메가타 주도 • 상평통보·백동화 등을 일본 제일 은행권으로 교환 추진: 백동화를 갑·을·병종으로 등급을 구분하여 교환, 전환국 폐지, 금본위제 실시 • 결과: 조선인 은행 몰락, 국내 자본가·상인·농민의 피해

❺ 일본의 토지 약탈: 철도 부지와 군용지 확보 구실로 대규모 토지 차지 → 동양 척식 주식회사 설립(1908)으로 토지 약탈, 이주 농민들에게 헐값으로 불하

(2) 경제적 구국 운동

❶ 방곡령 선포: 조일 통상 장정(1883)에 의거, 함경도와 황해도 등지의 지방관이 방곡령 선포(1889, 1890) → 일본이 규정 위반(1개월 전 통보)을 이유로 방곡령 철회 및 피해 보상 요구 → 방곡령 철회, 배상금 지급

❷ 조선 상인의 대응: 시전 상인(황국 중앙 총상회 조직(1898), 상권 수호 운동 전개), 상회사 설립(대동 상회, 장통 상회 등)

❸ 근대적 은행 설립: 조선 은행(1896), 한성 은행(1897), 대한 천일 은행(1899) 등 설립 → 일제의 화폐 정리 사업으로 몰락

❹ 이권 수호 운동: 아관파천 이후 열강의 이권 침탈 심화 → 독립협회가 만민공동회 개최 → 러시아의 절영도 조차 요구 저지, 한러 은행 폐쇄, 프랑스·독일의 광산 채굴권 요구 저지

❺ 황무지 개간권 반대 운동(1904): 농광 회사 설립, 보안회의 활동, 자주적인 황무지 개간 주장 → 일본의 요구 철회

❻ 국채 보상 운동(1907)

• 배경: 일본으로부터 막대한 차관 도입 → 대한 제국의 경제적 예속 심화

• 전개: 대구에서 서상돈, 김광제 등의 주도로 시작 → 국채 보상 기성회 조직, 황성신문·대한매일신보 등 언론 기관의 지지로 확산, 국채 보상을 위한 모금 운동 전개(금주, 단연, 가락지 모으기 등) → 일제 통감부의 방해와 탄압으로 중단

(3) 근대 문물의 수용

❶ 근대 시설의 도입: 일상생활 편리, 시공간 개념의 변화, 외세의 침략 목적에 이용

교통 통신	• 전신: 인천~서울~의주 개통(1885) • 전기: 경복궁에 전등 설치(1887), 한성 전기 회사 설립(1898) • 전차: 서대문~청량리 노선 개통(1899) • 철도: 경인선(노량진~제물포, 1899), 경부선(1905), 경의선(1906) 개통 • 우편: 우정총국 설치(1884) → 갑신정변으로 중단 → 우체사 설립(1895, 우편사무 시작) → 만국 우편 연합에 가입(1900)
의료	광혜원(1885, 최초의 근대식 병원, 제중원으로 개칭), 종두법 실시(지석영)
건축	독립문(1897), 명동성당(1898), 덕수궁 석조전(1910)
기타	기기창(1883, 무기 제조), 박문국(1883, 인쇄·출판, 한성순보 발행), 전환국(1883, 화폐 주조)

❷ 언론의 발달

- 한성순보(1883~1884): 최초의 신문, 박문국에서 발행, 순한문, 열흘마다 발행이 원칙, 관보의 성격, 갑신정변으로 발행 중단
- 한성주보(1886~1888): 국한문 혼용, 최초로 상업 광고 게재
- 독립신문(1896~1899): 서재필 창간, 우리나라 최초의 민간 신문으로 한글판과 영문판 발행, 자주독립 정신과 근대적 민권 의식 고취에 기여, 여권통문 게재
- 제국신문(1898~1910): 이종일 발행, 서민층·부녀자 대상의 순한글 신문
- 황성신문(1898~1910): 남궁억 발행, 유림층 대상의 국한문 혼용 신문, 장지연의「시일야방성대곡」게재, 여권통문 게재, 국채 보상 운동 지원
- 대한매일신보(1904~1910): 양기탁·베델(영국인) 창간, 순한글·국한문·영문판 발행, 강한 항일 논조, 의병 투쟁에 호의적, 국채 보상 운동 적극적 지원
- 만세보(1906~1907): 천도교에서 발행한 국한문 혼용 신문
- 일제의 탄압: 신문지법(1907)으로 언론 활동 제약

❸ 근대 교육의 발달

1880년대	• 사립: 원산 학사(1883, 덕원, 최초의 근대적 사립 학교), 배재 학당(아펜젤러)·이화 학당(스크랜튼)은 개신교 선교사가 설립 • 관립: 동문학(1883, 외국어 교육), 육영 공원(1886, 미국인 교사 초빙, 고관 자제 입학)
1890년대	• 교육 입국 조서 반포(1895) → 사범학교·소학교 등 각종 관립 학교 설립 • 여권통문 발표(1898): 서울 북촌의 양반 여성들 주도, 여성 교육의 중요성 강조
1900년대	을사늑약 이후 오산 학교(이승훈, 정주), 대성 학교(안창호, 평양) 등

❹ 국학 연구

- 국문연구소 설립(1907): 지석영, 주시경 등이 국문 정리와 맞춤법 연구
- 신채호의『독사신론』발표(1908, 민족주의 사학의 연구 방향 제시), 최남선이 조선 광문회 조직(1910, 민족 고전 정리 및 간행), 위인전 보급, 외국 흥망사 번역

❺ 문예와 종교의 새 경향

- 문예: 원각사 설립(1908, 우리나라 최초의 서양식 극장) → 신소설『은세계』상연

종교	대종교	나철·오기호가 단군 신앙을 바탕으로 창시(1909), 국외 무장 독립 투쟁 전개
	천도교	동학의 3대 교주 손병희가 개칭, 만세보 발행
	유교	박은식의「유교 구신론」(1909, 양명학을 통한 실천적 유교 정신 강조)
	불교	한용운이『조선 불교 유신론』저술
	개신교	근대 의료 보급 및 교육 활동
	천주교	조프 수호 통상 조약(1886) 이후 공인, 경향신문 간행(순한글 신문, 1906)

❻ 국외 이민

- 알렌의 주선, 하와이 사탕수수 농장 등으로 최초의 합법적 이민 시작(1902)
- 사진결혼: 하와이로 이주한 남성들이 결혼을 위해 고국에 사진을 보내 여성들과 결혼

01 1903년에 일어난 ☐☐☐ 사건은 한반도를 둘러싼 러일 간의 대립을 격화시켰고 일본의 기습 공격으로 러일 전쟁이 발발하였다.

02 러일 전쟁 중에 제1차 한일 협약으로 ☐☐ 정치가 시작되며 스티븐스와 메가타가 파견되었다.

03 1905년에 맺은 ☐☐☐☐으로 대한 제국은 외교권을 박탈당했고 이토 히로부미가 초대 ☐☐으로 부임하였다.

04 한일 신협약으로 통감의 내정 간섭이 강화되고 일본인 ☐☐이 임명되었으며, 부속 각서에 따라 대한 제국의 ☐☐가 해산되었다.

05 을미사변과 단발령에 반발하여 을미의병이 일어났는데 이때 ☐☐☐과 이소응 등 유생들이 중심이 되어 주도하였다.

06 ☐☐의병은 을사늑약의 체결을 계기로 발생하였으며 최익현, 민종식, 그리고 평민 출신인 ☐☐☐이 대표적으로 활약하였다.

07 고종의 강제 퇴위와 대한 제국의 군대 해산으로 발발한 ☐☐의병은 13도 창의군을 결성하였고 이들은 ☐☐ 진공 작전을 세웠으나 실패하였다.

08 일제의 황무지 개간권 요구 반대 운동을 전개한 단체는 ☐☐☐이다.

09 헌정 연구회를 계승한 대한 ☐☐☐는 고종 강제 퇴위 반대 운동을 전개하다가 일제의 탄압으로 해산되었다.

10 안창호, 양기탁, 이동휘 등을 중심으로 1907년에 조직된 ☐☐☐는 국권 회복과 공화 정체의 근대 국가 건설을 목표로 하였으나 일제가 날조한 105인 사건으로 와해되었다.

11 일본인 재정 고문 메가타가 주도한 ☐☐ ☐☐ 사업으로 백동화 가치가 폭락하여 조선인 은행이 몰락하고 국내 자본가·상인 등이 파산하는 결과를 가져왔다.

12 1907년 ☐☐에서 서상돈과 김광제 등의 주도로 시작한 ☐☐ ☐☐ 운동은 1904년 양기탁과 베델이 창간한 ☐☐☐☐☐☐의 적극적인 지원을 받았다.

13 노량진과 제물포를 잇는 ☐☐선은 1899년에 개통되었으며 1905년에는 ☐☐선, 1906년에는 ☐☐선이 개통되었다.

14 박문국에서 최초로 발행된 신문은 ☐☐☐☐이고, 최초로 상업 광고가 게재된 신문은 ☐☐☐☐이다.

15 1898년에 창간된 ☐☐신문은 서민·부녀자를 대상으로 순한글로 발행된 신문이다.

정답 ▶ **01** 용암포 **02** 고문 **03** 을사늑약, 통감 **04** 차관, 군대 **05** 유인석 **06** 을사, 신돌석 **07** 정미, 서울 **08** 보안회 **09** 자강회 **10** 신민회 **11** 화폐 정리 **12** 대구, 국채 보상, 대한매일신보 **13** 경인, 경부, 경의 **14** 한성순보, 한성주보 **15** 제국

1 · 75회 30번

밑줄 그은 '전쟁' 기간에 있었던 사실로 옳은 것은? [3점]

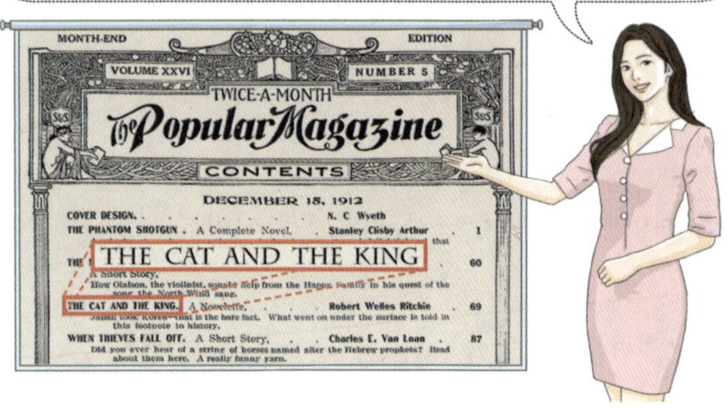

미국 잡지 '포퓰러 매거진'의 1912년 마지막 호에는 한반도를 둘러싼 대한 제국과 일본, 러시아 간의 암투를 다룬 첩보 소설(*The cat and the king*)이 실렸습니다. 베델, 민영환 등 당대 인물들이 등장하는 이 소설은 일제가 포츠머스 조약을 체결하여 전쟁을 끝내고 대한 제국의 외교권을 박탈하려 하는 등 긴박하게 전개되었던 당시 상황을 배경으로 하고 있습니다.

① 고종이 아관파천을 단행하였다.

② 일본이 독도를 불법 편입하였다.

③ 러시아가 절영도 조차를 요구하였다.

④ 조청 상민 수륙 무역 장정을 체결하였다.

⑤ 평양 관민이 대동강에 침입한 제너럴 셔먼호를 불태웠다.

 **해설**

포츠머스 강화 조약 → 러일 전쟁 종결(1905) 🔆가영포을🔆

① 고종의 아관파천(1896) → 을미사변(1895) 후 신변 위협

② 일본의 독도 불법 편입 → 러일 전쟁 중 시마네현 고시 제40호 (1905)

③ 러시아의 절영도 조차 요구 저지 → 독립협회 만민공동회 (1898)

④ 조청 상민 수륙 무역 장정 → 임오군란(1882) 후 🔆이모는 포청천🔆

⑤ 제너럴 셔먼호 사건(1866) → 🔆유~병제병오신척🔆

정답 ▶ ②

2 · 74회 35번

다음 상황이 나타난 시기를 연표에서 옳게 고른 것은? [3점]

○어제 러시아 공사 파블로프씨가 용천군 용암포 삼림회사의 편의를 위하여 전화와 전선을 추가로 가설한 뜻으로 외부(外部)에 조회하였으니, 외부에서 답 조회하기를 "해당 사안은 결코 인준하기 어려우니 귀 공사도 해당 회사에 훈칙하여 전신주 가설 사항은 절대 마음먹지 못하게 하라" 하였다더라.

- 황성신문 -

○일본, 영국, 미국의 각 공사가 우리 정부에 의주의 개방을 권고하더니, 영국 공사가 다시 조회하기를 "의주는 육지로 연결되어 화물을 운반하기가 매우 어렵고, …… 용암포는 크고 작은 선박들이 시장 없이 왕래할 수 있으니 용암포를 개항하라"고 하였고, 일본 공사가 또 조회하기를 "용암포 개항이 합당하니 속히 타결하라" 하였더라.

- 황성신문 -

	(가)		(나)		(다)		(라)		(마)	
신미양요		갑신정변		청일 전쟁 발발		아관 파천		러일 전쟁 발발		국권 피탈

① (가) ② (나) ③ (다) ④ (라) ⑤ (마)

 **해설**

용암포 사건-러시아의 용암포 조차 요구(1903) → 러일 전쟁 발발 (1904)

신미양요(1871) – 갑신정변(1884) – 청일 전쟁(1894) – 아관파천(1896) – (라) 용암포 사건 – 러일 전쟁(1904) – 국권 피탈 (1910)

정답 ▶ ④

(가) 조약에 대한 설명으로 옳은 것은? [1점]

① 러일 전쟁 중에 체결되었다.

② 최혜국 대우를 최초로 규정하였다.

③ 천주교 포교 허용의 근거가 되었다.

④ 통감부가 설치되는 결과를 초래하였다.

⑤ 스티븐스가 외교 고문으로 파견되는 배경이 되었다.

해설

외교권 박탈 → 을사늑약, 제2차 한일협약(1905)

① 러일 전쟁 종료 후 제2차 한일 협약 체결, 을사늑약
　　가영포을

② 최혜국 대우 최초 규정 → 조미 수호 통상 조약(1882)

③ 천주교 포교 허용 → 조프 수호 통상 조약(1886)
　　영독이러갑프

④ 통감부 설치 → 제2차 한일 협약/을사늑약(1905), 초대 통감 - 이토 히로부미

⑤ 외교 고문 스티븐스 → 제1차 한일 협약(1904), 재정 고문 - 메가타

정답 ▶ ④

다음 가상 대화가 이루어진 시기 이후에 볼 수 있는 모습으로 가장 적절한 것은? [2점]

① 척화비를 세우기 위해 돌을 다듬는 석공

② 거문도를 불법 점령하고 있는 영국 군인

③ 연무당에서 일본과 조약을 체결하는 관리

④ 보빙사의 일원으로 미국에 파견되는 역관

⑤ 경부선 철도 개통식을 취재하는 신문 기자

해설

전차 개통 → 1899년

① 척화비 건립 → 흥선 대원군, 1871년

② 거문도 사건 → 1885~1887년  바로 점령

③ 연무당, 일본과의 조약 → 강화도 조약, 1876년

④ 보빙사 파견 → 1883년 빙순동원

⑤ 경부선 철도 개통식 → 1905년, 경인선(1899), 경의선(1906)

정답 ▶ ⑤

DAY 9

▲
동영상 강의
보러가기

- 일제의 무단 통치
- 3·1 운동과 문화 정치
- 민족 말살 통치와 전시 동원 체제
- 1910~1930년대 민족 운동
- 대한민국 임시 정부

1919 3·1운동/상하이 임시 정부
1920 봉오동 전투/청산리 전투
1926 6·10 만세 운동
1927 신간회/근우회 결성
1932 윤봉길 훙커우 의거
1938 조선 의용대 창설
1940 대한민국 임시 정부, 충칭에 정착

일제 강점기

무단 통치기(1910년대, 땅)

- 군인 총독, 중추원(자문 → 친일), 헌병 경찰(즉결 처분권, 범죄 즉결례), 칼 찬 교사, 조선 태형령
- 토지 조사 사업(신고: 복잡, 짧음 → 소유권만 인정/관습적 경작권 부정)
- 회사령(허가-민족 기업 X)
- 어업/광업/삼림령
- 제1차 조선 교육령(보통학교-4년, 실업교육, 서당 규칙-1918)
- 조선물산공진회(1915, 경복궁)

문화 정치기(1920년대, 쌀, 3·1 운동 영향)

- 문관 총독 O → X, 도 평의회/부면 협의회(자치 → 친일), 보통 경찰(수 증가)
- 태형 폐지
- 조선사편수회(정체성/당파성)
- 제2차 조선 교육령(보통학교-6년, 대학 설립 허가, 민립대학) → 경성 제국 대학(1924)
- 조선/동아일보 → 검열
- 치안 유지법(1925, 사유재산 부인)
- 산미 증식 계획(증산량〈수탈량, 만주 잡곡, 수리 조합비 농민 전가 → 소작쟁의)
- 관세/회사령 폐지(신고 → 일본 기업 진출 → 물산 장려 운동: 1920's, 평양/조만식)
- *간토(관동) 대지진(1923): 조선인 대학살*

민족 말살 통치기(1930년대 이후, 다(all))

- 경제 대공황(1929), 만주 사변(1931), 중일 전쟁(1937), 태평양 전쟁(1941)
- 내선일체, 일선 동조, 창씨개명, 황국 신민서사, 궁성요배, 신사 참배
- 사상범 보호 관찰령(1936), 사상범 예방구금령(1941), 국민 학교령(1941), 조선어학회 사건(1942)
- 병참 기지화, 남면북양-공업 원료 증산
- 국가총동원법(1938), 징용, 징병, 공출, 배급, 여자 정신 근로령, 일본군 '위안부'
- *오해하기 쉬운 내용*
- 농촌진흥운동(소작쟁의 억제, 1930's), 애국반, 지원병, 학도 지원병, 국방 헌금

1910년대 저항

- 국내(비밀결사)
  - 독립의군부(1912): 임병찬/고종 밀지/복벽 주의/총독부에 국권 반환 요구 시도
  - 대한광복회(1915): 박상진/대구/공화정/친일파 처단/군자금 모금 → 만주 무관 학교 설립 추진

- 국외(독립운동 기지 건설)

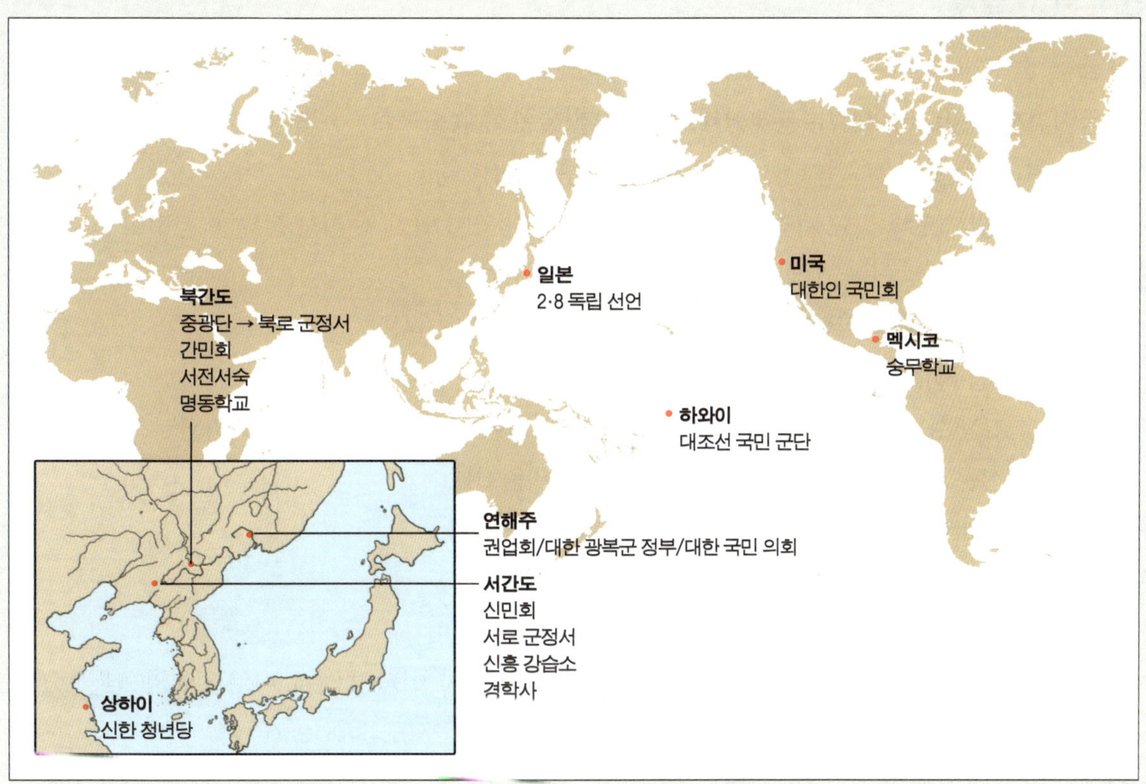

- 서간도: 신민회, 삼원보, 경학사(→ 부민단/한족회 경부한), 신흥 강습소(→ 무관 학교), 서로 군정서
  - ㅅㅅ
- 북간도: 용정촌, 간민회, 중광단(대종교) → 북로 군정서, 서전서숙(이상설), 명동학교(윤동주/나운규)
  - 북룡
- 상하이: 신한 청년당(여운형, 김규식−파리 강화 회의)
- 연해주: 신한촌 연신, 권업회(최재형), 대한 광복군 정부(최초 망명 정부/이상설/이동휘),
  대한 국민 의회, 권업/해조 신문 *1937년 중앙아시아로 강제 이주 by 스탈린*
- 미국: 대한인 국민회(안창호/흥사단), 대조선 국민 군단(박용만/하와이/무장 투쟁)
- 멕시코: 숭무학교(이근영/에네켄) 밍숭멕숭
- 도쿄: 2·8 독립 선언(유학생)

3·1 운동(고종 인산일) 🔆 고3 6순☆ (*6·10 만세 운동은 순종 인산일)

- **계기**: 무오(대한)독립 선언(만주), 2·8 독립 선언(도쿄), 윌슨의 민족 자결주의(패전국 식민지)
- **실행**: 민족 대표 33인(태화관), 학생/시민(탑골공원), 비폭력 만세 시위 → 제암리/고주리 학살 → 무력투쟁
- **영향**: 대한민국 임시 정부 수립, 무단 → 문화/비폭력 저항 → 무력투쟁, 중국 5·4 운동/인도 비폭력 운동

대한민국 임시 정부

- **준비**
  - 대동단결선언(상하이, 1917)–융희황제(순종)의 주권 포기(경술국치) → 국민주권 양여, 신규식/조소앙/신채호/박은식 🔆 대단17 건강41☆ (*건국강령 발표–1941)
  - 독립운동 통일 지도부 필요 자각 → 임시 정부 통합(대한 국민 의회 + 한성 정부 + 상하이 임시 정부)
- **상하이 임정**
  - 최초 삼권 분립 민주 공화정(임시 의정원–입/국무원–행/법원–사)
  - 이승만(대통령)/이동휘(총리)
  - 비밀 행정 조직(연통제), 비밀 통신 기관(교통국–이륭양행/백산상회), 구미/파리위원부(외교), 자금(독립 공채), 독립신문,『한일 관계 사료집』(임시 사료 편찬위원회)
  - 한인 비행학교(미국, 1920), 육군 주만 참의부(직할 부대, 1924)
- **위기**
  - 연통제/교통국 와해, 이승만 위임 통치 청원(1919)에 대한 비판
  - 국민대표회의(1923)의 개최, 창조파(신채호) vs 개조파(안창호), 이승만 탄핵, 박은식 취임(2대, 1925)
  - 내각 책임제(초대 국무령 이상룡, 1925) → 국무 위원 중심 집단지도체제(1927)
  - * 김구의 한인 애국단(1931): 이봉창(도쿄 일왕)/윤봉길(훙커우 의거, 1932) → 중국 국민당 정부 지원
  - * 극동 인민 대표회의(코민테른 주최/모스크바/여운형/김규식, 1922)
- **충칭 임정**: 항저우 → 광저우 → 충칭(1940)
  - 주석제(김구, 1940), 한국광복군(1940)
  - 건국강령(1941, 조소앙 삼균주의), 대일 선전포고(1941), 김원봉의 조선의용대 한국광복군 합류(1942), 인도/미얀마 전선 투입(영국, 1943) 🔆 대단17 건강41☆ (*대동단결선언–1917)
  - 주석/부주석제(김구/김규식, 1944)
  - 국내진공작전(with 미국 전략 정보국 OSS, 1945) 준비
- *임시 정부 체제 개편: 대통령제(1919)–내각 책임제(국무령 중심, 1925)–집단 지도 체제(국무 위원 중심, 1927)–주석제(1940)–주석/부주석제(1944)

의열단(1919, 김원봉/윤세주, 비밀결사, 만주 지린성) *활동 지침: 조선혁명선언(신채호, 1923)

- 박재혁(부산 경찰서), 김익상(총독부), 김상옥(종로 경찰서), 김지섭(도쿄 궁성), 나석주(동양 척식, 식산은행)
- 개별투쟁 한계 → 조직적 무장 투쟁 전환(황푸 군관 학교 입교, 1926)
  - → 국민당 정부 지원으로 조선 혁명 간부학교 설립(1932)
  - → 민족혁명당 조직(1935, ＋조소앙/지청천, 김구 X)
  - → 조선 민족 전선 연맹(−조소앙/지청천, 사회주의 계열 연합, 1937)
  - → 조선의용대 창설(국민당 정부 지원, 중국 관내 최초 한인 무장 부대, 1938)
  - → 조선의용대 화북지대(호가장 전투 → 조선의용군, 1942)
  - → 한국광복군 합류(김원봉 부사령관, 1942)

1920년대 국내 저항(사회·경제적 민족 운동) *의열단의 의열 활동

- **물산 장려 운동**: 평양/조만식 → 전국, 회사령 철폐, 일본 제품 관세 폐지, 조선 사람 조선 것, 자작회/토산애용부인회, 사회주의 비판
- **민립대학 설립 운동**: 2차 조선 교육령, 이상재/이승훈, 한민족 1천만이 한 사람 1원씩, 경성제대(1924)
- **문자 보급 운동**: 조선일보(1920's 후반)
  - *브나로드 운동(동아일보, 민중 속으로, 1931) → 심훈의 『상록수』(1935)
- **암태도 소작쟁의(1923~1924)**: 전남 신안, 지주 문재철 횡포
- **조선 노농 총동맹(1924)**: 조선 노동/농민 총동맹(1927)
- **원산 총파업(1929)**: 문평 라이징 선 석유회사 일본인 감독관의 횡포 → 일·프·중·소 노동단체의 후원과 격려
  - 💡원구단☆ *강주룡의 평양 을밀대 고공 농성(1931)
  - *안창남의 고국 방문 비행(1922) → 중국 망명 후 독립운동(1924)
- **6·10 만세 운동(1926, 순종 인산일 💡고3 6순☆)**: 사회주의/민족주의(사전 지도부 발각) ＋ 학생 → 학생 중심 전개
  - → 민족유일당 운동: 조선 민흥회(비타협적 민족주의＋사회주의)/정우회(사회주의) 선언(비타협적 민족주의와 제휴 선언, 1926)
  - → 신간회 결성(1927, 공개 단체, 단결을 공고히/기회주의 부인, 1931년에 해소) *신민회(1907~1911)
  - → 광주 학생 항일 운동(1929.11.3., 학생독립운동기념일): 3·1 운동 이후 최대 항일 운동, 전국 확산(by 독서회), 신간회가 진상 조사단 파견
- **소년 운동**: 방정환/천도교 소년회/잡지 『어린이』, 『개벽』, 『신여성』 💡천개만신어☆ (*만세보)
- **여성운동**: 근우회(1927)−신간회 자매단체
- **형평운동**: 진주, 백정 차별, 조선 형평사(1923) *임술 농민 봉기(진주, 유계춘, 1862)

종교 활동

- **천도교**: 동학 3대 교주 손병희
- **대종교**: 나철 창시(1909), 단군 숭배, 중광단 → 북로 군정서
- **불교**: 일제 사찰령(1911), 한용운의 『조선 불교 유신론』
- **원불교**: 박중빈 창시(1916), 새 생활 운동–간척, 저축 💡새생원☆
- **천주교**: 경향신문/『경향잡지』(1906), 의민단 💡천주교의민단☆

1920년대 민족 문화 수호 운동

- **한글**: 조선어연구회(1921), 이극로/최현배, 가갸날, 잡지 『한글』
- **문예**: 『창조』(김동인), 『폐허』(염상섭)

  신경향파 문학(KAPF; Korean Artist Proletarian Federation, 사회주의)

  나운규(영화 〈아리랑〉, 단성사, 1926), 토월회(박승희, 연극, 1923)
- **역사**
- 신채호: 『조선사연구초』(묘청, "조선 역사상 일천년 이래 제일 대사건"), 『조선상고사』(아/비아의 투쟁)

  낭가사상
- 박은식: 『한국 통사』(1915), 『한국독립운동지혈사』, **혼** 강조 💡은혼식☆

  *「유교구신론」(1909) 💡ㅇㅅ☆
- *조선사편수회(1925, 식민사관) ↔ 민족주의 사학

1920년대 국외 저항(무장 독립 전쟁) 💡봉춘리간대 자참정신없쓰야이~☆

- **봉**오동 전투(대한 독립군/홍범도/1920) → **훈**춘사건(마적 매수) 조작

  → **청**산리 전투(북로 군정서/김좌진/어랑촌/백운평/의민단)

  → **간**도 참변

  → 대한독립군단(서일 총재)

  → **자**유시 참변(1921)

  → 3부 결성(**참**의/**정**의/**신**민부, 행정/군사)

  → 미**쓰**야 협정(경무국장/군벌 장쭤린, 1925)

  → 이부 통합(혁신의회–북, 국민부–남)

1930년대 이후 저항(의열투쟁/한-중 연합/관내 무장/민족 문화 수호/건국 준비)

- **의열투쟁**
- 한인 애국단(김구/1931): 이봉창(도쿄 일왕/1932), 윤봉길(훙커우 의거/1932) → 국민당 지원 계기
- 의열단의 김원봉: 조선 혁명 간부 학교(1932) → 민족혁명당 조직(1935, +조소앙/지청천, 김구 X) → 조선 민족 전선 연맹(−조소앙/지청천, 사회주의 계열 연합, 1937) → 조선의용대 창설(국민당 정부 지원, 중국 관내 최초 한인 무장 부대, 1938)
- 김구의 한국 국민당(1935, 민족주의) → 한국 독립당(1940, 충칭, 한국광복군, + 조소앙/지청천)
- **한중 연합작전(만주):** 만주사변(1931) → 만주국 수립 → 중국도 반일
- 혁신의회(북) → 한국 독립(당)군: 지청천, 호로군, 쌍성보(1932)/사도하자(1933)/대전자령(1933) 전투
  💡 호~지독한 쌍대사☆
- 국민부(남): 산하에 조선혁명(당)군, 양세봉, 의용군, 영릉가(1932)/흥경성(1933) 전투
  💡 양조(준)혁은 남(쪽)의 영흥☆
- *동북항일연군(1936): 반일 통일 전선, 보천보 전투, 김일성 ← 단골 오답 선지
- **중국 관내 무장 투쟁**
- 김원봉의 조선의용대(1938, 우한): 민족혁명당(1935, 조소앙/지청천) → 민족주의 계열 이탈, 조선 민족혁명당 → 조선 민족 전선 연맹(사회주의, 1937) → 국민당 지원, 우한, 중국 관내 최초 한인 무장 부대(1938) → 일부 화북 이동 → 조선의용대 화북지대 + 팔로군 → 호가장 전투(1941) 💡화활호☆ → 김두봉의 조선 독립 동맹 산하 조선의용군으로 재편(1942) → 옌안으로 이동
- *김원봉과 잔류 조선의용대는 한국광복군 합류(1942, 지청천 사령관/김원봉 부사령관)

1930년대 민족 문화 수호 운동

- **조선어학회(1931):** 한글 맞춤법 통일안, 표준어 제정, 잡지『한글』
  우리말『큰 사전』편찬 시도 → 조선어학회 사건(1942)
- **저항 시인:** 이육사(「광야」/「절정」), 윤동주(「서시」/「별 헤는 밤」/「자화상」/『하늘과 바람과 별과 시』)
- **동아일보:** 브나로드 운동(1931, 심훈『상록수』/1935), 베를린 금메달 손기정 일장기 삭제(1936)
- **조선학운동(1934):** 정인보(얼)/안재홍−『여유당전서』(1934~1938) 💡정인보얼☆
- **실증주의 사학:** 이병도/손진태/진단학회(1934)
- **사회 경제 사학:** 백남운의『조선 사회 경제사』(유물사관, 식민사관의 정체성론 비판)
- *청구학회(1930): 식민사관
- *혁명적 노동/농민조합 활동: 강주룡, 을밀대 고공 농성(1931)

건국 준비

- **충칭 임정(1940):** 한국 독립당(김구＋조소앙/지청천), 주석제(김구, 1940)

  주석/부주석제(김구/김규식, 1944)

  한국광복군 창설(지청천 사령관, 1940), 건국강령 발표(조소앙 삼균주의 바탕, 1941),

  대일 선전포고(1941), 한국광복군에 조선의용대 일부 합류(김원봉 부사령관, 1942),

  영국군 요청으로 미얀마/인도 전선 지원, 미국 전략 정보국(OSS)과 국내진공작전 준비

  조소앙의 삼균주의: 개인/민족/국가, 정치/교육/경제 대단17 건강41

- **조선 독립 동맹(1942):** 중국 화북 옌안, 김두봉, 사회주의, 조선의용대 화북지대 → 조선의용군, 건국강령
- **조선 건국 동맹(1944):** 국내, 여운형, 사회주의＋민족주의 → 광복 후 건·준·위

광복 전 국제 정세

- **카이로 회담(1943):** 미·영·중 → 한국 독립 최초 약속, 적절한 시기/절차
- **얄타 회담(1945):** 미·영·소 → 소련 대일전 참여 결정
- **포츠담 선언(1945):** 미·영·중·소 → 한국 독립 재확인

1. 일제의 식민 통치와 경제 수탈

(1) 1910년대 일제의 식민지 지배 정책

❶ 일제의 무단 통치

- 조선 총독부: 일제 강점기 식민 통치의 최고 기관, 총독(일본 육해군 대장 중에서 임명, 입법·사법·행정 및 군사권 장악), 중추원 설치(조선 총독부 직속 자문 기구, 친일파 우대, 한국인의 정치 참여 선전 목적)
- 헌병 경찰 제도: 헌병이 일반 경찰 업무 및 행정 업무 수행, 즉결 처분권 행사(1910, 범죄 즉결례)
- 공포 분위기 조성: 조선 태형령(1912, 한국인에게만 적용), 일반 관리와 교원에게 제복과 칼 착용
- 기본권 박탈: 언론·출판·집회·결사의 자유 제한, 한국인 발행 신문 폐간
- 식민지 교육: 제1차 조선 교육령(1911, 보통 교육과 실업 교육 위주, 보통학교 수업 연한 4년, 일본어 교육 중시), 서당 규칙(1918)
- 조선물산공진회(1915, 경복궁): 조선의 산업·물산 전시 → 일제의 식민지 지배 정당화 선전

❷ 경제 수탈

- 토지 조사 사업(1910~1918): 식민 지배에 필요한 재정 확보 및 토지 약탈

명분	지세의 공정한 부과와 근대적 토지 소유권 확립
결과	토지 조사령 공포(1912), 신고주의 원칙(토지 소유자가 필요한 서류를 구비하여 기일 내에 신고)에 따라 소유권 인정
과전 외의 토지	• 국·공유지, 미신고 토지 등이 조선 총독부 소유의 토지로 편입 → 조선 총독부의 지세 수입 증가, 동양 척식 주식회사 등을 통해 일본인에게 헐값으로 불하 → 일본인 지주 증가 • 지주의 소유권만 인정, 농민의 관습적 경작권 부정 → 소작농 증가, 만주·연해주 등지로 이주

- 회사령(1910): 회사 설립 시 조선 총독의 허가 → 한국인의 기업 설립과 민족 자본의 성장 억제
- 어업령·삼림령·광업령 등 제정

(2) 1920년대 일제의 식민지 지배 정책

❶ 일제의 문화 정치(민족 분열 통치)

- 배경: 3·1 운동(1919) 이후 일제의 무단 통치 한계 인식, 국제 여론 악화
- 목적: 식민 지배에 대한 반발 무마, 친일 세력 양성을 통한 민족 분열 도모
- 내용과 실상

내용	실상
조선 총독에 문관 출신도 임명 가능	실제 임명된 문관 출신 총독 없음
헌병 경찰제 폐지 → 보통 경찰제 실시	경찰 인원·경찰서·경찰 관련 예산 증가, 치안 유지법 제정 (1925) → 감시와 탄압 강화
언론·출판·집회·결사의 자유를 제한적 허용	식민 통치를 인정하는 범위 내에서 허용
도 평의회, 부·면 협의회 구성(한국인의 정치 참여 선전)	친일 인사, 일본인으로 구성

내용	실상
한국인에게 신문 발행 허용(조선일보, 동아일보 등)	검열, 기사 삭제, 정간 등 언론 탄압 강화
조선사 편수회 설치(정체성론, 당파성론 등 식민사관) → 『조선사』편찬(1925~1938)	식민 사관 날조, 한국 강점과 식민 통치의 합리화
제2차 조선 교육령(1922): 보통학교 수업연한 연장(6년), 한국어 필수, 대학 설립 가능 등	한국인 취학률 저조, 교육 기회 제한, 민족 대학 설립 억제 (경성 제국 대학 설립, 1924)

❷ 경제 수탈

• 산미 증식 계획(1920~1934)

목적	일본의 쌀 부족 문제 해결을 위해 부족한 쌀을 한국에서 확보
전개	밭을 논으로 변경, 품종 개량, 수리 시설 확충(수리 조합 설립), 대규모 개간과 간척 등 실시
결과	• 증산량 이상의 쌀이 일본으로 유출 → 국내 식량 사정 악화(만주에서 잡곡 수입) • 쌀 증산 비용을 농민에게 전가 → 몰락 농민 증가, 소작 쟁의 발생

• 일본 자본의 침투: 회사령 폐지(1920, 허가제 → 신고제), 일본 상품에 대한 관세 폐지(1923) → 일본 자본의 본격적 한국 침투, 한국인 기업의 타격

(3) 1930년대 이후 일제의 식민지 지배 정책

❶ 민족 말살 통치

• 배경: 일제의 침략 전쟁 확대 → 중일 전쟁(1937), 태평양 전쟁(1941) 등

• 목적: 한국인의 민족의식 말살과 저항 억제, 침략 전쟁에 효율적으로 동원

• 내용

민족 말살 정책	• 내선일체(일본과 한국이 한 몸과 같다는 주장), 일선동조론(일본인과 한국인이 같은 뿌리에서 나왔다는 이론)을 앞세워 황국 신민화 정책 강요 • 황국 신민 서사 암송, 신사 참배·궁성 요배, 창씨개명 강요, 우리말 사용 금지, 조선어 과목 사실상 폐지, 소학교 명칭을 국민학교(황국신민학교)로 전환(1941)
억압과 통제 강화	• 언론·학술 단체 해산: 조선일보·동아일보 폐간(1940), 조선어학회 사건(1942) • 조선 사상범 보호 관찰령(1936), 조선 사상범 예방 구금령(1941): 사회주의자 등 독립운동에 대한 감시·탄압

❷ 경제 수탈

• 식민지 공업화 정책: 북부 지방에 중화학 공업 집중 투자, 병참 기지화 정책(군수 물자 보급 목적) → 경제 구조가 군수 산업 위주로 개편

• 남면북양 정책: 면화 재배(남부), 양 사육(북부) 강요 → 공업 원료 증산, 일본 방직 자본가 보호

• 농촌 진흥 운동(1932~1940)

　– 배경: 농촌 경제 피폐, 소작 쟁의 확산 → 농촌 통제 및 소작 쟁의 억제

　– 전개: 조선 총독부 농촌 진흥 위원회 설치(1932), 조선 농지령 제정(1934, 소작 쟁의 중재, 고율의 소작료 제한)

❸ 전시 동원 체제 강화

• 국가 총동원법 제정(1938): 중일 전쟁(1937) 이후 인적·물적 자원의 동원 필요

- 인적 수탈

병력 동원	지원병제(1938), 학도 지원병제(1943), 징병제(1944) → 청년들을 침략 전쟁에 동원
노동력 동원	국민 징용령(1939) → 광산, 군수 공장, 전쟁 시설 등에 강제 동원
여성 동원	일본군 '위안부'로 강제 동원, 여자 정신 근로령 제정(1944, 노동력 동원)

- 물적 수탈: 금속 공출(금속류 회수령 공포, 1943), 미곡 공출, 식량 배급제, 산미 증식 계획 재개, 위문 금품 모금, 국방 헌금 강요
- 국민 정신 총동원 조선 연맹 조직(1938): 애국반 설치, 반상회 개최

2. 3·1 운동과 대한민국 임시 정부의 활동

(1) 1910년대 국내외 민족 운동

❶ 국내 민족 운동

- 의병: 국권 피탈 이후 침체 → 의병장 채응언 체포(1915) 이후 대부분의 의병 활동 중단
- 비밀 결사

독립 의군부 (1912)	• 임병찬이 고종의 밀명을 받아 조직, 복벽주의 표방(고종 복위 도모) • 의병 전쟁 계획, 일제에 국권 반환 요구 추진
대한 광복회 (1915)	• 박상진 등이 군대식 조직으로 결성, 공화정의 근대 국가 건설 추구 • 친일파 처단, 독립 전쟁 계획(군자금 모금, 만주에 무관 학교 설립 추진)
기타	조선 국권 회복단(대구), 송죽회(평양 지역 여학생 중심)

❷ 국외 민족 운동

- 중국 지역

서간도 (남만주)	• 삼원보 중심(신민회의 개척) • 경학사 → 부민단 → 한족회 • 신흥 강습소(신흥 무관 학교로 개칭) • 서로 군정서 조직
북간도	• 옌지·왕칭·룽징 중심 • 간민회, 중광단(대종교도 중심, 이후 북로 군정서로 발전) • 서전서숙(이상설), 명동 학교
상하이	신한 청년당 조직(1918): 파리 강화 회의에 김규식 파견

- 연해주: 블라디보스토크에 신한촌 건설, 해조신문(1908, 해외에서 우리말로 발행된 최초의 일간지), 권업회 조직(최재형, 권업신문), 대한 광복군 정부 조직(1914, 국권 피탈 이후 최초의 망명정부, 이상설·이동휘), 대한 국민 의회 결성, 스탈린에 의해 중앙아시아로 강제 이주(1937)
- 미주 지역

미국	• 대한인 국민회(1910, 장인환·전명운의 의거를 계기로 결성, 미주 지역 최대 규모의 독립운동 단체, 안창호), 흥사단(안창호) • 대조선 국민군단: 박용만이 하와이에서 결성, 군사 훈련 전개
멕시코	• 숭무 학교(1910): 이근영, 독립군 양성, 무장 투쟁 준비 • 에네켄 농장

(2) 3·1 운동

❶ 배경

국외	• 민족 자결주의 대두: 제1차 세계 대전 전후 처리 과정에서 미국 대통령 윌슨이 제창 • 레닌의 약소민족 해방 운동 지원 선언 • 국외 민족 운동: 신한 청년당이 김규식을 파리 강화 회의 대표로 파견, 만주의 대한(무오) 독립 선언, 일본 유학생의 2·8 독립 선언
국내	일제의 무단 통치와 수탈에 대한 반발, 고종의 서거

❷ 전개

- 시작: 천도교계(손병희)·기독교계(이승훈)·불교계(한용운) 및 학생 중심으로 준비 → 민족 대표들이 태화관에서 독립 선언서 낭독, 학생·시민들이 탑골 공원에서 독립 선언식 거행 → 비폭력 만세 시위 전개
- 확산: 학생 주도, 상인·노동자 참가, 농촌 지역으로 확산(점차 무력 투쟁으로 변화), 해외에서도 만세 운동 전개
- 일제의 탄압: 군대와 경찰을 동원하여 무력으로 진압 → 제암리·고주리 학살 사건, 유관순의 순국 등

❸ 의의와 영향

- 모든 계층이 참여한 거족적 민족 운동
- 독립운동 구심점의 필요성 인식 → 대한민국 임시 정부 수립의 계기
- 무장 투쟁, 농민·노동 운동, 학생 운동 등 다양한 민족 운동의 활성화
- 일제 통치 방식의 변화: 무단 통치 → 문화 정치
- 중국의 5·4 운동, 인도의 반영 운동 등에 영향

(3) 대한민국 임시 정부의 수립과 활동

❶ 임시 정부의 수립

- 대동단결 선언(1917, 순종의 주권 포기를 국민에 대한 주권 양여로 규정): 신규식, 박은식, 신채호, 조소앙 등이 상하이에서 발표
- 3·1 운동 이후 각지에 수립된 임시 정부 통합 노력 → 한성 정부의 정통성 계승, 상하이 대한민국 임시 정부와 연해주의 대한 국민 의회 통합 → 대한민국 임시 정부 탄생(상하이, 1919.9.)
- 조직: 삼권 분립(국무원·임시의정원·법원)에 입각한 민주 공화제 정부, 대통령에 이승만, 국무총리에 이동휘 선출

❷ 임시 정부의 활동

비밀 행정 조직	연통제(국내외 연결 비밀 행정 조직), 교통국(비밀 통신 기관, 이륭양행·백산상회)
자금 마련	독립 공채 발행, 국민 의연금 모금
외교 활동	구미 위원부 설치(미국 워싱턴) → 이승만을 중심으로 한국 독립 문제를 국제 여론화
군사 활동	군무부 설치, 한인 비행 학교 설립(미국), 직할 부대로 육군 주만 참의부 조직
문화 활동	독립신문 발행, 『한·일 관계 사료집』 간행(임시 사료 편찬 위원회 설치)

❸ 국민 대표 회의 개최(1923)

- 배경: 연통제·교통국 조직 와해, 외교 활동 성과 미흡, 독립운동 노선 및 이념 갈등 심화, 이승만의 위임 통치 청원서 제출(1919)에 대한 신채호, 박용만 등의 비판

• 경과: 대한민국 임시 정부의 새로운 노선 및 활로 모색 → 창조파(신채호, 박용만)와 개조파(안창호, 이동휘)의 대립 → 회의 결렬, 독립운동가 다수 이탈 → 대한민국 임시 정부의 활동 침체

❹ 임시 정부의 변화

• 지도부 개편: 이승만 탄핵 → 박은식이 제2대 대통령으로 선출(1925), 체제 개편 추진
• 체제 개편: 대통령제(1919) → 국무령 중심 내각 책임제(1925, 초대 국무령에 이상룡 취임) → 국무위원 중심의 집단 지도 체제(1927) → 주석 중심제(1940) → 주석·부주석제(1944)
• 이동: 윤봉길의 훙커우 공원 의거(1932)를 계기로 상하이를 떠나 여러 곳을 거쳐 충칭에 정착(1940)

3. 1920년대 민족 운동

(1) 실력 양성 운동

❶ 물산 장려 운동

• 배경: 회사령 철폐(1920), 일본 상품에 대한 관세 철폐 움직임(1923년 폐지) → 일본 자본과 상품의 한국 침투 가속화 → 민족 기업과 자본의 보호·육성을 통한 경제적 자립 실현
• 전개: 평양에서 조만식 등이 조선 물산 장려회 조직(1920) → 일본 상품 배격, 토산품 애용, 금주·금연 등 추진, 전국적 확산 → '내 살림 내 것으로', '조선 사람 조선 것' 등의 구호 제시
• 결과: 일제의 탄압과 방해로 큰 성과를 거두지 못했으며, 토산품 가격 상승으로 사회주의자로부터 자본가의 이익을 위한 운동이라며 비판을 받음

❷ 민립 대학 설립 운동

• 배경: 식민지 차별 교육(보통 교육과 실업 교육만 강요), 제2차 조선 교육령 공포(1922, 대학 설립 규정) → 대학 설립을 통한 고등 교육 실현
• 전개: 이상재 등이 조선 민립 대학 기성회 발기(1923) → '한민족 1천만이 한 사람 1원씩'의 구호, 전국적인 모금 운동 전개
• 결과: 자연재해로 모금 운동 성과 저조, 일제의 방해, 일제가 무마책으로 경성 제국 대학 설립(1924)

❸ 문맹 퇴치 운동

• 문자 보급을 통한 민중 계몽, 생활 개선 → 야학 운동, 한글 보급을 위한 강습회 개최
• 문자 보급 운동: 1920년대 후반 조선일보사 주도, 『한글 원본』 발간, '아는 것이 힘, 배워야 산다' 구호 제시
• 브나로드 운동: 1930년대 동아일보사 주도, '배우자, 가르치자, 다 함께 브나로드' 구호 제시, 심훈의 『상록수』(1935, 농촌계몽운동, 동아일보 공모작)

(2) 민족 유일당 운동

❶ 사회주의 사상의 수용

• 배경: 러시아 혁명(1917) 이후 레닌이 약소민족의 해방 운동 지원 약속 → 3·1 운동 이후 청년·지식인층을 중심으로 사회주의 확산 → 조선 공산당 결성(1925)
• 영향: 독립운동 세력이 민족주의 계열과 사회주의 계열로 분화, 일제가 치안 유지법을 제정(1925)하여 사회주의 활동 탄압

❷ 6·10 만세 운동(1926)

- 전개: 사회주의 계열, 천도교 계열, 학생 단체가 순종의 인산일에 대규모 만세 시위 계획 → 일제에 발각되어 지도부 사전 검거 → 학생 단체가 중심이 되어 시위 전개
- 영향: 학생 운동 세력이 민족 운동의 중심으로 부상, 민족주의 계열과 사회주의 계열 간의 연대 계기 → 민족 유일당 운동으로 연결

❸ 신간회의 결성(1927)

- 배경

국외	• 코민테른이 민족주의 진영과의 협력 방침 채택, 중국의 제1차 국·공 합작(1924) • 중국 각지에서 민족 유일당 촉성회 조직, 만주에서 3부 통합 운동 전개
국내	• 일제에 타협하는 자치론 등장 → 민족주의 세력 분열(타협적 민족주의와 비타협적 민족주의) • 치안 유지법 제정 → 사회주의자들의 활동 위축 → 민족주의 세력과의 연대 모색 • 6·10 만세 운동, 조선 민흥회 결성(비타협적 민족주의 세력과 일부 사회주의 세력의 연합), 정우회 선언 발표(1926, 사회주의 계열인 정우회가 비타협적 민족주의 세력과의 제휴 주장)

- 창립: 비타협적 민족주의 세력과 사회주의 세력의 연대, 회장에 이상재 선출, 각지에 지회 설치
- 강령: 정치적·경제적 각성, 단결, 기회주의 일체 부인
- 활동: 강연회 개최, 농민·노동·여성 운동 등 다양한 사회운동 지원, 광주 학생 항일 운동을 지원하기 위해 진상 조사단을 파견하고 대규모 민중 대회 계획(신간회 지도부의 대거 체포)
- 해소: 일제의 탄압, 새로운 지도부의 온건화로 내부 갈등 발생, 코민테른의 노선 변화 → 사회주의 계열의 이탈로 신간회 해소(1931)
- 의의: 일제 강점기 국내 최대 규모의 합법적 민족운동 단체, 비타협적 민족주의 세력과 사회주의 세력의 민족 협동 전선

❹ 광주 학생 항일 운동(1929)

- 배경: 일제의 식민지 차별 교육, 6·10 만세 운동 이후 성진회 등 독서회 조직 확대
- 전개: 통학 기차에서 일본인 남학생이 한국인 여학생을 희롱한 사건을 계기로 광주의 한·일 학생 간 충돌 → 광주 지역 학생들의 대규모 시위 전개(11월 3일, 학생독립운동기념일) → 신간회의 지원, 전국으로 확산
- 의의: 3·1 운동 이후 최대 규모의 항일 민족 운동

(3) 사회·경제적 민족 운동

❶ 다양한 분야의 민족 운동

소년 운동	방정환이 주도한 천도교 소년회 중심, 어린이날 제정, 잡지 『어린이』 발간
여성 운동	근우회 결성(1927): 신간회의 자매 단체, 기관지 『근우』 발간
형평 운동	백정들이 진주에서 조선 형평사 결성(1923) → 백정에 대한 차별 철폐 주장

❷ 농민 운동과 노동 운동

- 단체: 조선 노동 공제회(1920) → 조선 노·농 총동맹(1924) → 조선 노동 총동맹, 조선 농민 총동맹으로 분화(1927)

	농민 운동	노동 운동
1920년대	• 소작료 인하와 소작권 이동 반대 등 요구 • 암태도 소작 쟁의(1923~1924, 지주 문재철의 횡포에 맞서 소작료 인하 관철)	• 임금 인상과 노동 조건 개선 등 요구 • 원산 총파업(1929): 국외 노동단체의 격려와 지지
1930년대	사회주의와 연계하여 비합법 조직인 혁명적 농민 조합 중심으로 전개	• 사회주의와 연계하여 비합법 조직인 혁명적 노동조합 중심으로 전개 • 강주룡의 고공 농성(1931, 평양 을밀대)

(4) 민족 문화 수호 운동

한글 연구	조선어연구회(1921): 이극로·최현배 등, 한글 보급, 가갸날 제정, 잡지 『한글』 발행
민족주의 사학	• 특징: 한국사의 독자성·주체성 강조, 독립운동의 일환으로 역사 연구 • 신채호: 『조선사연구초』·『조선상고사』 저술, 낭가사상 강조 • 박은식: 『한국통사』·『한국독립운동지혈사』 저술, 국혼 강조
종교 활동	• 천도교: 제2의 독립 선언 운동 계획(1922), 잡지 『개벽』, 『신여성』 발행 • 대종교: 나철 창시(1909), 단군 숭배, 중광단 결성 → 북로 군정서로 계승 • 불교: 일제의 사찰령 제정(1911) → 한용운 등이 민족 불교 전통 수호 노력 • 원불교: 박중빈 창시(1916), 개간 사업·저축 운동 등 새생활 운동 전개 • 개신교: 교육 운동 전개(사립 학교 설립), 신사 참배 거부 운동(1930년대) • 천주교: 고아원·양로원 설립, 경향신문·『경향잡지』 발행, 의민단 조직(청산리 전투에 참여)
문예 활동	• 문학: 동인지(『창조』, 『폐허』 등), 신경향파(카프(KAPF)문학, 사회주의의 영향) • 영화·연극: 나운규의 〈아리랑〉(1926, 단성사 개봉), 토월회(1923, 근대 연극 연구)

(5) 의열단

❶ 조직: 김원봉·윤세주 등을 중심으로 만주 지린에서 비밀 결사로 조직(1919)

❷ 활동

• 조선 혁명 선언(신채호)에서 활동 지침 제시 → 일제 요인 암살, 식민 통치 기관 파괴 등 폭력 투쟁 전개

• 박재혁(부산 경찰서), 김익상(조선 총독부), 김상옥(종로 경찰서), 김지섭(도쿄 궁성), 나석주(조선 식산 은행, 동양 척식 주식회사) 등의 폭탄 투척 의거

❸ 변화: 1920년대 후반 조직적·대중적 무장 투쟁으로 전환 → 황푸 군관 학교 입교, 조선 혁명 간부 학교 설립(1932, 독립군 간부 양성), 민족 혁명당 결성에 주도적 역할

(6) 국외 무장 독립 전쟁

❶ 배경: 3·1 운동 이후 만주·연해주 일대 독립운동 기지를 중심으로 독립군 편성 → 국내 진공, 일본 군경과의 전투

❷ 독립군의 승리

• 봉오동 전투(1920.6.): 대한 독립군(홍범도), 군무 도독부(최진동) 등 독립군 연합 부대가 봉오동 일대에서 일본군 격퇴

• 청산리 전투(1920.10.): 일제가 훈춘 사건(일제에 매수된 만주 지역의 마적이 훈춘의 일본 영사관 공격)을 조작하여 만주로 대규모 군대 파견 → 북로 군정서(김좌진), 대한 독립군(홍범도) 등 독립군 연합 부대가 청산리 일대(백운평, 완루구, 어랑촌 등지)에서 일본군을 크게 격퇴

❸ 독립군의 시련

- 간도 참변(경신참변, 1920): 봉오동 전투, 청산리 전투에서 패한 일본군이 간도 지역의 한인에 대한 무차별 학살 자행

- 청산리 전투 이후 독립군이 북만주 밀산에 집결 → 대한 독립군단 조직(총재 서일) → 러시아령 자유시(스보보드니)로 이동

- 자유시 참변(1921): 독립군 내부의 분쟁, 러시아 적군과의 갈등 → 러시아 적군이 독립군의 무장 해제 강요, 독립군 수백 명 희생

❹ 독립군 재정비

- 3부의 성립: 독립군의 만주 귀환 → 참의부, 정의부, 신민부 결성(민정 기관·군정 기관을 갖춘 공화주의적 자치 정부의 성격)

- 미쓰야 협정(1925): 조선 총독부와 만주 군벌 사이에 체결, 독립군 체포·인도 등에 합의 → 독립군 활동 위축

- 3부 통합 운동: 국내외에서 민족 협동 전선 운동 전개 → 3부 통합의 필요성 제기

북만주	혁신 의회 성립 → 해체 후 한국 독립당, 한국 독립군 결성
남만주	국민부가 조선 혁명당, 조선 혁명군 결성

4. 1930년대 이후 민족 운동

(1) 한인 애국단

❶ 결성: 대한민국 임시 정부의 침체를 극복하기 위해 김구가 상하이에서 조직(1931)

❷ 활동: 이봉창의 일왕 폭살 의거(1932, 도쿄), 윤봉길의 훙커우 공원 의거(1932, 상하이)

❸ 영향: 대한민국 임시 정부에 대한 중국 국민당 정부의 적극적인 지원 계기

(2) 1930년대 무장 독립 전쟁

❶ 한·중 연합 작전의 전개

- 배경: 일제의 만주 사변 도발(1931), 만주국 수립(1932) → 중국 내 항일 감정 고조

- 전개

북만주	한국 독립군(지청천)과 중국 호로군과의 연합 → 쌍성보·사도하자·대전자령 전투 등 승리
남만주	조선 혁명군(양세봉)과 중국 의용군과의 연합 → 영릉가·흥경성 전투 등 승리

- 쇠퇴: 일본군의 대규모 공격, 한·중 양국 군대의 의견 대립 등 → 일부 독립군 부대의 중국 관내 이동

❷ 중국 관내의 항일 투쟁

- 민족 혁명당 결성(1935): 김원봉, 지청천, 조소앙 등 중국 관내 좌우 세력 결집, 김원봉 주도 → 민족주의 세력 이탈 → 조선 민족 혁명당으로 개편(1937)

• 조선 의용대의 창설(1938)

창설	• 중일 전쟁(1937) 이후 조선 민족 혁명당을 중심으로 조선 민족 전선 연맹 결성(1937, 좌파 정당 및 단체 연합) • 중국 국민당 정부의 지원으로 김원봉 등이 우한에서 창설(1938) → 포로 심문, 후방 교란 등 수행
의의	중국 관내에서 결성된 최초의 한인 무장 부대
분화	• 화북 이동: 조선 의용대 화북지대로 개편, 호가장 전투(1941) 등에 참가 → 조선 독립 동맹의 조선 의용군으로 재편(1942) → 옌안으로 이동 • 잔류 세력: 김원봉의 지휘로 한국 광복군에 합류(1942)

❸ 만주 항일 유격 투쟁의 전개

• 동북 항일 연군(1936): 만주 지역에서 조직된 항일 연합 전선, 한인 사회주의자들이 참여하여 유격 투쟁 전개

• 조국 광복회: 동북 항일 연군 내의 한인들이 결성(1936) → 보천보 전투(1937) 지원 등 국내 식민 통치 기관 공격

(3) 민족 문화 수호 운동

국사	청구 학회(1930): 식민 사관의 관점에서 조선과 만주의 역사·문화 연구
	• 민족주의 사학: 정인보(얼), 문일평(조선심), 안재홍 등이 『여유당전서』 간행을 계기로 조선학 운동 전개 • 실증 사학: 문헌 고증을 통해 객관적으로 역사 서술 → 이병도 등이 진단학회 조직(1934), 『진단학보』 발간 • 사회 경제 사학: 유물 사관 수용, 세계사의 보편적 발전 법칙에 따라 한국사 체계화 → 일제 식민 사관의 정체성론 비판, 백남운이 『조선사회경제사』 저술
국어	조선어학회(조선어연구회의 개편, 1931): 한글 맞춤법 통일안과 표준어 제정, 우리말 『큰사전』 편찬 사업 추진 → 조선어학회 사건(1942)으로 강제 해산
언론	동아일보·조선중앙일보의 손기정 선수 일장기 말소 사건(1936)
문예	저항 문학: 이육사(「광야」, 「절정」 등), 윤동주(「서시」, 『하늘과 바람과 별과 시』 등)

(4) 건국 준비 활동

❶ 대한민국 임시 정부

• 재정비: 김구, 지청천, 조소앙 등이 한국 독립당 결성(1940), 충칭에 정착(1940)

• 정부 형태 변화: 주석 중심제로 개헌(1940) → 김구를 주석으로 선출, 부주석제 신설(1944) → 주석 김구, 부주석 김규식 선출

• 건국 강령 발표(1941): 조소앙의 삼균주의 반영 → 민주 공화정 수립, 토지 개혁, 보통 선거 실시 등 추구

• 한국 광복군의 활동

창설	중국 국민당 정부의 지원으로 창설(1940, 총사령관 지청천)
조직 강화	조선 의용대 세력의 일부 합류(1942, 김원봉이 부사령관에 취임)
대일전 전개	• 대일 선전 포고: 태평양 전쟁 발발 직후 대한민국 임시 정부 명의로 대일 선전 성명서 발표(1941) • 연합 작전: 미얀마·인도 전선에서 영국군을 도와 선전 활동, 포로 심문 등 전개 • 국내 진공 작전: 미국 전략 정보국(OSS)과 함께 독수리 작전 계획 → 일제의 패망으로 실현하지 못함

❷ 조선 독립 동맹

- 결성: 중국 화북 지역에서 김두봉을 중심으로 사회주의계 인사들이 결성(1942)
- 활동: 조선 의용군의 항일 무장 투쟁 전개, 건국 강령을 통해 민주 공화국 수립 지향

❸ 조선 건국 동맹

- 결성: 국내에서 여운형의 주도로 좌우 세력을 망라하여 비밀리에 결성(1944)
- 활동: 나라 안팎에서 무장 봉기 계획, 해외 독립운동 단체와의 연계 모색, 민주 공화국 수립 지향 → 광복 직후 조선 건국 준비 위원회로 개편

(5) 국제 사회의 한국 독립 약속

❶ 카이로 회담(1943, 미국·영국·중국): 적당한 시기에 적당한 절차를 거쳐 한국을 독립시킬 것을 최초로 결의
❷ 얄타 회담(1945, 미국·영국·소련): 소련의 대일전 참여 결의
❸ 포츠담 선언(1945, 미국·영국·중국·소련): 일본의 무조건 항복 요구, 한국 독립 재확인

01 1910년대 일제는 식민 지배에 필요한 재정을 확보하고 토지를 약탈할 목적으로 ☐☐ ☐☐ 사업을 실시하였다.

02 일제는 ☐☐☐☐☐☐☐를 통해 경복궁에서 조선의 산업과 물산을 전시하여 일제의 식민지 지배가 정당하다는 것을 선전하였다.

03 ☐·☐ 운동이 일어나자 일제는 무단 통치의 한계를 인식하고 문화 정치를 실시하였다.

04 일제는 조선사 ☐☐☐를 조직하여 식민 사관을 날조하고 한국 강점과 식민 지배를 합리화하였다.

05 일제는 일본의 쌀 부족 문제 해결을 위해 부족한 쌀을 한국에서 확보하고자 ☐☐ ☐☐ 계획을 시행하였다.

06 1930년대 이후 일제는 민족 말살 통치의 일환으로 ☐☐ ☐☐ 서사를 암송하게 하고 소학교 명칭을 ☐☐ 학교로 전환하였다.

07 1910년대 대표적인 국내 비밀결사로는 임병찬이 고종의 밀명을 받아 조직한 ☐☐ ☐☐부와 박상진 등이 공화정의 근대 국가 건설을 목표로 결성한 대한 ☐☐☐가 있다.

08 ☐☐☐ 지역에서는 삼원보를 중심으로 경학사, 신흥 강습소, 서로 군정서 등이 조직되었다.

09 북간도에서 활동한 중광단은 이후 ☐☐ 군정서로 발전되었다.

10 박용만은 하와이에서 ☐☐☐ ☐☐ 군단을 결성하여 군사 훈련을 전개하였다.

11 대한민국 임시 정부는 비밀 행정 조직으로 ☐☐제와 ☐☐국을 통해 국내 연락망을 구축하고 자금 마련을 위해 ☐☐ 공채를 발행하였다.

12 ☐☐에서 조만식은 조선 물산 장려회를 조직하고 일본 상품을 배격하고 토산품을 애용할 것을 주장하였다.

13 6·10 만세 운동은 ☐☐의 인산일에 일어난 대규모 만세 시위로 민족주의 계열과 사회주의 계열의 연대를 이끌었으며 이는 민족 ☐☐☐ 운동으로 이어졌다.

14 비타협적 민족주의 세력과 사회주의 세력의 연대로 1927년 창립된 ☐☐☐는 일제 강점기 국내 최대 규모의 합법적 민족운동 단체라는 의의가 있다.

15 백정들이 ☐☐에서 조선 형평사를 결성하여 백정에 대한 차별 철폐를 주장하였다.

16 한인 애국단은 ☐☐가 상하이에서 조직한 비밀결사로 도쿄에서 일왕 폭살 의거를 감행한 ☐☐☐, 홍커우 공원에서 의거한 ☐☐☐ 등이 대표적으로 활동하였다.

17 ☐☐☐ 회담에서 미국, 영국, 중국은 적당한 시기에 적당한 절차를 거쳐 한국을 독립시킬 것을 최초로 결의하였다.

정답 ▶ **01** 토지 조사 **02** 조선물산공진회 **03** 3, 1 **04** 편수회 **05** 산미 증식 **06** 황국 신민, 국민 **07** 독립 의군, 광복회 **08** 서간도 **09** 북로 **10** 대조선 국민 **11** 연통, 교통, 독립 **12** 평양 **13** 순종, 유일당 **14** 신간회 **15** 진주 **16** 김구, 이봉창, 윤봉길 **17** 카이로

1 70회 34번

밑줄 그은 '이 지역'에서 있었던 민족 운동으로 옳은 것은?

[3점]

> □□ 신문
>
> 제△△호   OOOO년 OO월 OO일
>
> **『원병상 회고록』으로 본 국외 민족 운동**
>
> 한국 독립운동사의 일면을 살펴볼 수 있는 책이 발간되었다. 이 책은 신흥 무관 학교 졸업생이자 교관으로 독립군 양성에 헌신한 원병상의 회고록이다. 책에는 이 지역에 세워진 신흥 무관 학교의 변화 과정과 학생들의 생활상이 구체적으로 담겨 있을 뿐만 아니라, 국권 피탈 이후 망명해 온 독립지사들이 힘겹게 정착해 나가는 과정이 생생하게 기록되어 있어 독립운동사와 생활사 자료로서 가치가 크다.

① 한인 자치 기구인 경학사가 설립되었다.

② 권업회가 조직되어 기관지를 발행하였다.

③ 유학생들을 중심으로 2·8 독립 선언서가 발표되었다.

④ 대조선 국민 군단이 결성되어 군사 훈련을 실시하였다.

⑤ 흥사단이 창립되어 교민들에게 민족의식을 심어주고자 하였다.

 **해설**

신흥 무관 학교 → 서간도, 삼원보, 경학사, 부민단, 한족회, 서로 군정서

① 경학사 → 서간도의 한인 자치 기구 💡경부한⭐

② 권업회 → 연해주 한인 자치 단체, 권업 신문

③ 2·8 독립 선언 → 도쿄, 유학생

④ 대조선 국민 군단 → 하와이, 박용만

⑤ 흥사단 → 안창호, 샌프란시스코 💡ㅎㅎ⭐

정답 ▶ ①

2 75회 34번

밑줄 그은 '시기'에 있었던 사실로 옳은 것은?

[2점]

① 미쓰야 협정이 체결되었다.

② 조선 사상범 예방 구금령이 제정되었다.

③ 박문국이 설치되어 한성순보를 발행하였다.

④ 황국 중앙 총상회가 상권 수호 운동을 주도하였다.

⑤ 회사 설립 시 총독의 허가를 받도록 하는 회사령이 시행되었다.

 **해설**

헌병 경찰제, 범죄 즉결례, 조선 태형령 → 1910년대, 무단 통치기

① 미쓰야 협정 → 1925년, 문화 정치
　💡봉춘리간대 자참정신없쓰야이~⭐

② 조선 사상범 예방 구금령 → 1941년, 민족 말살 통치

③ 박문국 설치, 한성순보 발행 → 1883년, 난과 변 사이
　💡빙순동원⭐

④ 황국 중앙 총상회, 상권 수호 운동 → 1898년, 대한 제국

⑤ 회사령 → 1910년 제정, 1920년 폐지되어 신고제로 전환

정답 ▶ ⑤

(가) 운동에 대한 설명으로 옳은 것은? [2점]

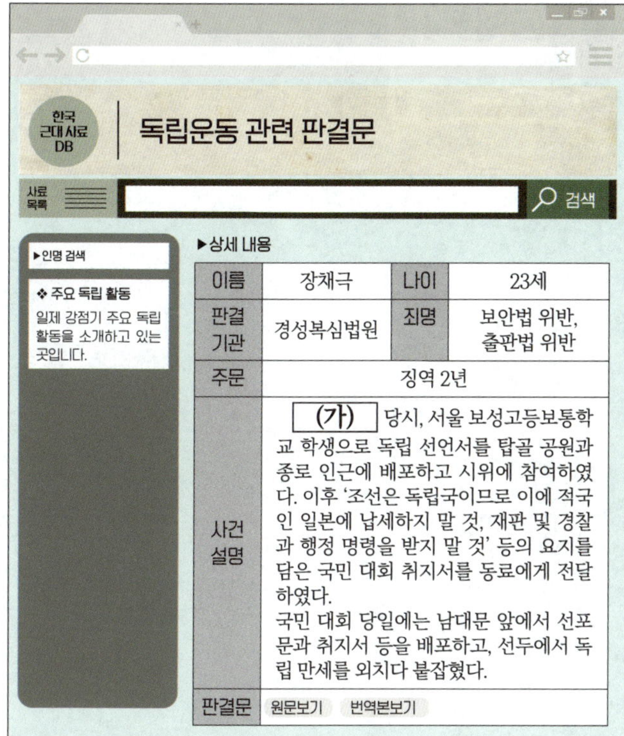

① 정우회 선언의 영향을 받았다.

② 통감부의 탄압과 방해로 중단되었다.

③ 순종의 인산일을 기회로 삼아 추진되었다.

④ 전개 과정에서 일제가 제암리 학살 등을 자행하였다.

⑤ 성진회와 각 학교 독서회에 의해 전국적으로 확산되었다.

 해설

독립 선언서, 탑골 공원 → 3·1 운동

① 정우회 선언의 영향 → 신간회 결성(1927)

② 통감부는 1905~1910년에 존재, 국채 보상 운동(1907)이면 옳은 선지

③ 순종의 인산일 → 6·10 만세 운동 고3 6순

④ 제암리, 고주리 학살 → 3·1 운동

⑤ 성진회, 독서회에 의해 전국 확산 → 광주 학생 항일 운동(1929)

정답 ▶ ④

(가) 부대에 대한 설명으로 옳은 것은? [3점]

① 영릉가에서 일본군에 승리를 거두었다.

② 미국과 연계하여 국내 진공 작전을 계획하였다.

③ 중국 팔로군과 함께 호가장 전투에서 활약하였다.

④ 동북 항일 연군으로 개편되어 유격전을 전개하였다.

⑤ 중광단을 중심으로 조직되어 항일 독립 전쟁에 참여하였다.

 해설

청산리 전투, 김좌진 → 북로 군정서

① 영릉가 전투 → 조선혁명군, 양세봉, 남만주
양조혁은 남(쪽)의 영흥

② 미국 OSS와 연계 국내진공작전 → 한국광복군
*서울진공작전–정미의병, 13도 창의군

③ 중국 팔로군과 호가장 전투에서 활약 → 조선의용대 화북지대
화활호

④ 동북 항일 연군으로 개편 → 반일 통일 전선 *단골 오답

⑤ 중광단 중심으로 조직 → 북로 군정서

정답 ▶ ⑤

DAY 10

학습 키워드

- 🔍 대한민국 정부 수립
- 🔍 6·25 전쟁
- 🔍 4·19 혁명
- 🔍 5·16 군사 정변과 유신 체제
- 🔍 5·18 민주화 운동과 신군부 통치
- 🔍 6월 민주 항쟁과 민주주의 발전

1948~1960　이승만 정부
(1950~1953 6 · 25 전쟁)

1963~1979　박정희 정부

1980~1988　전두환 정부

1988~1993　노태우 정부

1993~1998　김영삼 정부

1998~2003　김대중 정부

2003~2008　노무현 정부

2008~2013　이명박 정부

2013~2017　박근혜 정부

2017~2022　문재인 정부

광복~장면 정부

광복~정부 수립  건모1만합2해~총읍소총~삼협총있다고~제정순이야!!

- **조선 건국 준비 위원회(1945.8.):** 여운형/안재홍, 치안대, 조선 인민 공화국 수립 → 미 군정 불인정
- **군정:** 일본군 무장 해제 → 38도선 경계 → 남북/미소 군정 시작, 미 군정(1945.9.~1948.8.) → 임정 불인정
- **모스크바 3국 외상 회의(1945.12.):** 미·영·소, 임시 정부 수립/미소공위 설치/신탁통치(미·영·소·중/최대 5년) → 좌우 모두 반탁 → 좌익(박헌영) 찬성 vs 우익(김구/이승만) 반대 → 대립 심화
- **1차 미소 공동 위원회(1946.3.):** 덕수궁 석조전, 입장 차이로 무기 휴회
- **이승만의 정읍 발언(1946.6.):** 남한만의 단독 정부 수립 주장
- **좌우 합작 운동(1946.7.):** 중도 여운형/김규식, 좌우 합작 위원회/7원칙(임시 정부/토지 무상 분배/산업국유화) → 미 군정 지지 철회, 여운형 암살
- *트루먼 독트린 선언(1947.3.): 냉전 시대 돌입*
- **2차 미소 공동 위원회(1947.5.):** 결렬 → 한반도 문제 유엔 상정
- **유엔 총회(1947.11.):** 인구 비례에 따른 남북한 총선 실시 결의 → 소련의 유엔 한국 임시위원단 입북 거부
- **김구의「3천만 동포에게 읍고함」**
- **유엔 소총회 결의(1948.2.):** 선거 가능 지역에서만 총선 실시
- **제주 4·3 사건(1948.4.):** 좌익 세력의 단독 정부 반대 봉기–미 군정과 정부의 진압, 도민 희생
  - *제주 4·3 사건 진상 규명 및 희생자 명예 회복에 관한 특별법 제정(2000, 김대중 정부)*
  - *대통령의 공식 사과(2003, 노무현 정부)*
  - *제주 4·3 기록물 유네스코 세계기록유산 등재(2025)*
- **남북 협상(1948.4.):** 김구/김규식, 김일성/김두봉, 전조선 제 정당 사회단체 대표자 연석회의
- **5·10 총선거(1948.5.10.):** 최초 보통 선거, 제헌국회 구성, 임기 2년 국회의원 198명
- **제헌 헌법(1948.7.17.):** 대통령제, 간접선거, 반민족행위 처벌법, 농지개혁법
- **대한민국 정부 수립(1948.8.15.):** 이승만(대통령)/이시영(부통령), 한반도 유일의 합법정부로 유엔 승인
- **여수·순천 10·19 사건(1948.10.19.):** 4·3 사건 진압 명령 거부, 무장봉기 후 여수, 순천 점령

이승만 정부(1948~1960, 자유당)

- **반민족행위 처벌법(1948):** 반민특위, 반공 우선/국회 프락치 사건/경찰 습격 → 해체(1949.10.)
- **농지개혁법(1949):** 유상 매수/분배, 3정보 상한, 지가증권(지계–광무), 지주제 소멸, 자영농 육성
- **귀속 재산 처리법(1949):** 농지 이외, 공장/부동산 등 *신한공사(1946~1948): 미군정의 귀속재산 관리 회사*
- *한미 원조 협정(1948.12.)/한미 상호 방위 원조 협정(1950.1.): 미국 잉여 농산물 → 삼백산업(제분/당/면방직)*
- *문맹 퇴치 5개년 계획(1954~1958) → 초등학교 6년 의무교육, 1958년 문맹률 4.1%*

- **6·25 전쟁(1950)**: 애치슨 선언(1950.1.)~한미 상호 방위 조약(1953.10.)

  ☀️재채기(에취)로 시작~한방 치료로 끝☆

  *국민 방위군 사건(장교 비리, 1951)
- **발췌 개헌(1952)**: 최초 개헌, 전쟁 중 임시 수도 부산, 부산 정치 파동(비상계엄/의원 버스 연행), 기립표결

  정부의 대통령 직선제/양원제(시행 X) + 국회의 국무 위원 불신임권
- **사사오입 개헌(1954)**: 2차 개헌, 반올림, 203명의 2/3는 135.333, 헌법 공포 당시 대통령의 중임 제한 철폐

  → 호헌동지회(범야당 연합) 결성 → 민주당 → 3대 대선(신익희 후보 사망/조봉암 선전)
- **보안법 파동(1958)**: 신국가 보안법 자유당 단독 통과, 언론/야당 탄압, 진보당 사건(조봉암 평화통일론)
- **조봉암 처형(1959)**
- **경향신문 폐간(1959)**
- **3·15 부정 선거(1960)**: for 이기붕 부통령, 득표수 〉유권자 수 → 마산 시위, 김주열 학생 사망
- **4·19 혁명**: 2·28 대구 민주화 운동 → 마산 시위 → 4·18 고대 학생 의거 → 4·19 혁명, 비상계엄

  → 교수단 시국선언(4.25.)
- **이승만 하야(4.26.)**

*유네스코 세계기록유산 등재: 제주 4·3/4·19 혁명/동학 농민 혁명/5·18 민주화 운동 기록물

허정 과도 정부와 장면 내각(1960.4.~1961.5.16.)

- 허정(외무부 장관) 과도 정부
- **3치 개헌**: 간선, 내각 책임제, 양원제(참/민의원) → 총선 민주당 승리
- **장면 내각 출범(1960.8.)**: 민주당, 대통령 윤보선, 경제 개발 5개년 계획 수립
- **4차 개헌**: 소급입법, 3·15 관련자 서빌 *가자 북으로, 오라 남으로(4·19 1주년, 남북 학생 회담 촉구)

*이승만 정부~장면 내각 ☀️반농귀류 발사보조 경부사하 허삼장사☆

6·25 전쟁 ☀️에취! 낙상중 철퇴 맞아서 발포정 먹고 한방 치료 간다~☆

- 미·소 양군 철수/중국 공산화/애치슨 선언(1950.1.) → 남침(6.25.) → 서울 점령 → 유엔군 참전 → 낙동강 방어선 구축(다부동 전투) → 인천 상륙 작전(9.15., *장사 상륙 작전) → 서울 수복(9.28.) → 38도선 돌파, 북진 → 중국 군대 개입(장진호 전투) → 흥남 철수(크리스마스의 기적, 1950.12.) → 1·4 후퇴(서울 재함락, 1951) → 국민 방위군 사건(장교 비리) → 첫 정전 회담(개성, 포로 송환/군사분계선, 1951.7.) → 발췌개헌(1952) → 반공포로 석방(1953.6.) → 정전 협정 체결(판문점, 1953.7.27.) → 한미 상호 방위 조약(1953.10.)

1. 8·15 광복과 좌우익 세력의 갈등

(1) 광복 직후 국내 정치 세력의 동향

❶ 조선 건국 준비 위원회

- 결성: 조선 건국 동맹을 기반으로 결성 → 여운형·안재홍 중심의 좌우 합작 단체
- 활동: 전국에 지부 설치, 치안대를 조직하여 질서 유지
- 해체: 우익 세력의 이탈 → 조선 인민 공화국 선포(1945.9.) 후 해체, 지방의 지부는 인민 위원회로 개편

❷ 우익 세력: 송진우·김성수(한국 민주당), 이승만(독립 촉성 중앙 협의회), 김구(한국 독립당)

❸ 좌익 세력: 박헌영이 조선 공산당 재건

(2) 미군과 소련군의 주둔: 미국의 한반도 38도선 분할 점령 제안(일본군 무장 해제)

미군	• 북위 38도선 이남에서 군정 실시 • 대한민국 임시 정부·조선 인민 공화국 부인 • 조선 총독부 관료와 경찰 조직 유지
소련군	• 북위 38도선 이북 지역 점령 및 군정 실시 • 간접 통치 방식으로 김일성 등 사회주의 세력의 정권 장악 지원

(3) 모스크바 3국 외상 회의(1945.12.)

❶ 결정 사항: 민주주의 임시 정부 수립, 미소 공동 위원회 설치, 최고 5년 기한 4개국(미·소·영·중)의 한반도 신탁 통치 협의

❷ 영향

- 우익: 김구, 이승만 등이 대대적인 반탁 운동 전개
- 좌익: 초기 반탁 주장, 이후 모스크바 3국 외상 회의 결정 사항 총체적 지지로 선회

→ 좌우익 세력의 대립 격화

2. 통일 정부 수립을 위한 노력

(1) 좌우 합작 운동(1946~1947)

❶ 배경: 제1차 미소 공동 위원회 무기 휴회, 단독 정부 수립론 대두(이승만의 정읍 발언, 1946.6.)

❷ 전개

- 여운형, 김규식 등 중도파 주도, 미 군정의 지원 → 좌우 합작 위원회 조직
- 좌우 합작 7원칙 발표(1946.10.): 미소 공동 위원회 속개 및 임시 정부 수립, 토지 개혁(유상 매입·무상 분배) 및 주요 산업 국유화, 반민족 행위자 처벌 등
- 결과: 미 군정의 지원 철회, 좌우 세력의 외면, 여운형 암살(1947.7.)과 좌우 합작 위원회 해산으로 실패

(2) 한국 문제의 유엔 상정과 결의

❶ 제2차 미소 공동 위원회 결렬(1947.5.) → 미국이 한국 문제 유엔 상정

❷ 결의: 유엔 총회(1947.11.)에서 인구 비례에 따른 총선거 실시안 가결 → 유엔 한국 임시 위원단 내한 → 소련은
위원단의 입북 거부 → 유엔 소총회(1948.2.)에서 위원단이 접근 가능한 지역의 총선거 결의

(3) 남북 협상(1948)

❶ 김구(「삼천만 동포에게 읍고함」 발표)와 김규식의 남북 정치 요인 회담 제안으로 방북 → 남북 협상을 통한 통일
정부 수립 추구

❷ 평양에서 전 조선 제 정당·사회단체 대표자 연석 회의(남북 연석 회의) 개최(1948.4.) → 김구, 김규식, 김일성,
김두봉 등이 회담 공동 성명(단독 정부 수립 반대, 미·소 양군의 철수 요구 등) 발표

❸ 결과: 남과 북에 각각 정부 수립, 김구 암살(1949.6.) 등으로 성과를 거두지 못함

3. 대한민국 정부 수립

(1) 정부 수립을 둘러싼 갈등

❶ 제주 4·3 사건(1948): 제주도 내 좌익 세력과 일부 주민이 남한만의 단독 선거 반대를 내세우며 무장 봉기 → 미
군정과 이승만 정부의 탄압으로 수많은 주민 희생, 제주 3개 선거구 중 2개 선거구에서 5·10 총선거 중단

　＊ 제주 4·3 사건 진상 규명 및 희생자 명예 회복에 관한 특별법 제정(2000)

❷ 여수·순천 10·19 사건(1948): 정부가 제주 4·3 사건 진압을 위해 여수에 주둔한 군부대에 출동 명령 → 부대 내
좌익 세력이 명령 거부, 무장봉기하여 여수·순천 일대 장악 → 정부군이 미국의 지원을 받아 진압, 수많은 민간인
희생 → 국가 보안법 제정(1948.12.)과 반공주의 강화

(2) 대한민국 정부 수립

❶ 5·10 총선거: 38도선 이남 지역에서 실시, 우리나라 최초의 민주적 보통 선거(만 21세 이상 모든 남녀에게 선거
권 부여), 남북 협상파와 좌익 세력 불참 → 198명의 제헌 국회 의원(임기 2년) 선출

❷ 제헌 헌법 공포(1948.7.17.): 삼권 분립과 대통령 중심제 채택, 국회에서 간접 선거로 정·부통령 선출(대통령 임
기 4년, 중임 가능)

❸ 대한민국 정부 수립(1948.8.15.): 대통령에 이승만, 부통령에 이시영 선출 → 유엔에서 유일한 합법 정부로 승인받음

(3) 제헌 국회의 활동

❶ 친일 반민족 행위자의 청산과 좌절

• 반민족 행위 처벌법 제정(반민법, 1948.9.) → 반민족 행위 특별 조사 위원회(반민 특위) 설치 → 반민족 행위자에
대한 조사·검거

• 반공을 앞세운 이승만 정부의 비협조와 방해(경찰의 반민 특위 습격, 국회 프락치 사건, 법 개정으로 특위의 활동
기간 단축) → 반민 특위 해체(1949), 친일파 청산 좌절

❷ 농지 개혁의 실시

• 농지 개혁법 제정(1949): 경자유전 원칙, 유상 매수·유상 분배 방식, 가구당 농지 소유 상한을 3정보로 제한, 재정

부족으로 지주에게 지가 증권 발급

- 결과: 전근대적 지주제 소멸의 계기, 자작농 증가
- 한계: 농지 외 토지는 개혁 대상에서 제외, 유상 분배에 따른 농민 부담, 반민족 행위자의 토지 몰수가 이루어지지 않음

4. 6·25 전쟁

(1) 배경

38도선 부근에서 잦은 무력 충돌, 한반도에서 미·소 양군 철수, 애치슨 선언(1950.1., 미국의 태평양 지역 방위선에서 한국 제외)

(2) 전쟁의 전개

❶ 북한군 남침(1950.6.25.): 3일 만에 서울 점령 → 낙동강까지 진출

❷ 유엔군 참전과 반격: 국군과 유엔군이 낙동강에 방어선 구축 → 인천 상륙 작전(1950.9.) → 서울 수복(1950.9.), 38도선 돌파 → 압록강까지 진출

❸ 중국군 참전과 이후 전황: 중국군 참전(1950.10.), 장진호 전투 → 흥남 철수 → 서울 재함락(1·4 후퇴, 1951), 국민 방위군 사건* → 국군과 유엔군의 총공세, 서울 재수복(1951.3.) → 38도선 부근에서 전선 교착

  * 국민 방위군 사건: 군 지휘관들이 군수품을 빼돌려 전쟁 중에 소집된 국민 방위군 수만여 명이 추위와 굶주림에 희생된 사건

(3) 휴전의 성립

❶ 정전 회담 진행: 소련의 제의로 회담 시작(1951.7., 개성), 포로 송환과 군사 분계선 설정 문제로 협상 난항, 38도선 부근 공방전 지속, 인명 피해 증가, 이승만의 반공 포로 석방(1953.6.)

❷ 정전 협정 체결(1953.7.27.): 휴전선 확정, 비무장 지대 설치, 포로의 자유 의사를 존중한 포로 교환 합의

(4) 전쟁의 피해와 영향

❶ 인적·물적 피해, 전쟁고아와 이산가족 발생, 남북의 적대감 고조

❷ 한미 상호 방위 조약 체결(1953.10.): 주한 미군 주둔, 동북아시아에서 미국의 영향력 강화

❸ 일본이 전쟁 특수로 경제 발전, 아시아의 반공 거점 국가로 자리 잡음

5. 이승만 정부의 장기 집권 도모

(1) 발췌 개헌(1952)

❶ 배경: 2대 국회 의원 선거(1950.5.)에서 반(反)이승만 성향의 후보가 대거 당선 → 국회를 통한 간선제 방식으로는 이승만의 재선 가능성 희박

❷ 과정: 6·25 전쟁 중 임시 수도 부산에서 자유당 창당으로 지지 세력 결집, 계엄령 선포(부산 정치 파동) → 기립 투표로 대통령 직선제, 국회 양원제(실행되지 못함), 국회의 국무위원 불신임권 등을 주요 내용으로 하는 개헌안 통과

(2) 사사오입 개헌(1954)

초대 대통령에 한해 3선 금지 조항을 적용하지 않는 개헌안 발의 → 개헌 통과 정족수에서 1표 부족으로 부결 선언
→ 사사오입 적용, 개헌안 통과 선포 → 범야당 세력이 호헌 동지회 결성

(3) 독재 체제 강화

❶ **진보당 사건**: 3대 대통령 선거(1956)에서 선전한 조봉암이 평화 통일론 주장, 진보당 창당 → 진보당의 정당 등록 취소(1958), 조봉암을 간첩 혐의로 사형(1959)
❷ **보안법 파동(1958)**: 야당 의원들을 몰아내고 자유당 단독으로 국가 보안법 개정안 통과
❸ **언론 탄압**: 정부에 비판적인 경향신문 폐간(1959)

(4) 경제 정책

❶ **미국의 경제 원조**: 한미 원조 협정 체결(1948), 한미 상호 방위 원조 협정 체결(1950), 미국의 잉여 농산물 제공 → 삼백 산업(제분·제당·면방직 공업) 발달
❷ **귀속 재산 처리**: 미 군정 시기 신한공사 설립, 정부 수립 후 귀속 재산 처리법 제정(1949) → 일본인 소유의 공장 등을 민간에 불하 → 특정 기업에 혜택이 편중되면서 정경 유착, 독점 발생
❸ **1950년대 말 경제 위기**: 미국의 원조 축소, 무상 원조가 유상 차관으로 전환 → 불황, 경제 성장률 크게 감소

6. 4·19 혁명과 장면 정부

(1) 4·19 혁명(1960)

❶ **배경**: 이승만 정부와 자유당이 정·부통령에 이승만과 이기붕을 당선시키기 위해 3·15 부정 선거 자행
❷ **과정**: 부정 선거 규탄 시위 발생 → 2·28 대구 민주화 운동 → 마산에서 시위 중 실종된 김주열 학생의 시신 발견 → 전국으로 시위 확산 → 경무대로 향하는 시위 중 경찰의 발포로 사상자 발생, 비상계엄 선포(4.19.) → 대학교 수단의 시국 선언문 발표(4.25.) → 이승만 대통령의 하야 성명 발표(4.26.)
❸ **결과**: 허정 과도 정부 수립 → 내각 책임제와 양원제(민의원·참의원) 국회 구성을 골자로 한 개헌 단행

(2) 장면 정부

❶ **수립**: 새 헌법에 따라 치러진 총선에서 민주당 압승 → 장면 내각 출범(1960, 윤보선 대통령, 장면 국무총리)
❷ **민주주의 진전**(언론 활성화, 학생·노동 운동 전개, 각계의 통일 운동 전개 등), 경제 개발 5개년 계획 마련(5·16 군사 정변으로 실시되지 못함), 4차 개헌(소급 입법, 3·15 부정 선거 관련자 처벌)
❸ **한계**: 각계각층의 민주화 요구를 제대로 수용하지 못함, 부정 선거 책임자와 부정 축재자 처벌에 소극적 → 5·16 군사 정변으로 붕괴(1961)

01 조선 ☐☐ ☐☐ 위원회는 조선 건국 동맹을 기반으로 결성하여 ☐☐☐과 안재홍이 중심이 되어 활동한 좌우 합작 단체이다.

02 ☐☐☐☐ 3국 외상 회의에서 민주주의 임시 정부의 수립, ☐☐ 공동 위원회 설치, 최고 5개년의 미·소·영·중의 한반도 ☐☐ 통치를 협의했다.

03 여운형과 김규식의 주도로 조직된 좌우 합작 위원회에서는 미소 공동 위원회 속개 및 임시 정부의 수립, 토지 개혁 등의 ☐☐ ☐☐ 7원칙을 발표했다.

04 유엔 총회에서 인구 비례에 따른 총선거 실시안이 가결되자 ☐☐ ☐☐ ☐☐ 위원단이 내한하였고 소련은 위원단의 입북을 거부했다.

05 ☐☐ ☐·☐ 사건은 제주도 내 좌익 세력과 일부 주민이 남한만의 단독 선거를 반대하며 무장 봉기하자 미 군정과 ☐☐☐ 정부의 탄압으로 많은 주민이 희생된 사건이다.

06 이승만 정부는 유상 매수·유상 분배 방식을 통해 가구당 농지 소유 상한을 ☐ 정보로 제한하는 ☐☐ ☐☐ 법을 제정했고 이는 농가경제의 자립, 농업 생산력 증진을 목표로 하였다.

07 1950년 1월 미국의 태평양 지역 방위선에서 한국을 제외한다는 ☐☐☐ 선언이 발표되었다.

08 6·25 전쟁의 정전 협정이 체결되고 난 뒤 ☐☐ ☐☐ ☐☐ 조약 체결을 통해 주한 미군이 주둔하고 동북아시아에서 미국의 영향력이 강화되었다.

09 6·25 전쟁 중에 임시 수도 ☐☐에서 대통령 직선제, 국회 양원제, 국회의 국무위원 불신임권 등을 주요 내용으로 하는 ☐☐ 개헌을 통과시켰다.

10 1950년대 미국의 원조를 통해 ☐☐ 산업이라 불리는 제분, 제당, 면방직 공업이 발달하였다.

11 ☐·☐☐ 혁명은 이승만 정부의 ☐·☐☐ 부정 선거를 규탄하기 위해 학생과 시민이 중심이 되어 일어난 민주주의 혁명이다. 대학 교수단 또한 시국 선언문을 발표하고 시위를 전개하여 이승만 대통령은 하야 성명을 발표하였다.

12 장면 정부에서는 ☐차 개헌을 통해 3·15 부정 선거 관련자를 처벌하는 데 ☐☐ 입법을 적용시켰다.

18강 기출문제 풀어 보기

1 [75회 45번]

다음 성명이 발표된 이후의 사실로 옳은 것은? [3점]

> 지금 이때 나의 단일한 염원은 3천만 동포와 손을 잡고 통일된 조국, 독립된 조국의 달성을 위하여 공동 분투하는 것뿐이다. 이 육신을 조국이 요구한다면 당장에라도 제단에 바치겠다. 나는 통일된 조국을 건설하려다가 38선을 베고 쓰러질지언정 일신에 구차한 안일을 취하여 단독 정부를 세우는 데는 협력하지 아니 하겠다. 나는 내 생전에 38선 이북에 가고 싶다. 그쪽 동포들도 제 집을 찾아가는 것을 보고서 죽고 싶다. 궂은 날을 당할 때마다 38선을 싸고 도는 원귀의 곡성이 내 귀에 들리는 것도 같았다. 고요한 밤에 홀로 앉으면 남북에서 헐벗고 굶주리는 동포들의 원망스런 용모가 내 앞에 나타나는 것도 같았다.

① 모스크바 3국 외상 회의가 개최되었다.

② 송진우, 김성수 등이 한국 민주당을 창당하였다.

③ 좌우 합작 위원회에서 좌우 합작 7원칙을 발표하였다.

④ 우리나라 최초의 보통 선거인 5·10 총선거가 실시되었다.

⑤ 여운형이 중심이 되어 조선 건국 준비 위원회를 조직하였다.

해설

통일된 조국을 건설하려다가 38선을 베고 쓰러질지언정 → 김구의 「3천만 동포에게 읍고함」(1948.2.)
광복(1945.8.15.) 이후 사건
☀건모1만합2 총읍소총~삼협총~제정순이야!☀

① 모스크바 3국 외상 회의(1945.12.) → 읍고 전
　☀건모1만합2☀

② 한국 민주당(1945.9.) → 1945년 후반에 결성된 우익 정당—이승만의 독립 촉성 중앙협의회, 김구의 한국 독립당

③ 좌우 합작 위원회/7원칙(1946.10.) → 읍고 전
　☀건모1만합2☀

④ 5·10 총선거(1948.5.) → 읍고 후 ☀총읍소총~삼협총~☀

⑤ 여운형의 조선 건국 준비 위원회(1945.8.) → 읍고 전
　☀건모1만합2☀

정답 ▶ ④

2 [74회 44번]

(가) 사건에 대한 설명으로 가장 적절한 것은? [2점]

① 대통령이 하야하는 결과를 이끌어냈다.

② 호헌 철폐와 독재 타도 등의 구호를 내세웠다.

③ 통일 주체 국민 회의가 구성되는 배경이 되었다.

④ 6·3 시위의 전개와 비상계엄이 선포되는 계기가 되었다.

⑤ 진상 규명 및 희생자 명예 회복에 관한 특별법이 제정되었다.

해설

제주 4·3 사건, 남한만의 단독 선거 반대하는 무장대 vs 토벌대, 유네스코 세계기록유산

① 대통령의 하야: 1960년 4·19 혁명 → 이승만의 하야

② 호헌 철폐, 독재 타도 → 전두환 정부, 1987년 6월 민주 항쟁

③ 통일 주체 국민 회의 → 박정희 정부, 1972년 10월 유신

④ 6·3 시위, 비상계엄 선포의 계기 → 1965년 한일 협정

⑤ 진상 규명 및 희생자 명예 회복에 관한 특별법 제정 → 4·3 사건, 2000년, 김대중 정부

정답 ▶ ⑤

다음 상황이 나타난 시기를 연표에서 옳게 고른 것은?

[2점]

> 미소 공동 위원회를 속개시킴으로써 국제적으로 약속된 조선 민주주의 임시 정부 수립을 촉진하려는 좌우 합작 운동은 김규식의 입원과 여운형의 피습 사건으로 말미암아 합작의 앞날이 우려되는 상황이었다. 그러나 최근 김규식이 퇴원하고 여운형의 치료도 순조로워, 22일 오후 7시 시내 모처에서 김규식, 여운형 두 사람을 비롯한 좌우 대표가 참석한 가운데 정식으로 예비 회담이 개최되었다.

	(가)	(나)	(다)	(라)	(마)
8·15 광복	모스크바 3국 외상 회의	5·10 총선거 실시	대한민국 정부 수립	6·25 전쟁 발발	한미 상호 방위 조약 체결

① (가) ② (나) ③ (다) ④ (라) ⑤ (마)

해설

좌우 합작 운동 🔍 건모1만합2 총읍소총 삼협총 제정순

광복(1945) – (가) – 모스크바 3국 외상 회의(1945.12.) – (나) – 5·10 총선거(1948.5.) – (다) – 정부 수립(1948.8.) – (라) – 6·25 전쟁(1950.6.) – (마) – 한미 상호 방위 조약(1953.10.)

정답 ▶ ②

(가)에 대한 설명으로 옳은 것은?

[3점]

> 휘문중학 운동장에서 (가) 의 수반인 여운형 씨가 5천여 군중 앞에서 해방의 제일성을 힘있게 외쳤다. "조선 민족 해방의 날은 왔다. …… 어제 15일 아침 8시에 엔도 조선 총독부 정무총감의 초청을 받아 …… 나는 다섯 가지 요구를 제안하여 무조건 승낙을 받았다. 1. 전 조선 각지에 구속되어 있는 정치, 경제범을 즉시 해방하라 …… 4. 민족 해방의 모든 원동력이 되는 학생 훈련과 청년 조직에 대하여 간섭하지 말라 …… 이것으로 우리 민족 해방의 첫걸음을 내딛게 되었으니 우리가 지난날에 아프고 쓰렸던 것은 이 자리에서 모두 잊어버리자. ……"

① 신한공사를 설립하였다.

② 좌우 합작 7원칙을 제시하였다.

③ 한인 국방 경위대를 창설하였다.

④ 남북 협상 공동 성명서를 발표하였다.

⑤ 조선 인민 공화국 수립이 선포된 후 해산하였다.

해설

조선 건국 동맹 → 1945년 8월 15일 해방 후 → 조선 건국 준비 위원회(위원장 여운형)

① 신한공사 → 미 군정, 귀속 재산 처리

② 좌우 합작 7원칙 → 좌우 합작 위원회

③ 한인 국방 경위대 → 1942년 LA에서 창설된 한인 군사 조직

④ 남북 협상 → 김구, 김규식

⑤ 조선 건국 준비 위원회 → 조선 인민 공화국 수립 선포, 미 군정은 불인정

정답 ▶ ⑤

박정희 정부~문재인 정부

박정희 정부(민주공화당, 1960년대)

- 5·16 군사 정변(1961.5.16.): 군사 혁명 위원회 → 국가 재건 최고 회의, 중앙정보부, 군정
- 5차 개헌(1962): 직선제, 단원제 → 5대 대통령 당선(1963)
- 한일 협정: 김종필/오히라 메모(1962) → 6·3 시위(한일 국교 정상화 반대 → 비상계엄 선포, 1964) → 체결 (1965) 2 3 4 5
- 경제 개발 5개년 계획(1, 2차−1962~1971): 경공업 위주, 저임금/저곡가
- 브라운 각서(1966): 베트남 추가 파병, 경제/군사 원조 *베트남 파병(1964~1973)
- 파독 근로자: 광부, 간호사
- 무즙 파동(중학 입시, 엿기름, 디아스타제, 1964) → 중학교 무시험 입학제(1969), 국민 교육 헌장(1968)
- 푸에블로호 납북(1968)/1·21 사태(북 요원 청와대 습격, 1968) → 향토 예비군(1968)
- 3선 개헌(6차, 1969) → 7대 대통령 당선(1971)
- *1970년에 있었던 일: 경부고속국도 개통, 포항 제철소 착공, 새마을 운동 시작, 전태일 분신(→ 청계피복노조 결성)

박정희 정부(1970년대)

- 닉슨 독트린(1969, 미국 직접 개입 축소, 냉전 완화) → 1차 남북 적십자 회담(1971)
    - → 7·4 남북 공동 성명(평화통일 3대 원칙, 자주/평화/민족 대단결, 1972) → 남북 조절 위원회
    - → 평화 통일 외교 정책에 관한 6·23 특별 성명 발표(1973)
- 10월 유신 단행(1972): 비상 계엄령−국회 해산−국민 투표로 7차 개헌, 유신헌법 통과
- 유신 헌법: 통일 주체 국민회의(간선/임기 6년/중임 제한 조항 폐지−8대 대통령 당선), 국회의원 1/3 추천, 국회 해산권, 긴급 조치권
- 유신 저항: 개헌 청원 100만인 서명 운동(장준하 등, 1973), 3·1 민주 구국 선언(1976)
- 탄압: 민청학련(전국민주청년학생총연맹) 사건(1974), 인민혁명당 재건위 사건(1974)
- 유신 종식: YH 무역 사건(신민당 당사 농성, 김영삼 총재 제명, 1979) → 부마 민주 항쟁 → 10·26 사태
- 3, 4차 경제 개발 5개년 계획(1972~1981): 중화학 공업 중심, 수출 100억 불 달성(1977), 석유 파동(1973, 1978)
- *광주 대단지 사건(무계획 도시 개발, 1971), 8·3 사채 동결 조치(기업 구제, 정경유착, 1972), 함평 고구마 사건 (고구마 수매, 1976~1978), 영화/가요(금지곡) 검열, 장발/미니스커트 단속

전두환 정부(민주정의당)

- 12·12 사태(신군부 군사권 장악, 1979) → 민주화 요구 → 5·17 비상계엄 확대(1980)

  → 5·18 민주화 운동(계엄/유신 철폐, 계엄군 ↔ 시민군) → 진압 후 국가 보위 비상 대책위원회 설치(언론기본법/삼청교육대) *5·18 민주화 운동 기록물–유네스코 세계기록유산
- 최규하(10대) 대통령 하야 → 전두환 11대 대통령 취임(통·주·국, 1980)

  → 8차 개헌(7년 단임, 간선, 대통령 선거인단) → 민정당 창당, 12대 대통령 취임(1981)
- **유화 정책:** 해외여행 자율화, 소위 3S(프로 야구/축구, 컬러 TV 방송, 통금 해제)
- **교육 정책:** 교복 자율화, 최초 중학교 의무교육, 과외 전면 금지, 대학 본고사 폐지/졸업정원제
- **경제:** 3저(금리/달러/유가) 호황, 최저 임금제
- **통일:** 북의 1984년 수해 물자 지원 → 남북 이산가족 최초 상봉(1985) 바로 만나

  *KBS 특별 생방송 '이산가족을 찾습니다' 기록물–유네스코 세계기록유산
- **1987년:** 박종철 고문치사 → 4·13 호헌 조치

  → 이한열 피격 → 6월 민주 항쟁(6·10 국민 대회~6·29 민주화 선언–직선 수용)
- **9차 개헌(1987):** 5년 단임, 직선제
- *아웅산 테러(1983), KAL기 폭파(1987), 서울 아시안 게임(1986), 부천 경찰서 성고문 사건(권인숙, 1986)

  직선제 요구 1천만 명 서명 운동(1986)

노태우 정부(1988~1993, 민주정의당 → 민주자유당) 77, 88

- 1988년 4월 총선 → 여소야대 정국(5공 청문회) → 3당 합당

  └→(민정＋통민/김영삼＋신민주공화/김종필) = 민자당
- **7·7선언(1988):** 민족자존/통일 번영/사회주의 국가와 수교(북방외교–헝·소·중과 수교)
- 88 서울올림픽 개최
- 남북 유엔 동시 가입, 기본 합의서(화해/불가침/교류 협력 우기), 비핵화선언

김영삼 정부(문민정부, 1993~1998)

- 금융실명제 실시
- OECD(경제 협력 개발 기구) 가입, IMF(국제 통화 기금) 구제 금융 지원(1997), UR(우루과이 라운드) 협상 타결, WTO(세계무역기구) 가입
- 전국 민주노동조합총연맹 창립(민주노총, 1995), 지방자치제 전면 실시, 공직자 윤리법 개정(재산 등록 의무화)
- **역사 바로 세우기:** 전두환/노태우 전 대통령 구속, 하나회 척결, 총독부 청사 철거, 초등학교, 거창 사건 (6.25.) 등 관련자의 명예 회복에 관한 특별 조치법 제정 역사 영삼
- *성수대교/삼풍백화점 붕괴 사고

김대중 정부(국민의 정부, 1998~2003)

- 선거를 통한 최초 여야 정권 교체, 국민 기초 생활 보장법 제정, 여성부/국가 인권위원회 신설
- 햇볕정책(소 떼 방북, 금강산 해로 관광) → 최초 남북 정상 회담(평양, 6·15 남북 공동 선언, 연합제/남, 낮은 단계 연방제/북), 경의선 복원/개성 공단 조성 합의 → 노벨평화상 수상(2000)
- 기업 구조 조정(노사정 위원회 설치, 실업자/비정규직 증가, 1998.1.)
- 금 모으기 운동(1997~1998) → IMF 자금 상환(2001)
- 4·3 특별법 제정, 한칠레 FTA 서명, 한일월드컵/부산 아시안 게임(2002)

노무현 정부(참여 정부, 2003~2008)

- 호주제 폐지
- 진실·화해를 위한 과거사 정리 위원회/친일 반 민족 행위 진상규명 위원회 출범
- 2차 남북 정상 회담(평양, 10·4 남북 정상 선언), 개성 공단 건설, 금강산 육로 관광
- 노인 장기 요양 보호법, 질병 관리 본부 설치(사스)
- 한미 FTA 서명(한칠레 FTA 발효), APEC(아시아 태평양 경제 협력체) 정상 회의(부산)

이명박 정부(2008~2013)

- G20 정상 회의, 다문화가족 지원법, 한미 FTA 발효(2012)

박근혜 정부(2013~2017)

- 한중 FTA 체결(2015)

문재인 정부(2017~2022)

- 남북 정상 회담(1차 판문점 선언, 2차 판문점, 3차 평양, 김정은, 2018) 판문재인
- 평창 동계올림픽 개최

1. 5·16 군사 정변과 박정희 정부

(1) 5·16 군사 정변(1961)

❶ 발생: 박정희 중심의 일부 군인이 정변으로 정권 장악, 반공을 국시로 한 혁명 공약 발표

❷ 군정 실시: 국가 재건 최고 회의 설치

- 정치인의 활동 금지, 부패 공직자 처벌, 중앙 정보부 설치(초대 중앙 정보부장 김종필) 등
- 대통령 중심제·단원제 국회를 골자로 하는 헌법 개정(1962, 5차 개헌)
- 경제 개혁: 화폐 개혁, 경제 개발 5개년 계획 추진(1962)

(2) 박정희 정부

❶ 민주 공화당 후보 박정희의 대통령 당선(1963) → 반공과 경제 발전 강조

❷ 한·일 국교 정상화(1965)

- 배경: 경제 개발에 필요한 자금 확보, 한·미·일 안보 체제 강화를 위한 미국의 요구
- 전개: 김종필·오히라 비밀 회담(1962) → 6·3 시위(1964, 대학생들과 시민들이 굴욕적 대일 외교라고 반대하며 시위 전개) → 정부의 계엄령 선포와 진압 → 한일 협정 체결(한일 기본 조약, 1965)
- 결과: 한·일 국교 정상화, 경제 개발에 필요한 자금 일부 확보, 식민 지배에 대한 사죄와 배상은 받지 못함

❸ 베트남 파병(1964~1973): 미국의 요청, 브라운 각서(1966, 미국이 기술 및 차관 제공 약속) → 베트남 전쟁 특수로 경제 성장의 토대 마련, 고엽제 피해·라이따이한 문제 등 전쟁 후유증

❹ 3선 개헌(1969)

- 배경: 북한의 대남 공작 강화(1·21 사태, 푸에블로호 사건, 1968), 박정희 정부의 안보 강화(향토 예비군 창설, 국민 교육 헌장 발표, 1968)
- 안보와 경제 성장을 내세워 대통령 3회 연임 허용 개헌안을 통과 → 7대 대통령 선거(1971)에서 박정희 후보 당선

(3) 유신 체제의 성립과 붕괴

❶ 배경

- 냉전 완화: 닉슨 독트린(1969, 미국 직접 개입 축소·동맹 자주방위 강조, 냉전 완화 계기)
- 박정희 정부의 대북 정책 수정: 남북 적십자 회담(1971, 이산가족 상봉을 위한 회담 진행), 7·4 남북 공동 성명 발표(1972, 자주·평화·민족 대단결 원칙, 남북 조절 위원회 설치)

❷ 성립: 10월 유신 단행(1972.10.17.) → 비상 계엄령 선포, 국회 해산 → 비상 국무회의에서 헌법 개정안 의결·공고, 국민 투표로 확정 → 통일 주체 국민 회의에서 박정희를 대통령으로 선출

❸ 유신 헌법

- 대통령 간선제: 통일 주체 국민 회의에서 임기 6년의 대통령 선출
- 대통령 중임 제한 조항 삭제(영구 집권 가능)
- 대통령에게 긴급 조치권·국회 해산권·국회의원 1/3 추천권 부여

❹ 유신 체제에 대한 저항과 탄압

저항	• 개헌 청원 100만 인 서명 운동(1973, 장준하) • 천주교정의구현전국사제단 조직 • 언론 자유 수호 투쟁 • 3·1 민주 구국 선언(1976)
탄압	긴급 조치권 발동, 민청학련 사건과 인민 혁명당 재건위 사건 조작 등으로 탄압

❺ 유신 체제 붕괴: YH 무역 사건(1979, 부당 폐업 조치에 반대하는 YH 무역 노동자들의 농성 중 노동자 김경숙 사망) → 항의하던 신민당 총재 김영삼이 국회의원직에서 제명 → 부·마 민주 항쟁 → 박정희 대통령 피살(10·26 사태, 1979)

(4) 경제 발전과 사회 변화

❶ 경제 개발 5개년 계획 추진

제1, 2차 경제 개발 5개년 계획 (1962~1971)	• 경공업 육성, 노동 집약적 산업 중심(의류·신발·가발 등), 수출 주도형 경제 성장, 베트남 특수에 힘입어 고도 성장 • 경인 고속 도로 개통(1968), 경부 고속 국도 개통(1970), 포항 제철 설립(1968) 등
제3, 4차 경제 개발 5개년 계획 (1972~1981)	• 중화학 공업 육성, 자본 집약적 산업 중심 → 수출액 100억 달러 달성(1977) • 8·3 긴급 금융 조치(1972): 사채 동결 등의 특혜를 기업에 제공 • 석유 파동 　－ 제1차(1973): 건설업의 중동 진출로 위기 극복 　－ 제2차(1978): 중화학 공업에 대한 과잉 투자로 국가 재정 타격과 물가 폭등 • 함평 고구마 피해 보상 운동(1976~1978): 함평 농민들의 고구마 피해 보상 투쟁 전개
의의와 한계	• 의의. 한강의 기적이라 불리는 경제 성장 달성, 1인당 국민 소득 증대 • 한계: 저임금·저곡가 정책으로 노동자와 농민의 희생 강요, 두시와 농촌 간 소득 격차 발생, 무계획적인 도시 개발(광주 대단지 사건 발생, 1971), 경제 대외 의존도 심화

❷ 사회의 변화

• 1960년대부터 서독에 광부, 간호사 파견 → 외화 송금으로 경제 발전에 기여

• 새마을 운동(1970): 박정희 정부의 주도로 전개, 농촌 환경 개선과 소득 증대 목표, 근면·자조·협동 강조 → 실질적인 소득 증대 효과 미흡, 유신 체제의 정당성 확보 수단으로 이용됨

• 전태일 분신 사건(1970, 근로 기준법 준수 요구) → 청계 피복 노동조합 결성 등 노동 운동 본격화

• 교육: 국민 교육 헌장 공포(1968), 중학교 무시험 추첨제 실시(1969), 대도시에서 고교 평준화 실시(1973)

• 1970년대 사회 통제와 억압: 영화 사전 검열, 금지곡 지정, 장발 및 미니스커트 단속

2. 5·18 민주화 운동과 전두환 정부

(1) 5·18 민주화 운동

❶ 신군부 세력의 등장과 서울의 봄

- 전두환 등 신군부가 군사 반란으로 실권 장악(12·12 사태, 1979)
- 민주화 요구 확대: 유신 철폐, 신군부 퇴진, 계엄 철폐를 요구하는 대규모 시위 전개(서울의 봄, 1980)

❷ 5·18 민주화 운동(1980)

배경	신군부가 비상계엄을 전국으로 확대
전개	광주의 학생과 시민들의 시위 → 신군부의 계엄군 투입, 계엄군의 발포 → 시민군 조직 → 시민군의 평화 협상 요구 → 계엄군의 무력 진압
의의	1980년대 이후 민주화 운동의 토대, 관련 기록물이 유네스코 세계 기록 유산으로 등재

(2) 전두환 정부

❶ 성립

- 국가 보위 비상 대책 위원회 설치 → 언론사 통폐합, 언론 기본법 제정, 삼청 교육대 운영 등
- 최규하 대통령 하야 → 통일 주체 국민 회의에서 전두환을 대통령으로 선출(1980) → 8차 개헌 단행(대통령 선거 인단을 통한 간선제, 임기 7년의 단임제) → 민주 정의당 창당(1981.1.) → 전두환이 대통령으로 선출(1981.2.)

❷ 정책

강압 정책	민주화 운동과 노동 운동 탄압, 언론 통제 강화, 대학생 강제 징집, 교육 통제(과외 전면 금지, 대학 졸업정 원제 시행, 대학 본고사 폐지) 등
유화 정책	야간 통행금지 해제, 두발과 교복 자율화, 해외여행 자유화, 프로 야구단 창단, 중학교 의무 교육 실시, 국 풍81(관제 축제) 개최 등

(3) 경제 발전과 사회 변화

❶ 1980년대 후반 경제 변화

- 산업 구조 조정: 부실 기업 정리, 중화학 공업에 대한 중복 투자 조정
- 3저 호황(저유가·저달러·저금리)으로 자동차, 기계, 철강 산업 발전 → 수출 증가로 무역 수지 흑자 기록

❷ 사회의 변화

- 최저 임금법 제정(1986, 최저 임금 위원회 설치)
- 이산가족 고향 방문단과 예술 공연단의 교환(1985) → 최초의 남북 이산가족 상봉(KBS 특별생방송 '이산가족을 찾습니다' 방송 시작, 1983)
- 서울 아시안 게임 개최(1986)

3. 6월 민주 항쟁과 민주주의의 발전

(1) 6월 민주 항쟁(1987)

❶ 배경: 전두환 정부의 강압 통치, 민주화에 대한 국민의 열망 고조, 국민의 대통령 직선제 개헌 요구(직선제 개헌 1천만 명 서명 운동, 1986)

❷ 전개: 부천 경찰서 성 고문 사건(1986), 박종철 고문치사 사건(1987.1.) → 정부의 4·13 호헌 조치 발표 → 이한열 최루탄 피격(6.9.) → 6·10 국민 대회(호헌 철폐 요구) 개최, 전국으로 시위 확산 → 노태우가 6·29 민주화 선언 발표(대통령 직선제 개헌 요구 수용)

❸ 결과: 5년 단임의 대통령 직선제 개헌(9차 개헌) 단행

(2) 노태우 정부(1988~1993)

❶ 야권 분열로 여당(민주 정의당) 노태우 후보가 대통령에 당선 → 여소야대 정국 전개 → 야당 주도로 전두환 정부의 5공 비리 청문회 개최 → 3당 합당(민주정의당, 통일민주당(김영삼), 신민주공화당(김종필) 합당 → 민주 자유당 창당)을 통해 여대야소 정국으로 개편

❷ 서울 올림픽 개최(1988), 지방 자치제 제한적 실시

❸ 7·7 선언(민족자존과 통일 번영을 위한 특별 선언, 1988), 북방외교 추진(헝가리·폴란드·소련·중국 등과 수교, 1991년 남북한 유엔 동시 가입), 남북 기본 합의서(남북 사이의 화해와 불가침 및 교류·협력에 관한 합의서, 1991), 한반도 비핵화 공동 선언 발표(1992)

(3) 김영삼 정부(1993~1998)

❶ 군 내부 사조직(하나회) 해체, 공직자 윤리법 개정(재산 등록 의무화), 지방 자치제 전면 실시

❷ 역사 바로 세우기: 전두환·노태우 구속, 국민학교를 초등학교로 개칭, 조선 총독부 건물 철거

❸ 금융 실명제 실시, 전국 민주 노동조합 총연맹(민주노총) 결성(1995), 경제 협력 개발 기구(OECD) 가입, 외환 위기 발생 → 국제 통화 기금(IMF)의 구제 금융 지원

(4) 김대중 정부(1998~2003)

❶ 선거를 통한 최초의 평화적 여야 정권 교체, 남북 관계 개선, 여성부 신설, 국가 인권 위원회 설립, 한·일 월드컵 축구 대회·부산 아시안 게임 개최(2002)

❷ 금융 기관과 대기업 구조 조정 단행(노사정 위원회 설치(1998.1.), 실업자·비정규직 노동자 증가), 금 모으기 운동 전개(1997~1998, 국제 통화 기금 지원 자금 조기 상환), 한·칠레 자유 무역 협정(FTA) 서명, 국민 기초 생활 보장법 제정

❸ 대북 화해 정책(햇볕 정책) 추진: 정주영의 소 떼 방북, 금강산 해로 관광 시작

❹ 최초의 남북 정상 회담 개최(2000, 6·15 남북 공동 선언): 경의선·동해선 연결과 개성 공단 조성에 합의, 이산가족 방문과 서신 교환, 금강산 육로 관광 추진 → 2000년 김대중 대통령의 노벨 평화상 수상

(5) 노무현 정부(2003~2008)

❶ 권위주의 청산 지향, 행정 중심 복합 도시 추진, 질병 관리 본부 설치, 진실·화해를 위한 과거사 정리 위원회 구성, 친일 반민족 행위 진상 규명 위원회 출범, 노인 장기 요양 보험법 제정, 호주제 폐지

❷ 한·칠레 자유 무역 협정 발효, 한·미 자유 무역 협정 서명(2012년 발효), 아시아·태평양 경제 협력체(APEC) 정상 회의 개최(부산)

❸ 제2차 남북 정상 회담 개최(2007), 10·4 남북 정상 선언 발표, 개성 공단 건설 실현, 금강산 육로 관광 시작

(6) 이명박 정부(2008~2013)

다문화가족 지원법(2008), G20 정상 회의 개최(2010, 서울)

(7) 박근혜 정부(2013~2017)

한·중 자유 무역 협정 체결(2015)

(8) 문재인 정부(2017~2022)

판문점에서 남북 정상 회담 개최(2018, 문재인-김정은) → 한반도의 평화와 번영, 통일을 위한 판문점 선언 채택

01 1966년 □□□ 각서를 통해 한국군을 베트남에 추가 파병하기로 하고 미국으로부터 경제적·군사적 원조를 받았다.

02 박정희 정부는 1969년 '□□ 개헌'이라 불리는 제6차 개헌을 통해 대통령의 연임 횟수를 연장하였다.

03 1971년 1차 남북 적십자 회담이 이루어졌고 이를 통해 자주, 평화, 민족 대단결을 골자로 하는 □·□ □ □ 공동 성명을 발표하였다.

04 8대 대통령 선거에서 박정희 대통령은 □□ □□ 국민회의를 통해 당선되었다.

05 1976년 재야 인사들은 긴급조치 철폐와 박정희 정권의 퇴진을 요구하면서 □·□ □□ □□ 선언을 통해 박정희 정부의 유신 체제에 저항하였다.

06 1979년 부당 폐업 조치에 반대하는 □□ □□ 노동자들의 농성 중 김경숙 노동자가 사망하고 이에 항의하던 신민당 총재 김영삼이 국회의원직에 제명되면서 □□ 민주 항쟁이 일어났다.

07 신군부가 비상계엄을 전국으로 확대하자 광주 학생들과 시민들의 시위가 일어났고 계엄군이 투입되자 이들은 □□□을 조직하여 계엄군에 맞섰다.

08 전두환 정부 시기에 □□ 호황의 영향으로 자동차, 기계, 철강 산업 등이 발전하였다.

09 근로자의 생활 안정과 노농력의 질적 향상을 위한 최저 임금법은 □□□ 정부 때 제정되었다.

10 1987년 4·13 □□ 조치에 대한 반발로 6월 민주항쟁이 전국적으로 확산되자 노태우가 □·□□ □ □□ 선언을 발표하면서 대통령 직선제 개헌 요구를 수용하였다.

11 노태우 정부는 북방외교를 추진하면서 1991년 남북이 □□에 동시 가입하였고 '남북 사이의 화해와 불가침 및 교류·협력에 관한 합의서'인 □□ □□ □□□를 발표하였다.

12 □□□ 정부는 금융 실명제를 실시하여 금융기관에서 실명 확인 후 금융 거래를 하도록 제도화하였다.

13 김대중 정부는 햇볕 정책을 추진하면서 □□□ 해로 관광을 시작하였고 최초의 남북 정상 회담을 통해 □·□□ □□ □□ 선언을 발표하였다. 이때 경의선·동해선 연결과 □□ □□ 조성에 합의하였다.

14 □□□ 정부 당시 2차 남북 정상 회담이 개최되었고 10·4 남북 정상 선언을 발표하였다.

15 문재인 정부는 2018년 □□□에서 남북 정상 회담을 개최하였다.

정답 ▶ 01 브라운 **02** 3선 **03** 7, 4, 남북 **04** 통일, 주체 **05** 3, 1, 민주 구국 **06** YH 무역, 부마 **07** 시민군 **08** 3저 **09** 전두환 **10** 호헌, 6, 29 민주화 **11** 유엔, 남북 기본 합의서 **12** 김영삼 **13** 금강산, 6, 15 남북 공동, 개성 공단 **14** 노무현 **15** 판문점

1 75회 49번

다음 기사 내용이 보도된 정부 시기에 있었던 사실로 옳은 것은? [3점]

□□ 신문

제△△호   ○○○○년 ○○월 ○○일

군대 내 사조직 '하나회' 청산 매듭

어제 단행된 군 장성 정기 인사를 통해 하나회 회원으로 알려진 중장급 이상 장성 전원이 보직 해임되었다. 이번 인사는 문민정부 출범 직후인 지난해 3월 8일 육군 참모총장과 기무사령관을 전격적으로 예편 조치함으로써 시작된 군대 내 사조직 청산 작업을 마무리한 것이다. 군 내부에서도 이번 하나회 완전 제거가 군이 정치적 중립을 확보하고 안정과 결속을 다지는 계기가 될 것으로 기대하고 있다.

① 칠레와의 자유 무역 협정(FTA)이 체결되었다.

② 처음으로 연간 수출액 100억 달러가 달성되었다.

③ 서울과 평양에서 7·4 남북 공동 성명이 발표되었다.

④ 북방 외교를 추진하여 사회주의 국가인 소련과 수교하였다.

⑤ 거창 사건 등 관련자의 명예 회복에 관한 특별 조치법이 제정되었다.

해설

하나회 척결 → 김영삼 정부

① 한칠레 FTA 체결 → 김대중 정부

② 수출 100억 달러 달성 → 박정희 정부(1977)

③ 7·4 남북 공동 성명 발표 → 박정희 정부(1972), 남북 조절 위원회

④ 북방 외교, 소련과 수교 → 노태우 정부 ☀77, 88☀

⑤ 거창 사건 등 관련자의 명예 회복에 관한 특별 조치법 → 김영삼 정부 ☀영삼 역사☀

정답 ▶ ⑤

2 74회 49번

다음 연설문을 발표한 정부 시기의 통일 노력으로 옳은 것은? [2점]

6·15 공동 선언은 한반도의 운명을 바꾸어 놓은 역사적 전환점이었습니다. …… 남북 당국 간 회담이 100여 차례 이상 열리고, 인적·물적 교류도 크게 늘어났습니다. …… 참여정부는 햇볕 정책과 6·15 정신을 계승, 발전시킨 '평화번영 정책'을 추진해 나가고 있습니다. 이대로 가면 한반도에 화해와 협력의 질서가 구축되고, 평화와 번영의 새로운 동북아 시대가 열리게 될 것입니다. 무엇보다 중요한 것은 남북 간 신뢰 구축입니다. 각 분야의 교류와 협력을 활성화시키고, 북핵 문제를 평화적으로 해결해 나가야 합니다.

① 판문점에서 남북 정상 회담을 개최하였다.

② 남북한이 국제 연합(UN)에 동시 가입하였다.

③ 남북 이산가족의 고향 방문을 최초로 성사시켰다.

④ 평화 통일 외교 정책에 관한 6·23 특별 성명을 발표하였다.

⑤ 남북 간 경제 교류 활성화를 위한 개성 공단 착공식을 열었다.

해설

참여 정부, 햇볕 정책/6·15 정신 계승 → 노무현 정부

① 판문점에서 정상 회담 개최 → 문재인 정부 ☀판문재인☀

② 남북한 UN 동시 가입 → 노태우 정부 ☀우기☀

③ 남북 이산가족 최초 고향 방문 → 전두환 정부 ☀바로 만나☀

④ 평화 통일 외교 정책에 관한 6·23 특별 성명 발표 → 박정희 정부(1973)

⑤ 개성 공단 착공식 → 노무현 정부

정답 ▶ ⑤

(가)에 들어갈 주제로 가장 적절한 것은? [2점]

> **2025년 연속 기획 강좌**
>
> ### 헌법으로 보는 한국 현대사
>
> 우리 학회에서는 헌법의 변천에 따른 민주주의 발전의 역사를 살펴보는 강좌를 마련하였습니다. 이번 달에는 '제헌 헌법'에 대한 강의를 준비하였으니 많은 관심과 참여 바랍니다.
>
> ■ 강의 주제 ■
>
> [제1강] 헌법 전문, 3·1 운동의 정신을 담다
> [제2강] 민주 공화국의 명문화로 주권 재민의 원칙을 다시 천명하다
> [제3강] **(가)**
> [제4강] 농민에게 농지를 분배하는 경자유전의 실현을 추구하다
>
> ■ 일시: 2025년 ○○월 매주 토요일 15:00~17:00
> ■ 장소: □□ 학회 회의실

① 양원제 국회와 내각 책임제 정부를 구성하다

② 반민족 행위자를 처벌할 수 있는 근거를 마련하다

③ 국민의 직접 선거로 5년 단임제 대통령을 선출하다

④ 초대 대통령의 중임 제한 철폐, 장기 집권 체제를 강화하다

⑤ 긴급 조치, 대통령이 국민의 기본권을 제한할 수 있게 하다

해설

제헌 헌법 → 농지개혁법, 반민족 행위 처벌법 등

① 양원제 국회, 내각 책임제 정부 → 허정 과도정부의 3차 개헌 🔦간내양✿
② 반민족 행위 처벌법 → 제헌 헌법
③ 5년 단임 대통령 직선제 → 9차 개헌
④ 초대 대통령의 중임 제한 철폐 → 2차 개헌, 사사오입 개헌
⑤ 긴급 조치권 → 7차 개헌, 유신 헌법

정답 ▶ ②

다음 뉴스가 보도된 정부 시기의 통일 노력으로 옳은 것은? [2점]

① 남북 조절위원회가 구성되었다.

② 남북한이 유엔에 동시 가입하였다.

③ 금강산 해로 관광 사업이 시작되었다.

④ 개성에 남북 경제 협력 협의 사무소가 설치되었다.

⑤ 최초로 남북 이산가족 고향 방문단 교환이 이루어졌다.

해설

88 올림픽 개최, 7·7 선언, 북방 정책, 헝가리/소련/중국과 수교 → 노태우 정부

① 남북 조절위원회 → 박정희 정부
② 남북한 동시 유엔 가입, 남북 기본 합의서, 한반도 비핵화 선언 → 노태우 정부 🔦우기✿
③ 금강산 해로 관광 → 김대중 정부, 육로 관광 → 노무현 정부
④ 개성 남북 경제 협력 협의 사무소 설치 → 노무현 정부
⑤ 남북 이산가족 고향 방문단 최초 교환 → 전두환 정부 (1985) 🔦바로 만나✿

정답 ▶ ②

DAY 11

학습 키워드

- 🔍 제헌헌법과 개헌
- 🔍 유네스코 세계유산
- 🔍 유네스코 세계기록유산
- 🔍 민속놀이

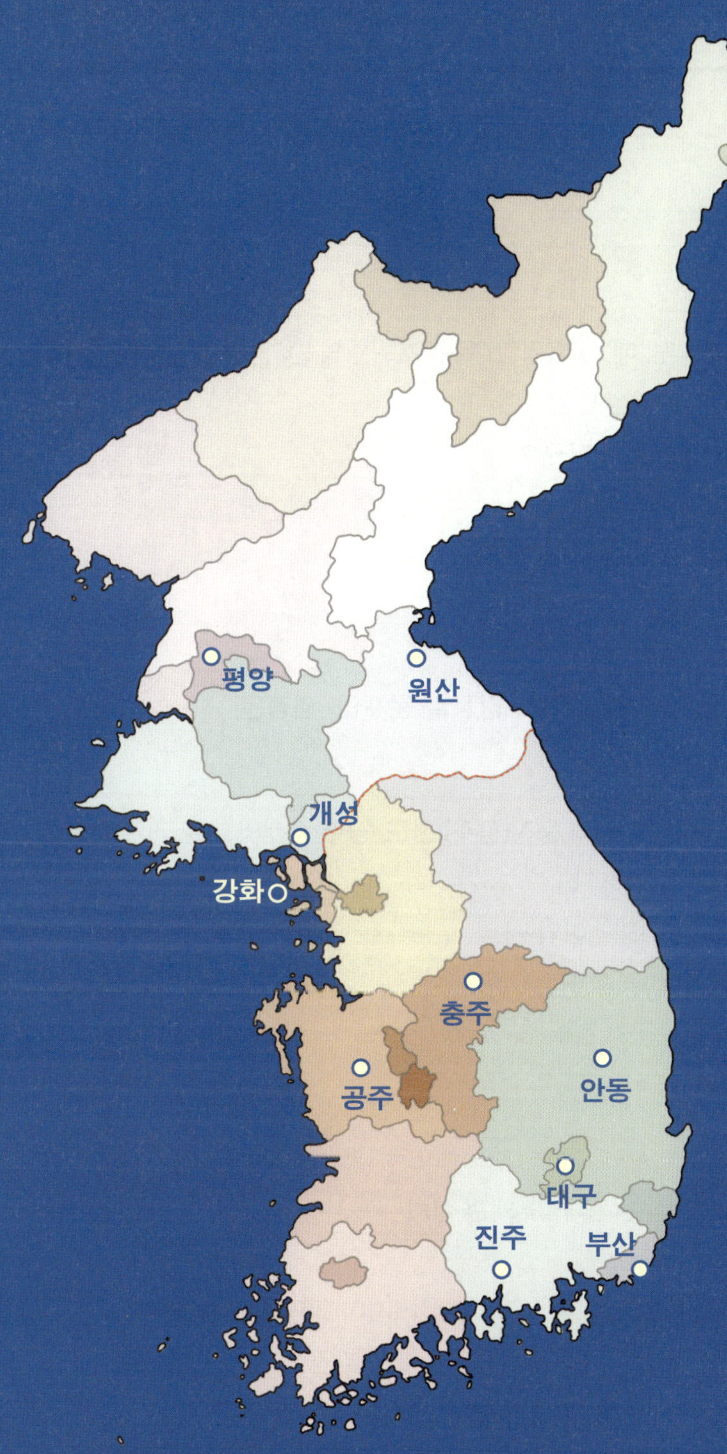

평양
원산
개성
강화
울릉도와 독도
충주
공주
안동
대구
진주
부산

제주

종합사 및 기타

지역사

- **평양**
  - 고구려 장수왕의 평양 천도
  - 고려 묘청 서경 천도 운동, 이의방 때 서경(평양) 유수 조위총의 난, 원의 간섭 기구 동녕부
  - 조선 임진왜란 조명 연합군의 평양성 탈환
  - 1866년 제너럴 셔먼호 사건 평안 감사 박규수
  - 신민회 안창호 대성 학교
  - 1920년대 물산 장려 운동 조만식
  - 1931년 을밀대 고공 농성 강주룡
  - 남북 협상(김구/김규식)
  - 1, 2, 5차 평양 남북 정상 회담(김대중/노무현−김정일, 문재인−김정은)

- **공주**
  - 구석기 유적 공주 석장리, 백제 문주왕의 웅진(공주) 천도, 공주 송산리 고분군/무령왕릉
  - 신라 하대 김헌창(웅천주 도독/공주)의 난
  - 고려 정중부 때 공주 명학소 망이·망소이의 난
  - 조선 인조의 공산성(공주) 피신(이괄의 난)
  - 동학 농민 운동 2차 봉기 공주 우금치 전투

- **부산**
  - 신석기 유적 부산 동삼동
  - 조선 임진왜란 정발(부산진)/송상현(동래성), 왜관 설치
  - 조선 후기 동래 상인(내상)
  - 강화도 조약 첫 개항지(1876), 두모포 수세 사건(1878), 러시아 절영도 조차 요구
  - 1920년대 의열단 박재혁 부산 경찰서 투척, 임시 정부 활동 지원 안희제 백산상회
  - 6·25 전쟁 중 임시 수도 부산에서 발췌 개헌(1952)
  - 김대중 정부 부산 아시안 게임(2002)

- **강화**
  - 고려 최우 때 대몽항쟁 강화 천도, 팔만대장경 조판을 위한 대장도감 설치, 삼별초 항쟁 출발
  - 정묘호란 인조 피신, 병자호란 왕실 피신/김상용 자결
  - 18C 양명학 강화학파 정제두
  - 병인양요 정족산성 양헌수/문수산성 한성근

– 신미양요 광성보 어재연

– 강화도 조약(연무당, 1876)

● **개성**

– 고려 최충헌 만적의 난

– 경천사지 10층 석탑

– 이방원의 정몽주 제거 선죽교

– 조선 후기 송상

– 6·25 전쟁 첫 정전회담(1951.7.)

– 김대중 정부 개성 공단 조성 합의/노무현 정부 착공

● **안동**

– 후삼국 통일 과정 고창 전투

– 고려 공민왕 홍건적 침입 때 피신(복주)

– 고려 안동 봉정사 극락전, 이황의 도산 서원, 하회 마을

● **울릉도와 독도**

– 신라 지증왕 이사부 우산국 복속

– 조선 숙종 안용복

– 대한 제국 칙령 제41호(1900) ↔ 시마네현 고시 제40호(1905)

● **대구**

– 후삼국 통일 과정 공신 전투

– 1907년 국채 보상 운동–서상돈/김광제

– 2·28 민주 운동

● **충주**

– 충주 고구려비

– 고려 몽골 침입 때 5차 김윤후 충주성 노비, 6차 다인철소

– 임진왜란 신립 탄금대

● **제주**

– 고려 삼별초 항쟁 항파두리 김통정

– 원 탐라총관부

– 조선 김정희 유배지

– 하멜 표류

– 4·3 사건(1948)

● **원산**

– 강화도 조약 두 번째 개항지

- 원산학사(1883)
- 원산 총파업(1929)

- **진주**
- 임진왜란 김시민 진주 대첩
- 임술 농민 봉기(1862)
- 조선 형평사 창립, 백정의 형평운동(1920년대 문화정치기)

개헌(직선: 1차, 5차, 9차 – 159직/ 간선: 3차, 7차 – 간37)

- **제헌헌법(1948.7.17.):** 대통령제, 간선, 4년 중임, 반민족행위 처벌법, 농지 개혁법
- **1차(발췌, 1952):** 전쟁 중 임시수도 부산, 부산 정치 파동, 계엄령, 기립표결, 직선제/양원제(→ X)
- **2차(사사오입, 1954):** 초대 대통령의 중임 제한 철폐
- **3차(내각 책임제, 1960):** 허정 과도 정부, 간선, 내각 책임제, 양원제(참/민의원) 🔆 간내양☆
- **4차(소급입법, 1960):** 장면 내각, 3·15 부정 선거자 소급 처벌
- **5차(군부, 1962):** 박정희 국가재건최고회의 의장, 대통령 중심제, 직선제, 단원제
- **6차(삼선개헌, 1969):** 3선 연임 허용
- **7차(유신, 1972):** 비상계엄, 통일 주체 국민 회의, 간선, 국회의원 1/3 추천권, 국회 해산권, 긴급조치권, 임기 6년, 중임 제한 X
- **8차(1980):** 7년 단임, 간선, 대통령 선거인단
- **9차(1987):** 6월 민주 항쟁, 6·29선언, 5년 단임, 직선제

유네스코 세계유산(경복궁 X) 🔆 왕 고백남 서경석 화가(의) 하양(색은) 창~ 절묘해☆

- 조선 왕릉
- 고창·화순·강화의 고인돌 유적
- 백제 역사 유적 지구 (공주, 부여, 익산)
- 남한산성
- 한국의 서원
- 경주 석굴암과 불국사
- 화성
- 가야 고분군(김해 대성동/ 고령 지산동)
- 안동 하회 마을/경주 양동 마을 – 한국의 역사 마을 하회와 양동
- 창덕궁
- 산사, 한국의 산지 승원(절, 7) : 공주 마곡사/보은 법주사/해남 대흥사/순천 선암사/영주 부석사/안동 봉정사/양산 통도사
- 종묘(왕/왕비 신주, 제사/음악/무용 – 유네스코 무형문화유산)
- 해인사 장경판전(조선)

- 어보–조선 왕실 어보와 어책
- 한국의 유교 책판
- 난중일기
- 일성록
- 조선왕조실록
- 직지심체요절(청주 흥덕사, 프랑스)–불조직지심체요절 하권
- 조선 통신사에 관한 기록
- 동의보감
- 승정원일기
- 훈민정음해례본
- 동학 농민 혁명 기록물
- 국채보상운동 기록물
- 조선 왕조 의궤
- 팔만(고려)대장경판 및 제경판
- '이산가족을 찾습니다' 기록–KBS 특별 생방송 '이산가족을 찾습니다' 기록물
- 4·19 혁명 기록물
- 4·3 사건 기록물
- 1980년 인권 기록유산 5·18 민주화 운동 기록물
- 새마을 운동 기록물

민속놀이

- **차전놀이**: 왕건이 후백제 견훤과 싸운 고창(안동) 전투 승리를 기념하여 시작됨
- **강강술래**: 임진왜란 아군 수가 적은 것을 숨기려고 부녀자 춤추며 돌게 함, 무형문화유산
- **놋다리밟기**: 고려 공민왕 안동(복주) 피란 중 노국 대장 공주가 개울 건널 때 소녀들이 등을 대줌

1. 지역사

(1) 평양

❶ **고구려:** 장수왕의 평양 천도(427)

❷ **고려:** 태조의 북진 정책(서경으로 삼아 중시), 묘청의 서경 천도 운동(1135), 서경 유수 조위총의 난(1174, 이의방 집권기), 동녕부 설치(1270, 원 간섭기)

❸ **조선:** 임진왜란 조·명 연합군의 평양성 탈환(1593), 제너럴 셔먼호 사건(1866, 평안 감사 박규수)

❹ **대한 제국:** 대성 학교 설립(1908, 안창호, 신민회)

❺ **일제 강점기:** 조선 물산 장려회 조직(1920, 조만식), 강주룡의 을밀대 고공 농성(1931)

❻ **광복 이후:** 남북 협상 추진(1948, 김구·김규식)

❼ **대한민국:** 남북 정상 회담−1차(2000, 김대중−김정일)·2차(2007, 노무현−김정일)·5차(2018, 문재인−김정은)

(2) 공주

❶ **구석기:** 공주 석장리 유적

❷ **백제:** 문주왕의 웅진 천도(475), 송산리 고분군(송산리 7호분 무령왕릉)

❸ **통일 신라:** 웅천주 도독 김헌창의 난(822)

❹ **고려:** 망이·망소이의 난(1176, 공주 명학소, 정중부 집권기)

❺ **조선:** 인조의 공산성 피신(1624, 이괄의 난), 동학 농민군의 우금치 전투(1894, 2차 봉기)

(3) 부산

❶ **신석기:** 부산 동삼동 유적

❷ **조선:** 왜관 설치, 임진왜란 때 부산진 전투(정발)·동래성 전투(송상현), 내상의 근거지, 최초의 개항지(1876, 강화도 조약), 두모포 수세 사건(1878), 러시아의 절영도 조차 요구

❸ **일제 강점기:** 의열단원 박재혁의 부산 경찰서 투탄 의거(1920), 안희제의 백산 상회(대한민국 임시 정부의 활동 지원)

❹ **대한민국:** 6·25 전쟁 중 임시 수도(1952, 발췌 개헌), 제14회 아시안게임(2002, 김대중 정부)

(4) 강화

❶ **고려:** 강화 천도(1232, 최우), 팔만대장경 판각 사업을 위한 대장도감 설치(1236), 삼별초 항쟁의 기점(1270, 배중손 지휘)

❷ **조선:** 정묘호란 때 인조 피신, 병자호란 때 왕실 피신·김상용 자결, 강화학파(양명학, 정제두)의 중심지, 외규장각 설치(1782, 정조), 병인양요 때 정족산성(양헌수)·문수산성(한성근) 전투, 신미양요 때 광성보(어재연) 전투, 강화도 조약 체결(1876, 연무당)

(5) 개성

❶ 고려: 만적의 난(1198, 최충헌 집권기), 경천사지 10층 석탑 조성, 선죽교에서 정몽주 피살(1392, 이방원)

❷ 조선: 송상의 근거지

❸ 대한민국: 6·25 전쟁 첫 정전 회담(1951.7.), 김대중 정부 개성 공단 조성 합의(2000)·노무현 정부 착공(2003)

(6) 안동

❶ 후삼국: 고창 전투(930, 후백제-고려)

❷ 고려: 홍건적의 침입으로 공민왕 피란(1361, 복주), 안동 봉정사 극락전 건립

❸ 조선: 도산 서원(이황 배향) 건립(1574, 선조), 하회 마을

(7) 울릉도와 독도

❶ 신라: 지증왕 때 우산국 복속(512, 이사부)

❷ 조선: 안용복이 에도 막부로부터 우리 영토임을 확인받음(숙종)

❸ 대한 제국: 대한 제국 칙령 제41호(1900), 시마네현 고시 제40호(1905)

(8) 대구

❶ 후삼국: 공산 전투(927, 후백제-고려)

❷ 대한 제국: 국채 보상 운동 시작(1907, 서상돈·김광제)

❸ 대한민국: 2·28 민주 운동(1960)

(9) 충주

❶ 고구려: 충주 고구려비 건립

❷ 고려: 김윤후의 충주성 전투(1253, 몽골 5차 침입), 다인철소 항전(1254, 몽골 6차 침입)

❸ 조선: 임진왜란 때 신립의 탄금대 전투

(10) 제주

❶ 고려: 삼별초 최후의 항전지(1273, 항파두리, 김통정 지휘), 원이 탐라총관부 설치

❷ 조선: 김정희 유배지, 효종 때 하멜의 표류

❸ 광복 이후: 4·3 사건(1948)

(11) 원산

❶ 조선: 강화도 조약 두 번째 개항지, 원산 학사 설립(1883)

❷ 일제 강점기: 원산 총파업(1929)

(12) 진주

❶ 조선: 임진왜란 때 김시민의 진주 대첩, 임술 농민 봉기(1862)

❷ 일제 강점기: 조선 형평사 창립(1923)

2. 우리나라 헌법 개정의 역사

구분	배경/특징	내용
제헌 헌법 (1948)	1948년 7월 17일 공포	• 대통령 중심제 • 대통령 국회 간선제(임기 4년, 1차 중임 허용) • 친일파 처벌 규정(반민족 행위 처벌법 제정, 1948.9.) • 토지 개혁 규정(농지 개혁법 제정, 1949) • 경제적 측면에서 공공성 강화
제1차 (1952)	• 발췌 개헌 • 6·25 전쟁 중 임시 수도 부산 • 부산 정치 파동(계엄령) • 기립 표결	• 여당의 직선제 안과 야당의 내각 책임제 안 절충 • 대통령 직선제 • 국회 양원제(민의원·참의원, 실행되지 못함) • 국회의 국무위원 불신임권 일부 보유
제2차 (1954)	사사오입 개헌	• 초대 대통령에 한하여 중임 제한 철폐
제3차 (1960)	4·19 혁명, 허정 과도 정부	• 대통령 국회 간선제 • 내각 책임제 채택 • 양원제(민의원·참의원) 국회 구성
제4차 (1960)	장면 내각, 소급 입법	3·15 부정 선거 관련자와 반민주 행위자 처벌
제5차 (1962)	• 5·16 군사 정변 • 국가 재건 최고 회의(의장 박정희)	• 대통령 중심제(직선제) • 국회 단원제
제6차 (1969)	3선 개헌	대통령 3회 연임 허용
제7차 (1972)	10월 유신	• 대통령 간선제(통일 주체 국민 회의), 임기 6년 • 대통령 중임 제한 조항 삭제(영구 집권 가능) • 대통령 권한 강화(긴급 조치권, 국회 해산권, 국회의원 1/3 추천권 부여)
제8차 (1980)	10·26 사태	• 대통령 선거인단을 통한 간선제 • 임기 7년의 단임제
제9차 (1987)	6월 민주 항쟁, 6·29 선언	• 대통령 직선제 • 임기 5년의 단임제

3. 유네스코 세계유산(문화유산)

(1) 조선 왕릉(2009)

조선 시대 조성된 왕과 왕비의 무덤, 총 42기 중 북한 2기(개성, 제릉·후릉) 제외, 40기가 세계유산 등재(폐위된 연산군·광해군 제외), 풍수 사상에 따른 자연·건축의 조화

(2) 고창·화순·강화의 고인돌 유적(2000)

청동기 시대의 대표적 무덤 양식, 한반도 전역에 분포, 세계적으로도 유례없는 밀집도와 다양성 인정, 고인돌 문화 형성과 변천을 보여주는 자료

(3) 백제 역사 유적 지구(2015)

충남 공주·부여, 전북 익산에 분포하는 백제 관련 8곳의 유적지, 공주(공산성, 송산리 고분군)·부여(관북리 유적·부소산성, 정림사지, 능산리 고분군, 나성)·익산(왕궁리 유적, 미륵사지), 공주(웅진)와 부여(사비)는 백제의 수도, 익산은 무왕이 왕권 재건의 거점으로 적극 경영, 백제 문화·예술·교류의 증거

(4) 남한산성(2014)

조선 시대 유사시 임시 수도, 외침에 대비한 국가 방어 거점, 성내에 군사·민간·종교 시설 등 다양한 유적 잔존, 17세기 방어 체제와 군사 공학의 성과 집약

(5) 한국의 서원(2019)

소수서원(영주), 남계서원(함양), 옥산서원(경주), 도산서원(안동), 필암서원(장성), 도동서원(대구), 병산서원(안동), 무성서원(정읍), 돈암서원(논산)의 9개 대표 서원, 16세기 중반부터 17세기 중반 사이 건립, 향촌 사림이 설립한 성리학 교육기관

(6) 경주 역사 유적 지구(2000)

신라 천년의 수도, 신라인의 생활·예술·불교문화를 보여주는 역사유적 집적지, 남산 지구(불교 유적)·월성 지구(옛 왕궁터)·대릉원 지구(고분 밀집)·황룡사 지구(불교 사찰 유적)·산성 지구(방어용 산성)

(7) 석굴암과 불국사(1995)

통일 신라 시대에 조성, 석굴암(인공 석굴 사원, 중앙 본존불과 주변 38구 불상 배치), 불국사(장엄한 불국정토 구현, 다보탑·석가탑 등 신라 불교 예술의 정수를 보존)

(8) 화성(1997)

정조가 아버지 사도세자의 묘를 옮기고 신도시 건설을 위해 축성, 계획적으로 건설된 성곽도시, 전통 축성 기법과 서양 과학 기술 도입(거중기·녹로 활용), 수원 화성의 축성 계획·제도·법식 등이 『화성성역의궤』에 상세히 기록됨

(9) 가야 고분군(2023)

1세기부터 6세기까지의 가야연맹국 최고 지배층 무덤으로 7개의 고분군(김해 대성동, 함안 말이산, 합천 옥전, 고령 지산동, 고성 송학동, 남원 유곡리·두락리, 창녕 교동·송현동), 가야식 석곽묘와 가야식 토기 출토, 철제 무기와 교역품 부장, 가야의 독자적 문화와 정치·사회 구조를 보여주는 중요한 유산

(10) 한국의 역사 마을—하회와 양동(2010)

조선 초기 유교적 양반문화의 전형적 씨족 마을, 안동 하회 마을(풍산 류씨 집성촌), 경주 양동 마을(경주 손씨·여강 이씨 집성촌), 조선 사회 구조와 유교적 양반문화의 전통 보존

(11) 창덕궁(1997)

조선 태종 때 창건, 자연 지형을 살려 주변 환경과 조화를 통해 전형적 궁궐 격식과 차별화, 임진왜란 때 소실되었으나 광해군 때 중건되어 이후 약 270년간 사실상 정궁으로 기능, 고종 때 경복궁이 중건되면서 정궁 기능이 경복궁으로 환원, 대한 제국기에는 순종이 창덕궁에 거처함

(12) 산사, 한국의 산지 승원(한국의 산사, 2018)

마곡사(공주), 법주사(보은), 대흥사(해남), 선암사(순천), 부석사(영주), 봉정사(안동), 통도사(양산) 등 산속에 위치한 한국 불교 사찰을 대표하는 7개의 사찰, 종합적 불교 승원 기능 보존(신앙·의례·강학·수행 지속), 한국 불교의 종교·건축·자연 조화 전통을 오늘날까지 이어온 대표적 사례로 평가됨

(13) 종묘(1995)

조선 역대 왕·왕비의 위패를 모신 사당, 유교국가 조선의 정통성과 상징성을 보여주는 신성한 공간

* 종묘 제례 및 종묘 제례악(2001, 유네스코 무형문화유산): 종묘에서 거행한 국가 제사(종묘 제례), 종묘에서 제사를 드릴 때 연주하는 기악·노래·춤(종묘 제례악)

(14) 해인사 장경판전(1995)

경남 합천 가야산에 위치, 고려 시대에 제작된 팔만대장경판을 보관하기 위해 조선 초에 건립, 자연 환기·온도·습도 조절 설계로 오랜 세월 동안 목판의 원형 보존

4. 유네스코 세계기록유산

(1) 조선 왕실 어보와 어책(2017)

조선 왕실은 왕의 즉위, 왕비·세자·세자빈 책봉 등 중요한 행사에서 어보(왕실 의례용 인장)와 어책(왕실 의식 시 후대에 전달하기 위한 교서 기록물)을 내림으로써 왕실 권위와 정당성을 확보, 신분과 재질에 따라 어보(금보·옥보·은인)와 어책(옥책·죽책·금책 등)을 구분함

(2) 한국의 유교책판(2015)

조선 시대 유학자들의 저작 718종을 간행하기 위해 제작된 목판, 단순한 인쇄 수단이 아니라 학문 전승의 상징으로

지역 지식인 집단이 주도한 집단지성의 산물

(3) 난중일기-이순신 장군의 진중일기(2013)

임진왜란 당시 이순신 장군이 직접 기록한 친필 일기, 교전 상황·군사 활동·날씨·지형·장군의 개인적 소회·서민 생활상까지 포괄하여 역사 연구 자료로서의 가치가 높음

(4) 일성록(2011)

1760년(영조 36)부터 1910년(융희 4)까지 국왕의 동정과 국정을 기록한 일기, 정조의 개인 성찰 기록인 『존현각일기』에서 시작, 후대 편찬된 『조선왕조실록』과 달리 당대 시점의 기록으로 1차 사료로서 가치가 높음

(5) 조선왕조실록(1997)

태조(1392)부터 철종(1863)까지 25대 군주의 통치 기록을 왕이 죽은 뒤 편년체로 엮은 역사서, 재위 기간에는 춘추관 사관이 사초를 작성하고, 왕이 죽으면 임시 기관인 실록청을 설치해 사초·시정기·각 관청 등록 등을 근거로 편찬, 완성본은 사고에 나누어 보관, 임진왜란 때 대다수가 소실되자 전주사고본이 살아남아 이후 오대산·태백산·정족산(강화)·적상산(정주)·춘추관 등으로 다시 분산 봉안됨

(6) 불조직지심체요절 하권(2001)

현존 세계 최고(最古) 금속활자본으로, 『직지』라고도 불림, 1377년 청주 흥덕사에서 간행, 상·하 2권 중 상권은 미발견(하권만 전함), 19세기에 프랑스로 반출된 후 현재 프랑스 국립도서관에 보관

(7) 조선 통신사에 관한 기록-17~19세기 한·일 간 평화 구축과 문화 교류의 역사(2017)

일본 에도막부 요청으로 1607년부터 1811년까지 12회에 걸쳐 파견된 조선과 일본 간 외교사절단 관련 기록물, 조선 통신사의 활동으로 양국은 외교·학술·예술·문화 등 다양한 분야에서 교류

(8) 동의보감(2009)

허준이 1596년(선조 29) 왕명으로 집필을 시작하여 1610년(광해군 2)에 완성한 의학 서적, 조선·중국 의학 문헌과 임상 경험을 종합하여 동양 의학 사상·지식·치료법을 체계적으로 정리, 의학 서적 최초로 세계기록유산으로 등재

(9) 승정원일기(2001)

조선 시대 국왕의 비서 기관이었던 승정원에서 매일 작성한 업무 일지, 『조선왕조실록』 편찬의 기본 자료로 활용, 단일 기록물로 세계 최대 분량, 임진왜란으로 조선 전기 기록은 소실되어 인조 때부터 순종 때까지의 기록만 현존

(10) 훈민정음(해례본)(1997)

훈민정음 창제 후 집현전 학자들이 훈민정음의 사용법과 원리를 상세하게 설명한 책

(11) 동학 농민 혁명 기록물(2023)

1894년에 일어난 동학 농민 운동과 관련된 185건의 기록물, 민중이 역사의 주체로서 부패한 지배층과 외세 침략에 맞서 봉기하여 보편적 가치 실현을 향한 역사적 과정의 증언으로서의 가치 인정

(12) 국채 보상 운동 기록물(2017)

자발적 기부·모금으로 국가의 빚을 갚기 위해 1907년 대구에서 시작된 국채 보상 운동의 전 과정을 보여주는 기록물, 국가 위기에 대응한 시민적 책임과 연대의 역사적 기록으로 인정

(13) 조선 왕조 의궤(2007)

조선 시대 왕실·국가의 중요한 행사를 그림과 글로 기록한 책, 왕실 행사(혼례·장례·연회·사신 영접), 왕릉·성·건축물 조성 과정, 왕실 문화 활동 등 국가 주요 의례·절차 등이 상세히 기록됨, 조선 전기의 의궤는 임진왜란으로 소실, 현존하는 가장 오래된 의궤는 선조 때 제작된 『의인왕후빈전혼전도감의궤』

(14) 고려대장경판 및 제경판(2007)

몽골이 고려를 침입하였을 때 제작된 대장경 목판(총 81,258장)으로 흔히 '팔만대장경'이라 함, 현존하는 세계 유일의 대장경판으로 이를 보존하는 해인사 장경판전은 유네스코 세계유산으로 등재됨, 해인사는 보완을 위해 별도로 5,987장의 목각 경판(제경판)을 제작·소장함

(15) KBS 특별생방송 '이산가족을 찾습니다' 기록물(2015)

한국방송공사(KBS)가 1983년 6월 30일부터 11월 14일까지 138일간 생방송으로 방영한 영상물, 사진, 기념음반, 이산가족 신청서 등의 관련 기록물, 세계 방송사적으로도 전례 없는 대규모 생방송 기록

(16) 4·19 혁명 기록물(2023)

1960년 2·28 민주 운동부터 4·19 혁명까지의 과정과 혁명 이후 진상 규명·책임자 처벌·피해자 보상 자료를 포함한 관련 기록물, 한국 민주주의 발전의 기폭제로 1968년 유럽 혁명, 미국 반전 시위, 일본 학생운동 등 전후 세계 학생운동에 선도적 영향을 인정받음

(17) 1980년 인권 기록 유산 5·18 민주화 운동 기록물(2011)

1980년 5월 18일부터 5월 27일까지 광주 및 전남 지역에서 전개된 민주화 운동 관련 문건·사진·영상 등의 기록물 총칭, 시민들의 민주화 운동 전개 과정과 이후 책임자 처벌, 피해자 보상, 명예회복, 기념사업 관련 자료 포함

(18) 새마을 운동 기록물(2013)

1970년부터 1979년까지 전개된 새마을 운동과 관련된 기록물로 대통령 연설문·정부 문서, 마을 사업 서류, 새마을 지도자 원고·시민 편지, 새마을 운동 교재, 사진·영상 등 포함, 농촌 현대화·빈곤퇴치·기아극복의 모범 사례로 인정받음

(1) 차전놀이

정월 대보름 전후 경북 안동에서 벌이던 편싸움형 대동놀이(동채싸움), 고창(안동) 전투에서 고려군이 후백제군을 물리친 승리를 본떠 시작됐다는 전승이 있음

(2) 강강술래

정월 대보름이나 추석 때 전남 서해안 지역에서 여러 사람이 손을 잡고 원을 그리며 돌면서 춤을 추고 노래 부르던 민속놀이, 임진왜란 때 아군의 수가 적은 것을 숨기려고 부녀자들을 춤추며 돌게 했다는 전승이 있음, 유네스코 무형 문화유산으로 등재(2009)

(3) 놋다리밟기

정월 대보름 밤에 부녀자들이 허리를 굽혀 다리를 만들고, 그 위를 공주로 뽑힌 어린 소녀가 노래에 맞춰 밟고 지나가는 민속놀이, 고려 공민왕의 안동(복주) 피란 중 노국 대장 공주가 개울을 건널 때 사람 다리를 놓아 공주를 받들어 건너게 했다는 전승이 있음

01 묘청은 1135년 풍수지리설을 근거로 인종에게 ◻◻ 천도를 주장하였다.

02 통일 신라 시기에 ◻◻주 도독 김헌창은 아버지 김주원이 아닌 김경신이 왕이 됨에 반발하여 난을 일으켰다.

03 1894년 동학 농민 운동 2차 봉기에서 농민군은 ◻◻ 우금치에서 관군과 일본군에 맞서 싸웠으나 패배하였다.

04 의열단원 박재혁은 ◻◻ 경찰서에 폭탄을 투척했고, 대한민국 임시 정부 활동을 지원했던 안희제의 백산상회는 ◻◻에 있었다.

05 후삼국 시대에 후백제와 고려 사이 공산 전투가 일어나고 대한 제국 시기에 국채 보상 운동이 일어난 지역은 ◻◻이다.

06 임진왜란 때 김시민은 ◻◻ 대첩에서 왜군을 물리쳤다.

07 3차 개헌에서는 대통령을 ◻◻제로 뽑고, ◻◻ 책임제를 채택하며 ◻◻제 국회를 구성한다는 내용을 포함한다.

08 통일 주체 국민 회의에서 내통령을 뽑고 중임 제한 조항을 삭제하여 영구 집권이 가능하도록 한 7차 개헌으로 ◻◻ 체제가 성립하였다.

09 ◻◻은 정조가 아버지 사도세자의 묘를 옮기고 신도시 건설을 위해 축성하였다.

10 유네스코 세계유산으로 등록된 ◻◻◻은 조선 태종 때 창건되었으며 임진왜란 때 소실되었으나 광해군 때 중건되어 사실상 정궁으로 기능하였다.

11 조선 역대 왕과 왕비의 위패를 모신 ◻◻는 유교국가 조선의 정통성과 상징성을 보여주는 공간이다.

12 유네스코 세계기록유산으로 등재된 『◻◻◻』은 1760~1910년까지 국왕의 동정과 국정을 기록한 일기이다. 정조의 개인 기록인 『존현각일기』에서 시작하였다.

1 71회 18번

(가) 지역에서 있었던 사실로 옳은 것은? [3점]

① 왕건이 고창 전투에서 견훤에게 승리하였다.

② 묘청이 반란을 일으키고 국호를 대위라 하였다.

③ 흥덕사에서 금속 활자본인 직지심체요절이 간행되었다.

④ 정중부를 비롯한 무신들이 보현원에서 정변을 일으켰다.

⑤ 이성계를 중심으로 한 고려군이 황산에서 왜구를 격퇴하였다.

해설

홍건적 침입 당시 공민왕 피란 → 복주(안동), 하회마을−안동, 봉정사 극락전−안동 💡안봉극🎵, 이황의 도산서원−안동

① 공산 전투 → 대구, 고창 전투 → 안동

② 묘청의 서경 천도 운동 → 평양

③ 『직지심체요절』의 간행 → 청주 흥덕사

④ 무신정변 → 개경(개성)

⑤ 이성계의 황산 대첩 → 남원, 최영의 홍산 대첩 → 부여

정답 ▶ ①

2 71회 45번

다음 안내에 따라 학생이 발표한 내용으로 가장 적절한 것은? [3점]

> 학생 여러분, 이번 시간에는 우리 고장의 유적과 기념물을 조사해서 발표하는 활동을 하겠습니다. 우리 고장은 금강 중류에 위치한 유서 깊은 도시입니다. 남한에서 최초로 발굴된 구석기 유적이 있어 선사 시대부터 우리 고장에 사람이 살았던 것을 알 수 있습니다. 또한 삼국이 상호 경쟁하던 시기에는 백제의 수도로서 백제 중흥을 위한 노력이 전개되었던 곳으로 백제 고분을 통해 당시의 문화를 엿볼 수 있습니다. 고려 시대에는 최승로의 건의에 따라 설치된 12목 중의 하나였고, 이후 조선 시대에도 감영이 있어 지역의 중심지 역할을 하였습니다. 그리고 근대에는 동학 농민군이 관군과 일본군에 맞서 치열한 전투를 전개하는 등 외세를 물리치기 위한 민족 운동이 펼쳐지기도 하였습니다.
>
> 그럼, 모둠별로 우리 고장의 다양한 유적과 기념물에 대해 조사한 후 알게 된 내용을 발표해 봅시다.

① 갑 – 수양개 유적을 조사하여 우리 고장에 살던 구석기인들이 다양한 기법으로 석기를 제작했음을 알 수 있었습니다.

② 을 – 송산리 고분군의 벽돌무덤을 조사하여 무령왕이 중국 남조, 왜 등과 활발하게 교류했음을 알 수 있었습니다.

③ 병 – 만인의총을 조사하여 정유재란 당시 우리 고장의 백성들이 조명 연합군과 함께 결사 항전했음을 알 수 있었습니다.

④ 정 – 만석보 유지비를 조사하여 우리 고장 농민들이 군수 조병갑의 수탈에 저항하여 봉기했음을 알 수 있었습니다.

⑤ 무 – 아우내 3·1 운동 독립 사적지를 조사하여 유관순이 우리 고장에서 만세 시위를 주도했음을 알 수 있었습니다.

해설

남한 최초 발굴 구석기 유적−공주 석장리, 백제의 두 번째 수도 → 공주, 동학 농민군의 공주 우금치 전투

① 수양개 유적 → 구석기 단양

② 송산리 고분군 → 공주, 무령왕릉 💡부능 공송🎵

③ 만인의총 → 남원

④ 만석보 사건−고부 군수 조병갑 → 정읍

⑤ 아우내 장터, 유관순 열사 → 천안

정답 ▶ ②

(가), (나) 헌법에 대한 설명으로 옳은 것은? [2점]

(가)
제39조 ① 대통령은 통일 주체 국민 회의에서 토론 없이 무기명 투표로 선거한다.
제47조 대통령의 임기는 6년으로 한다.
제59조 ① 대통령은 국회를 해산할 수 있다.

(나)
제39조 ① 대통령은 대통령 선거인단에서 무기명 투표로 선거한다.
③ 대통령 선거인단에서 재적 대통령 선거인 과반수의 찬성을 얻은 자를 대통령 당선자로 한다.
제45조 대통령의 임기는 7년으로 하며, 중임할 수 없다.

① (가) – 6·25 전쟁 중 부산에서 공포되었다.

② (가) – 대통령의 국회의원 1/3 추천 조항을 담고 있다.

③ (나) – 호헌 동지회 결성의 배경이 되었다.

④ (나) – 3·1 민주 구국 선언에 영향을 주었다.

⑤ (가), (나) – 6월 민주 항쟁 이후에 제정되었다.

 해설

(가) 통일 주체 국민 회의에서 대통령 간선, 임기 6년, 대통령의 국회 해산권 → 7차 개헌(유신)
(나) 대통령 선거인단의 간선, 임기 7년 단임 → 8차 개헌

① 6·25 전쟁 중 부산에서 공포 → 1차 개헌(발췌 개헌)
② 대통령의 국회의원 1/3 추천권 → 7차 개헌(유신)
③ 호헌 동지회 결성의 배경-2차 개헌(사사오입 개헌) → 초대 대통령의 중임 제한 철폐
④ 3·1 민주 구국 선언 → 유신 반대
⑤ 6월 민주 항쟁 이후 → 9차 개헌

정답 ▶ ②

(가)~(다) 학생이 발표한 내용을 일어난 순서대로 옳게 나열한 것은? [2점]

① (가) – (나) – (다)　　② (가) – (나) – (나)

③ (나) – (가) – (다)　　④ (나) – (다) – (가)

⑤ (다) – (가) – (나)

해설

(가) 개헌 당시 대통령 한해 중임 제한 철폐 → 사사오입 개헌(2차, 1954)
(나) 통일 주체 국민회의 간선/대통령의 국회의원 1/3 추천권 → 유신 헌법(7차 개헌, 1972)
(다) 5년 단임의 대통령 직선제 개헌(9차, 1987)

(가) → (나) → (다)

정답 ▶ ①

참고 사진 출처

1강

사진명	출처
주먹도끼	한국학중앙연구원
슴베찌르개	국립중앙박물관
빗살무늬 토기	한국학중앙연구원
갈돌과 갈판	한국학중앙연구원
비파형 동검	한국학중앙연구원
고인돌	인천광역시
반달 돌칼	한국학중앙연구원
민무늬 토기	국립중앙박물관
세형 동검	국립중앙박물관
명도전	국립중앙박물관
반량전	국립중앙박물관
오수전	국립중앙박물관

2강

사진명	출처
호우명 그릇	한국학중앙연구원
북한산 순수비	국립중앙박물관
고령 지산동 고분군 정상부	국가유산청
감은사지 3층 석탑	국가유산청

3강

사진명	출처
보령 성주사지 대낭혜화상탑비	국가유산청

4강

사진명	출처
호우명 그릇	한국학중앙연구원
백제 무령왕릉	국가유산청
금동 연가 7년명 여래 입상	국가유산청
백제 금동 대향로	국가유산청
서산 용현리 마애 여래 삼존상	국가유산청
기마 인물형 토기	국가유산청
익산 미륵사지 석탑	국가유산청
경주 배동 석조 여래 삼존 입상	국가유산청
대가야 금동관	국가유산청
부여 정림사지 5층 석탑	국가유산청
분황사 모전 석탑	국가유산청
금동 미륵보살 반가사유상	국가유산청
경주 석굴암 본존불	국가유산청
천마도	국가유산청
문무대왕릉	국가유산청
불국사 3층 석탑	국가유산청

사진명	출처
불국사 다보탑	국가유산청
화엄사 4사자 3층 석탑	국가유산청
발해 석등	한국학중앙연구원
무구정광대다라니경	한국민족문화대백과사전
감은사지 3층 석탑	국가유산청
화순 쌍봉사 철감 선사탑	국가유산청
금관총 금관	국가유산청
철갑옷	e뮤지엄
포항 중성리 신라비	국가유산청
무령왕릉 석수	국가유산청
농경문 청동기	국가유산청
영주 부석사 소조 여래 좌상	한국민족문화대백과사전
경주 구황동 금제 여래 좌상	국가유산청
익산 왕궁리 5층 석탑 사리장엄구 내 여래 입상	국가유산청

6강

사진명	출처
김부식 표준 영정	한국학중앙연구원

7강

사진명	출처
공민왕과 노국 대장 공주 초상화	국립고궁박물관

9강

사진명	출처
하남 하사창동 철조 석가여래 좌상	국가유산청
파주 용미리 마애 이불 입상	국가유산청
논산 관촉사 석조 미륵보살 입상	국가유산청
영주 부석사 소조 여래 좌상	한국민족문화대백과사전
평창 월정사 8각 9층 석탑	국가유산청
개성 경천사지 10층 석탑	한국민족문화대백과사전
서울 원각사지 10층 석탑	국가유산청
안동 봉정사 극락전	국가유산청
영주 부석사 무량수전	한국민족문화대백과사전
예산 수덕사 대웅전	국가유산청
청자 상감 구름학무늬 매병	국립중앙박물관
청자 상감 모란 보상화 넝쿨무늬 표주박모양 주전자	국립중앙박물관
익산 미륵사지 석탑	국가유산청
불국사 3층 석탑	국가유산청
개성 경천사지 10층 석탑	한국민족문화대백과사전
분황사 모전 석탑	국가유산청
송광사 보조 국사비	국가유산청

청자 투각칠보문뚜껑 향로	국가유산청
청자 어룡형 주전자	국가유산청
청화백자이형연적	국립중앙박물관
분청사기 박지철채모란문 자라병	국가유신청
수레바퀴 문양 토기	국립중앙박물관
분청사기 희준	국립중앙박물관

10강

사진명	출처
이십삼상대회도	경기도박물관
무관 오자치 초상화	국가유산청
계회도	국가유산청
연산군 유배지	강화군 문화관광

11강

사진명	출처
첩보서목	한국민족문화대백과사전

12강

사진명	출처
옥호정도	국립중앙박물관

14강

사진명	출처
고사관수도	한국데이터베이스산업진흥원
몽유도원도	한국데이터베이스산업진흥원
초충도	국가유산청
인왕제색도	국가유산청
금강전도	공유마당
씨름	한국데이터베이스산업진흥원
서당	국립중앙박물관
월하정인	국립중앙박물관
세한도	국가유산청
파적도	간송미술문화재단
탈춤	셔터스톡
매화초옥도	국립중앙박물관
송석원시사야연도	한국데이터베이스산업진흥원

16강

사진명	출처
옛 주미대한제국공사관 건물	국가유산청

사진 출처 URL은 QR코드로 확인할 수 있습니다.